군사회복지론

유흥위 · 유연웅 · 이윤수 · 최선애

창지사

머리말

한국전쟁 이후 한국군은 고도의 성장을 이루었고, 21세기 세계 안보환경은 4차 산업혁명의 도래에 따라 첨단 정보 및 과학화 군을 지향하는 새로운 패러다임으로 변화하고 있다. 그러나 군인 인권과 복지욕구에 대한 연구 및 실천의 측면에서는 외국의 군과 비교하여 미흡한 수준이라고 할 수 있다. 특히 2000년대 초반부터 병영 내 인권 경시 및 복지대책의 미흡으로 인하여 GP 총격난사 사건 및 훈련소 인분 사건, 전역병사 위암 사망사건 등 국민들에게 큰 충격을 주는 사건과 사고가 발생하였다. 이에 2000년대 중반부터 민과 군차원에서 사회복지적인 접근이 필요하다는 공감대가 형성되기 시작하였다. 이러한 시대적 흐름에 따라 다양한 군사회복지 대상자의 욕구문제를 해결하고 군조직이 사기를 기반으로 한 전투력을 유지하기 위한 저변에 복지적인 접근이 필요하다는 결론을 얻게 되었다. 이에 따라 2000년대 중반부터 민간 및 지자체에서 군사회복지에 대한 학문적 연구와 군사회복지 실천 및 사례관리 시범사업이 시작되었고, 군에서는 병영 복지적인 측면에서 인권교육과 병영생활 전문 상담관 제도를 운영하게 되었다.

이러한 군사회복지 발달과정 속에서 본 교재를 집필하게 된 배경은 다음과 같다.

첫째, 사회복지 실천의 이론과 학문적 토대를 근거로 한 대학원 논문을 시작으로 군사회복지에 대한 연구가 본격적으로 시작 된 지 15년이 지났다. 현재는 대학과 대학원에 군사회복지 학과 및 전공이 설치되어 군사회복지 전문가를 배출하고 있으며, 일부 대학에서는 군사회복지 과목을 개설하고 있다. 하지만 이러한 교육에서 가장 기본이 되는 최근의 연구 자료와 교재들이 객관성과 전문성에 있어 많은 부분의 수정과 보완이 요구되는 아쉬움을 남기고 있다.

둘째, 군사회복지에 관한 연구결과와 실천적인 측면에서 많은 성과가 있었음에도 불구하고 군사회복지 전문가들 사이에 군조직에 대한 특성을 제대로 이해하지 못함으로써 군사회복지의 발전 방향에 대한 여러 시각 차이와 시행착오를 겪고 있음을 집필자들 스스로 느끼면서 이에 대한 안타까운 마음을 공유하게 되었다.

한국군의 역사에 비해 짧은 시간 동안 많은 성과와 발전을 가져온 군사회복지의 긍정적인 평가에 자만하지 않고, 과거와 현재를 다각적이고 객관적인 관점에서 고찰하여 군사회복지 미래의 이정표를 세우는 데 도움이 되고자, 20년 전부터 지속적으로 연구와 강의, 군과 지역사회를 중심으로 군사회복지 실천과 사례관리를 담당했던 4명의 집필진이 각자의 연구 분야와 경험을 바탕으로 집필하게 되었다. 특히 저출산 · 고령화 사회에 있어서의 군인가족복지와 제대군인복지, 보훈가족 복지와 함께 다문화시대에 대비한 다문화 군복지, 군대문화와 인권의 문제와 군복지와 상담 등을 시대에 맞게 다루고, 그동안 간과했던 분야를 추가하여 군사회복지 연구 및 실천분야의 폭을 넓혀나가고자 하였다.

본 교재의 내용은 총 4개 part와 세부적으로 15개 chapter로 구성되어 있다.

part1 **군에 대한 이해**에서는 군 직업과 조직에 대한 이해, 군대문화와 인권에 대하여 살펴본다.

part2 **군사회복지에 대한 이해**에서는 군과 사회복지, 한국의 군사회복지, 외국의 군사회복지에 대하여 살펴본다.

part3 **군사회복지정책과 행정**에서는 군사회복지정책, 군사회복지 관련 법, 군사회복지행정과 전달체계에 대하여 살펴본다.

part4 **군사회복지의실천**에서는 군사회복지 실천과 사례관리, 저출산과 군인가족복지, 군의료와 의료사회복지, 다문화사회와 군사회복지, 제대군인복지, 보훈복지, 군복지 상담에 대하여 다룬다.

본 교재는 4명의 집필진이 그동안의 강의와 연구자료 및 기존에 출간된 책들의 부족한 부분을 지속적으로 보완하면서 군사회복지의 발전을 위한 계기를 마련하고자 하는 공감대가 형성되어 함께 책을 펴내게 되었다. 책을 발간하기까지는 그동안 연구와 실천현장에서 만나고 함께했던 지역사회의 복지전문가, 국방부를 비롯한 각 군 본부의 복지 및 상담 전문가와 군인가족의 요구와 기대가 있었다. 또한, 군사회복지학회원, 공주대학교 군사회복지전공 대학원생, 경기도 군인가족지원센터, 경기도군인가족심리상담센터, 경기도청소년보호연맹 연구원 및 상담사들의 적극적인 관심과 참여 덕분에 용기를 내어 책을 완성할 수 있게 되었음에 모두에게 감사의 말씀을 드린다. 본 교재를 통하여 군사회복지 입문자들은 군사회복지를 이해하는 데 도움이 되고, 전문가 및 전공자들은 학문적 깊이와 실천적 발전을 위해 더욱 완성도가 높은 연구 자료와 책들이 발간되기를 기대해 본다.

끝으로 원고를 출판할 수 있도록 배려해 주신 창지사 사장님과 관계직원 여러분들의 세심하고 친절한 관심과 수고에 감사의 말씀을 드리며, 군사회복지의 이론과 실천분야의 지속적인 발전이 있기를 기대한다.

2017년 1월 저자일동

PART 1

군에 대한 이해

01 CHAPTER

군조직과 직업의 이해

1 군조직에 대한 이해

군대는 사회의 여러 조직과 제도보다 발전 역사가 길고, 국가에서 차지하는 비중이 막대하다. 그러나 군대에 대한 사회학적 연구는 상대적으로 늦게 시작되었다고 할 수 있다. 군에 대한 사회학적인 연구는 1961년 미국 시카고 대학 쟈노위츠(M. Janowitz) 교수가 군대와 사회에 관한 연구학회를 설립하였고, 학회를 중심으로 군대조직, 폭력관리자로서의 전문 직업집단, 민간사회와의 관계에 대한 연구가 활발히 진행되면서 독립된 군대사회학 체계로 변화·발전되었다. 군대는 합법적 권력의 이름으로 다른 정체 혹은 다른 국가를 상대로 전투를 벌이도록 구성된 군사조직이라는 의미에서 경찰이나 다른 국내 치안기관과는 구분되는 군비(軍備) 가운데 하나로, 군사력을 행사하는 기관을 말한다.

1) 국민의식과 군대

국민은 태어나면서부터 국가의 방위자가 되며, 국가는 각 개인의 삶과 가정의 행복을 보장해 주는 터전이다. 따라서 국민은 국방의 의무를 가지게 되며 국가안보에 대한 민·군 간의 책임과 실천은 중요한 현실적 과제이다. 국가적으로나 사회적으로 부와 직위가 높을수록 국방에 대한 관심이 부족한 현상이 나타나며 국민의 4대 의무 중 하나인 병역의 의무를 소홀히 하여 국민통합을 해치게 될 수 있다.

(1) 국가와 국방관계에서의 노블레스 오블리주 정신

① 국가안보는 국가와 개인의 생존과 직결(병역은 4대 의무 중 최우선)된다.
② 한국의 국가지도자와 사회지도층 자제들의 병역기피 비율이 높다.
③ 신분이 높을수록 사회적 의무와 책임도 비례해서 높아야 한다.
④ 병역 면제자는 국가적·사회적 지도자로서의 도덕성 부족, 국가가 위기 시 판단부족이 예상된다.
⑤ 국가적·사회적 지도자가 되기 위해서는 투철한 국방의무의 사명감이 요구된다.

(2) 군대는 젊은 사람들에게 참다운 삶을 체험케 하는 기간이며 교육장

현역시절의 긍정적 측면으로는 자기 자신과 가장 많은 대화를 하는 시간, 자기 자신과 가장 철저하게 싸우면서 가치관을 정립하는 시간, 민간사회의 가치관, 청년기의 가치관, 군인의 체험적 삶의 목적과 방향 결정, 미래사회를 개척해 나갈 수 있는 인내력과 창조적인 가치관을 확립하여 다시 태어날 수 있는 시간을 만들 수 있는 교육장이다.

2) 군정(軍政)과 군령(軍令)

일반적으로 군비는 자국의 군기 및 사기 등 무형의 전력과 병력, 장비, 시설 등 유형의 전력을 포함한 총체적 군사력을 가리키는 말이다. 더욱이 군비는 '군'에 대한 '민'의 우위(civilian control), 타국과의 동맹관계, 물자, 무역의 대외 의존도 등 비군사적인 면을 포함한 안전보장을 추구해 나가는 것 가운데 군사력의 보유, 행사에 관한 면을 가리키는 경우가 많다. 이 같은 군사력의 행사기관인 군의 제도, 병제 등 행정면을 군정(軍政)이라 하고 군의 작전, 용병 등을 군령(軍令)이라고 한다.

〈표 1-1〉 군정과 군령

군정(軍政)	군령(軍令)
⬇	⬇
군사력의 건설 군사력의 행사기관 군의 제도 병제 등 행정적 측면	군사력을 지휘하여 전쟁을 수행하는 기능 군의 작전, 용병

3) 군조직의 구조 및 특수성

(1) 군조직의 구조

대체적으로 군대는 현존하는 사회조직 중 가장 엄격한 기강을 요구하는 단체이고 군대의 힘은 그 구성원(군인)을 얼마나 완벽하게 조직하느냐에 달려 있다. 이러한 점에서 군조직은 후진국, 개발도상국 및 경제개발 단계에서 다른 분야에도 모범이 되어 왔다. 표준화, 지휘계통과 참모조직, 구성원의 훈련 등과 같은 초기 산업조직의 원칙은 모두 군대에서 나온 것이다. 군인의 상황은 불확실성의 정도가 매우 크기 때문에 군 분야에서의 조직의 필요성은 특히 두드러지게 나타난다.

우리나라의 각 군별 조직 및 보유전력을 살펴보면 육군은 육군본부와 3개 군사령부, 수도방위사령부, 특수전사령부, 항공작전사령부, 유도탄사령부와 이를 지원하는 부대로 편성되어 있으며, 해군은 해군본부와 작전사령부, 그 밖의 지원부대로 편성되어 있고, 공군은 공군본부와 작전사령부 그 밖의 지원부대로 편성되어 있으며 그 조직은 다음과 같다.

〈표 1-2〉 각 군의 주요 조직과 보유전력

구분	육군	해군	공군
조직	육군본부 군사령부(3), 군단(10) 수도방위사령부 특수전사령부 항공작전사령부 유도탄사령부 군수사령부 교육사령부	해군본부 작전사령부 함대사령부(3) 해병대사령부 해병대사(여단) 2(1) 군수사령부 교육사령부	공군본부 작전사령부 남부전투사령부 전투비행단(3) 전술비행단 방공포병사령부 군수사령부 교육사령부
전력	병력: 약 49.8만 명 전차: 2,300대 장갑차: 2,500대 야포: 5,300여 문 유도무기: 20여 기 헬기: 600여 대	병력: 7만 명 (해군: 5.1만 명 해병대: 2.9만 명) 잠수함: 10여 척 전투함: 120여 척 지원함: 40여 척 헬기: 50여 대	병력: 6.5만 명 전투기: 500여 대 특수기: 70여 대 수송기: 30여 대 훈련기: 160여 대 헬기: 30여 대

출처: 국방부(2013), 『2012 국방백서』.

(2) 군조직의 특수성

군조직은 합법적으로 무력을 사용하는 기관, 전투를 수행하는 특수조직, 위계질서를 생명으로 하는 조직으로서 이를 위해 조직 임무완수 우선, 조직목표의 절대성, 규율과 통제의 사회, 강한 단체성, 공익조직으로서의 일반적인 특수성을 지니고 있다.

가. 합법적인 무력 사용 기관

군대는 개인이 통제하는 일반사회와는 달리 정부로부터 통제를 받는 국가기관이자, 국가를 보위하고 국민의 생명과 재산을 보호하는 차원에서 국가로부터 합법적인 무력사용의 권한을 위임받아 행사하는 국가안보의 군사적 책임기관이다. 「국군조직법」 제8조에 "국방부장관은 대통령의 명을 받아 군사에 관한 사항을 관장하고 합동참모의장과 각군 참모총장을 지휘·감독한다."고 명시된 바와 같이 정부는 군대의 활동에 대해서 정치적인 책임을 진다. 즉, '국가로부터 합법적인 무력 사용 권한 위임'을 받았다는 것은 군대가 정부의 통제에 따라야 한다는 것을 의미한다.

나. 전투를 수행하는 특수조직

군인에게 부여된 임무와 책임은 '국가의 보위'와 '국민 보호'에 있다. 따라서 군인은 국가가 외부의 침략 등 국가가 위태로울 때 국가를 보위하고, 국민의 생명과 재산을 보호해야 할 막중한 사명을 띠고 있다. 그러므로 군인은 전쟁이 벌어지면 국가의 명령에 의해 어디든지 투입되어 전투를 수행해야 한다. 이를 위해 군사력이라는 합법적인 무력을 사용하며, 반드시 싸워 이겨야 하는 특징을 갖는다. 전쟁에서의 패배는 국가의 존망과 직접 연결되기 때문이다. 따라서 고도의 전투준비태세를 갖추기 위한 강도 높은 훈련과 상명하복의 일사불란한 지휘체제 확립이 대단히 중요하다.

다. 위계질서를 생명으로 하는 조직

군대의 위계질서는 전쟁의 승패를 가늠하는 중요한 요소이다. 아무리 민주주의가 고도로 발달한 나라에서도 군대만은 엄격한 상명하복을 그 생명으로 한다. 군대사회를 흔히 '계급사회'라고 한다. 계급과 직책에 따라 그 권한이 행사되는 특수한 집단이 군대이기 때문이다. 군대의 위계질서는 '명령과 복종'으로 귀결된다. 일각에서는 이러한 명령과 복종이 민주주의의 기본가치에 위배된다고 말하고 있으나, 선진 민주국가의 군대에서도 군대의 임무 특수성을 감안하여 법률과 제도, 규정으로 보장하고 있다.

4) 국방환경과 국방개혁

국방부는 저출산·고령화 사회에 접어들면서 군에 입대하는 장정의 수가 줄어들게 됨에 따른 국방개혁을 진행하고 있다. 국방개혁은 군의 지휘구조를 현 합동군 체제를 유지하는 가운데 합참 중심의 전쟁기획과 수행체제를 구축하는 방향으로 개편하며 동시에 육·해·공군본부는 국방부·합참의 기능과 연계성을 유지할 수 있도록 조직을 정비하는 계획으로 향후 군의 복지정책에도 많은 영향을 미치게 될 것이다.

국방개혁 기본계획(2014 ~2030)에서는 북한의 비대칭 위협, 국지 도발 및 전면전에 동시 대비 가능한 계획으로 발전하고, 2022년까지 병력을 52.2만 명 수준으로 유지하며, 부대구조 개편계획 및 전력증강계획을 조정하고, 현재의 안보상황의 위중함을 고려하여 북한 핵·미사일 위협 대비능력 강화를 위한 전력증강을 반영(Kill Chain, KAMD 등 탐지, 식별, 결심, 타격능력 구축)하며. 전략 환경 변화에 부합하는 미래 지향적 방위역량 강화와 국방경영의 혁신으로 고효율의 선진 국방운영체제 구축을 핵심으로 하고 있다.

(1) 국방환경 변화

① 네트워크 발전으로 감시, 결심, 타격의 반응시간 단축과 초정밀 무기의 발달 등 전쟁 수행 패러다임의 변화가 나타나고 있다.

② 출산율 저하에 따른 병역자원의 감소로 양적 군 구조 유지에 한계가 있다.

③ 국민의 복지 요구 점증으로 적정 국방비의 안정적 확보에 어려움이 예상된다.

(2) 지휘 개편방향

구분	내용
합참	· 합참을 작전지휘 조직과 군령보좌(-작전지휘) 조직으로 구분 편성, 임무수행의 완전성 보장 · 합참 내 미래사령부 조직을 편성하여 전시 작전 통제권 전환 시 연합 지휘역량 강화 · 미래의 적 위협 및 작전환경에 부합한 최적의 조직으로 발전 · 상비병력 감축을 고려하여 지휘조직의 최적화·슬림화 편성
육군	· 지상작전사령부 창설 - 안보위협과 전시 작전 통제권 전환시기를 고려하여 창설시기 조정 · 군단 중심의 작전수행체계 조기 구축 - 참모부 기능 보강, 공군 ASOC 편성으로 대화력전 수행능력 강화 - 항공단·방공단·군수지원여단 편성으로 전투 근무 지원 능력 보강 · 보병사단 편성 보강 - 사단급 UAV·대포병탐지레이더·K-9 자주포·차기다련장 등 전력화 - 보병대대 간부 증편, 소형 UAV·복합형 소총·전투차량 등 편제 · 적 특수전 부대 위협대비 편성 보강 - 특공연대, 사·군단 헌병단(전투헌병), 향토사단 기동대대·중대 정예화 개편 - 동부 산악지역 적 특수전 부대 침투대비 산악여단 창설 · 해안경계임무 해경 전환: 2017년에 시기결정 ⇨ 2021년 목표로 전환
해군	· 잠수함사령부 창설 - 잠수함 전력화와 연계, 잠수함전단을 모체로 창설 - 적 및 잠재적 위협에 대한 억제, 수중 방호 능력 향상 · 특수전전단 개편 - 병력확보와 연계 1개 특전전대 창설, 국지 도발 및 비대칭 위협 대응능력 강화 · 이지스함 추가 확보(3척)와 연계, 기동전단 개편
해병대	· 9해병여단(제주부대) 창설: 제주도 통합방위작전 수행 · 해병사단 개편: 정보·방공작전 지속 지원 기능 보강 · 항공단 창설: 상륙작전, 전략도서 증원 등 다양한 임무수행 보장
공군	· 전술항공통제단 창설: ASOC을 각 군 작전사 및 군단까지 확대편성 · 항공정보단 창설: 항공정찰 및 정보지원 능력 강화 - 중·고고도 UAV, 영상·전자정보 장비 등 항공정찰 자산 전력화

2 군 직업의 특성

군은 일반 사회의 직업과 달리 국제평화 유지와 국가 보위를 위해 창설·유지되고 있다. 전투 임무를 수행해야 하는 측면에 따라 임무 기능적 측면, 조직구조 및 구성원 측면, 가정생활 및 생활여건 측면, 조기정년제로 인한 생애 최대 지출기에 전역하는 직업적인 특성을 지니고 있다.

(1) 임무 기능적 측면

군은 사회조직과는 뚜렷하게 구별되는 전투 및 전쟁을 수행하는 기능이 1차적 임무이며, 민주사회의 유지 및 발전에 기여하는 부가적 기능을 수행하고 있다. 군인은 유사시 개인의 생명을 바쳐 국가를 수호하고 국민의 생명과 재산을 보호해야 하며, 죽음 앞에서도 명령에 따라 위험을 감수해야 한다. 평시에도 위험한 무기와 장비를 다루어야 하며, 훈련도 실전처럼 이루어져 재해위험이 매우 높은 직업이다. 직무특성상 공무원의 1.6배, 일반노동자의 1.7배 정도의 높은 사망률을 보이고 있다. 이와 같이 개인의 희생을 전제로 국가보위라는 임무완수를 목표로 하는 만큼 국가차원의 보상이 반드시 뒷받침되어야 하는 직업이다.

군인도 국가공무원으로서 1일 8시간의 근무를 하도록 법제화되어 있다. 그러니 현실적으로 각종 야외훈련 및 야간훈련, 전투준비태세 수검, 상급제대 평가, 빈번한 당직근무, 일과 후나 공휴일 대기 등 근무시간 자체가 정량화되어 있지 않다. 군인가족도 영내 관사지역에서 대기하는 사례가 많다. 따라서 이러한 근무여건은 기본적으로 영위해야 할 가족 공동체로서의 삶 자체도 보장하지 못하는 문제점이 내재되어 있다.

〈표 1-3〉 임무 기능적 특징

구분	특징
국가보위와 존립에 필수적인 소명집단	· 군은 국가의 보위와 존립에 필수적인 조직으로서 국가 발전에 핵심적인 요소이다. · 군의 존재목적 - 국가의 자유와 독립 보전 및 국토방위 - 국민의 생명과 재산 보호 - 조국통일을 뒷받침하며 나아가 세계평화 유지에 기여
평시관리를 통한 위기 시 대처할 수 있는 준비집단	· 언제 어디서 어떤 형태로 발생할지 모르는 각종 위기상황에 대처할 수 있도록 평시부터 지속적인 관리 · 국가 위기 시 신속하게 대처할 수 있도록 준비되어 있는 집단
생명을 담보로 임무수행, 재해 위험도가 매우 높은 직업	· 군인은 유사시에 개인의 생명을 바쳐 국가를 수호하고 국민의 생명과 재산을 보호해야 하므로 죽음 앞에서도 명령에 따라 위험 속으로 기꺼이 들어가야 한다. · 전시뿐만 아니라 평시에도 위험한 무기와 장비를 다루면서 각종 훈련을 실시해야 한다. - 재해율 공무원의 1.6배, 일반노동자의 1.7배

출처: 유홍위(2008).

(2) 조직 구조 및 구성원 측면

군은 국방이라는 목적을 달성하기 위해 합법적인 권한 행사, 충성, 명예, 단결 등의 가치규범이 중요시되는 조직목적의 절대성의 성격을 갖는다. 또한, 군은 조직목표가 우선되는 획일적 명령계통을 유지하는 반면, 조직구성원 자체도 신분 및 출신이 다양하여 높은 이질성을 갖는다. 게다가 계급과 직책에 따른 명령과 역할수행으로 간부보다 사병은 임무수행에 소극적 성향을 갖게 된다. 따라서 조직의 목적 달성을 위해서는 간부의 리더십과 부대원의 팔로우십이 매우 중요하며, 간부 집단에게는 군 업무와 관련된 전문지식과 책임감, 희생정신 등이 보다 더 요구된다.

(3) 가정생활 및 생활여건 측면

군인은 일반직업과는 다르게 일과 후 또는 휴일에도 위수지역 내에서 대기상태를 유지해야 하고 근무지가 대부분 격오지에 위치하여 문화적 욕구충족과 개인 발전 욕구 실현이 제한된다. 간부는 순환보직 제도에 의해 1~2년 주기로 잦은 이사를 하고 사병들은 전입과 전역을 하게 된다. 이로 인해 간부들은 자녀교육 및 추가적 지출 등으로 많은 어려움을 겪고 있다. 또한, 군인가족의 별거율은 약 40%로 동거하더라도 군인가족은 군인과 동일하게 사회로부터 격리되어 문화혜택 제한 등 각종 희생을 감수하고 있다. 이러한 점들이 군인의 사기뿐 아니라 가족의 결속력을 떨어뜨리는 원인이 된다. 군인가족이 우수한 인적 역량을 가지고 있다 하더라도 사회적 활용 체계의 부재로 그 역량을 국가와 사회 발전을 위해 적극 활용할 수 없는 현실에 처해 있다. 자녀는 부모와 동거 기간이 짧아 가족 간 유대감이 저하되고 자녀의 심리적 불안이 가중된다. 잦은 전학으로 인한 스트레스로 학업 연속성과 능률이 저하되어 성적이 떨어지고 부대가 중·소 도시 이하에 대부분 주둔하여 교육시설이 제한될 뿐만 아니라 학교, 학원, 도서관 등의 부재 및 낙후로 학습욕구 실현이 제한되며 정서적인 불안감도 증가된다.

〈표 1-4〉 **군인 별거 사유**

구분	자녀교육	관사문제	격오지 근무	부모 공양	기 타
비율(%)	36.0	32.01	15.3	1.87	14.37

출처: 유흥위(2008).

가족과 별거하고 있는 현역군인들의 사유를 보면 〈표 1-4〉와 같이 자녀교육문제가 가장 높고(36%), 관사문제, 격오지 근무 등으로 나타나 직업특성에 기인한다고 할 수 있다. 특히 자녀교육 문제의 경우 자녀가 중·고교에 진학하면 교육여건의 불비, 각종 필요한 정보접근의 제한 등으로 어쩔 수 없이 별거를 해야 하는 것이 현실이다. 이와 같이 본인의 의지와는 관계없는 별거로 인해 추가적인 경제적 지출뿐만 아니라 자녀의 성장과정에도 문제점이 내재되어 있는 상황이다.

(4) 조기정년제로 인한 전역

군인은 조직특성상 계급별로 조기정년제를 적용하고 있으나 진급적체 등의 해소를 위해 실제 전역연령은 이보다 더욱 낮게 운영함으로써 직업성 보장이 제대로 이루어지지 못하고 있다. 무엇보다도 심각한 문제는 직업의 특성상 사회의 여타 직업과는 연계성이 매우 낮아 제대 후에는 재취업률이 매우 낮아서 국방부 차원에서 취업률 향상을 위한 다각적인 대책을 마련하고 있음에도 불구하고 근본적인 문제해결은 될 수 없다는 점이다. 따라서 군인 스스로 전역 후 사회에 적응할 수 있는 능력을 개발하고 준비해야 하지만 군의 직업적·문화적 현실을 고려해 볼 때 어려운 게 사실이다. 국가를 위해 헌신한 군인을 전역 후에는 국가가 전적으로 책임을 지고 보장해야 하는 것이 당연함에도 불구하고 아직은 이러한 국가적 관심과 노력이 미흡한 것이 현실이다. 연간 제대하는 전역자의 평균연령의 경우 위관은 31세, 소령 42세, 중령 49세, 대령 53세, 장군의 경우도 55세로 나타나고 있다. 이는 법적 정년에도 미치지 못하는 것으로서 직업성 보장의 취약성을 여실히 보여 주고 있다. 40대에서 50대 중반은 자녀교육, 자녀결혼 등으로 라이프 사이클상 생애 최대 지출기이다. 그러나 군인의 경우 이 시기에 대부분 전역을 하게 되어 심각한 생계문제에 직면하게 된다. 사회화가 진전되면서 군 직업의 사회 연계성은 더욱 낮아지고 있어 취업자체가 불가능한 상태에 이르고 있으며, 결국 제대군인은 연금에 의존하여 상대적으로 하향 평준화된 생활을 할 수밖에 없는 상황이다.

3 군대조직과 근무 스트레스

군에서 근무하는 장병은 군대문화의 획일성·폐쇄성과 신세대 병사의 민주적·개방적 문화와의 상충으로 갈등을 겪고 있다. 내재된 갈등구조는 군조직을 이완시키고 군 기강을 문란케 하여 전투력의 약화는 물론, 사고유발요인으로 작용하고 있다.

군조직은 사회와 비교하면 비민주적 요소, 권위주의적 요소와 아직까지 고압적 폭언과 얼차려 등의 구시대적 관행이 남아 있어서 장병의 스트레스를 가중시키고 이는 사고의 원인이 되기도 한다. 또한, 군의 권위적 요소로 말미암아 장병은 창의적이고 소신 있는 업무처리보다는 일방적으로 상급자의 지시에 의존하는 업무추진방식을 따르게 되며, 상급자의 지시에 따른 임기응변식의 업무수행은 능동적 복무의식의 상실과 우발적 충동사고의 동기를 제공하고 있다. 또한, 군의 획일주의는 개성을 무시하고 개인의 심리, 사고, 행동양식을 인위적으로 통일하고 규격화하여 개인의 개성보다는 조직의 조직적 일체감과 강한 연대의식이 강조되는 경향을 보이고 있다.

또한, 병영생활 스트레스는 장병이 군 생활 중 겪는 스트레스를 의미하는 것으로 심리 관련 스트레스 요인(낮은 자존감, 적대감, 완전주의적 사고, 우울증적 감정), 환경 관련 스트레스 요인(조명, 소음, 온도, 공간설계), 조직 및 업무 관련 스트레스 요인(직업요건, 역할 경계 설정, 경력, 지시사항과 이행), 부대원 신상 관련 스트레스 요인(능력 및 경험, 욕구 및 가치관, 자기통제성, 생활사건), 군대조직 외부의 스트레스 요인(가족, 경제문제, 외부 인간관계)에서 발생하게 된다. 군조직 내에서 장병은 자신의 계급, 직책, 업무, 동료 및 상하 관계, 진급 등에 따라 스트레스의 강도와 종류 및 지속기간이 달라질 수 있다.

1) 조직 및 업무 관련 스트레스

(1) 직업조건

어느 직업이나 그 조직의 구성원은 여러 가지 스트레스를 가지고 생활하고 있다. 그러나 다른 직업에 비하여 군대라는 조직사회에 속한 장병은 자신의 계급, 보직, 근무지, 인간관계와 진급, 그리고 전직에 대한 문제 등에 따라 개인의 스트레스의 강도와 종류가 달라진다. 즉, 자신이 근무하고자 하는 부대에서 어떤 보직과 어떤 종류의 업무를 하며 차후에 어떤 보직을 부여받고 진급을 하며 소속된 조직원과 어떻게 근무하느냐 하는 것은 조직 스트레스를 결정하는 가장 근본적인 걸림돌이 되고 있다.

(2) 조직구조

군조직의 특성상 수직적 위계질서를 유지하고, 절대명령에 복종함으로써, 단기적 업무의 성취나 편의성은 높아질 수 있으나, 하위계급, 부대로 갈수록 그 구성원의 직무만족도는 낮아지고 스트레스 수준도 현저하게 증가하게 된다고 볼 수 있다. 그러므로 군대조직은 자칫 부대원의 직무만족도 격감과 스트레스 수준 증가를 불러올 소지가 높다. 지휘관의 지시에 대하여 자신의 의사가 반영되지 않는 가운데, 담당할 업무량, 책임, 지시와 간섭만 늘어 가는 것은 스트레스의 주요 원천이 된다.

특히 시간제약을 받고 제한된 공간에서 행동의 자유가 거의 없으며, 계속해서 상급자의 의사결정사항을 시행해야 하는 요구를 받게 되고, 끊임없이 업무가 부여되는 때일수록 더 많은 스트레스를 느끼게 된다.

(3) 역할 모호

부대원 각자의 임무와 역할이 불명확하거나 모호한 경우 발생하는 애로사항이 스트레스의 원인이 된다. 즉, 어떤 일을 누가, 어떻게 해야 할지 모르는 상태가 역할 경계에서의 문제가 생기는 경우이다. 이런 상황의 결과는 대개 임무방치, 나태 및 게으름, 핑계 대기, 책임전가, 부대 이기주의, 관리 사각지대 발생 등의 문제를 야기하는 등 군 내에서 또 다른 사회적 악습을 불러들이는 역기능적 효과를 가져온다.

(4) 지식 및 경력 수준

병사가 입대하여 군대사회로 진입하게 되는 신병훈련기간은 그들에게 엄청난 문화적 충격을 가져다준다. 그러다가 점점 군 생활을 익히고 전역을 앞두게 되면 군에서 '요구하는 발달과정'은 이미 다 마치게 된다. 즉, 군 생활의 말미에 이를수록 점점 더 적응되고 요령을 터득하게 되면서 병사의 발달은 더 이상의 진전을 보이지 않게 되는 것이다. 이러한 자극부재와 성장기회 부족은 역기능적 스트레스로 작용할 수 있다.

(5) 역할 갈등

역할 갈등은 개인에게 복합적 역할이 주어질 경우와 부여된 역할과 자신의 역할과의 괴리가 있을 경우에도 발생한다. 개인이 갖는 이러한 역할은 그 요구와 기대가 각기 다르기 때문에 갈등이 일어난다. 군조직 내 병사가 갖는 역할 갈등은 더욱 복잡하다. 입대 전 자신의 집에서 가족생계의 큰 몫을 담당하였던 사람이 입대하여 그렇게 하지 못하는 현실에서 느끼는 갈등, 자신의 의지와는 상관없이 정해진 주특기, 직책, 부여된 임무가 자신의 체력, 적성, 전공이나 능력과 상충될 때 야기되는 갈등, 서로 다른 사람으로부터 동시에 둘 이상의 역할을 부여받을 때 느끼는 갈등, 부당한 일이나 비합리적인 일의 이행을 지시받았을 때 느끼는 갈등, 이 모든 갈등이 스트레스의 원천이 된다(정효현, 2005).

2) 부대원 신상 관련 스트레스

(1) 능력 및 경험

입대 후 자신의 경험을 통하여 터득하였거나, 입대 전 학문이나 사회생활 등을 통하여 익힌 기술과 지식은 개인에게 대단한 자신감을 갖게 함은 물론 부대에서 실질적 업무에도 상당한 정도의 영향을 미치게 된다. 이러한 능력과 경험에서 나오는 업무역량 및 업무자신감은 학력이 높고 연령이 높을수록 더 뚜렷하게 나타나고, 군 생활을 오래 한 사람일수록 능숙하고 노련한 면모를 드러내게 된다. 반대로 능력과 경험이 부족한 사람은 그로 인하여 스트레스를 받게 된다.

(2) 욕구좌절

군인은 국가 예산의 범위 내에서 의식주를 해결해야 한다. 또한, 병사는 내무생활의 통제로 말미암아, 자신이 원하는 집단에 소속되고 싶어 하는 사회적 욕구와 다른 사람으로부터 인정과 존경을 받고 싶어 하는 존경의 욕구, 자신의 잠재력을 극대화하여 자기가 그렇게 되고 싶다는 자아실현의 욕구 또한 타 조직에 비해 충족하기가 어렵다. 뿐만 아니라 군은 전투를 하는 조직이므로 그 수단인 총기, 폭발물 등 무기를 취급해야 하며 최악의 상황에서도 임무를 완수해야 하는데 이에 수반되는 신체적 위험 또한 타 조직에 비하여 높다. 따라서 병사는 인간의 욕구라는 측면에서 많은 좌절감을 느끼게 된다. 또한, 왕성한 성적 욕구를 해소하기도 힘들다(정효현, 2005).

(3) 자기통제성

자신의 일과 사생활에 다른 사람의 간섭과 통제력이 가해진다는 것은 용인하기가 어려운 것으로 이에 대해서 사람들은 강한 거부반응을 보이게 된다. 이와 같은 인간의 본성을 간파한 여러 가지의 연구결과에서 스트레스와 관련하여 공통적으로 밝혀낸 사실은 바로 어렵고 힘든 일이 있더라도 그것을 자신이 직접 조절하고 통제할 수 있는 권한과 여건만 주어진다면 그렇지 못한 사람에 비해 스트레스를 현저히 덜 느끼게 된다는 것이다.

(4) 생활사건

생활사건(life events)이란 생활 속에서 일어나는 '특별한 일'을 말한다. 예를 들면, 군 생활 중 발생하는 각종 인사명령, 주요훈련, 검열 등이 있다. 이러한 특별한 일은 해당 개인에게 충격을 가져다주기도 하고, 새로운 적응을 요구하기 때문에 스트레스 유발요인이 된다.

(5) 건강 및 체력

'건전한 정신은 건강한 신체에서'라는 말도 있듯이 건강에 이상이 있는 자는 사회생활에서 건강한 사람보다 비정상적으로 반응하기 쉽다. 또한, 건강에 문제가 있는 자는 건강한 사람에 비해 환경에 의한 자극을 받기 쉽다. 이로 인하여 사회생활이나 경제생활에 있어서 많은 제약을 받게 되며, 특히 많은 육체적 활동이 요구되는 군에서는 애로를 크게 느끼게 된다. 이러한 건강상의 문제는 근본적으로 허약한 체질, 입대 후 문제의 발생, 기왕의 지병이 재발하거나 악화되는 경우가 있겠다. 이로 말미암아 고통받고 있거나 치료를 받지 못하는 경우, 신체적 질환으로 주어진 임무를 제대로 수행하지 못하는 경우, 건강상의 이유로 동료들과 어울리지 못하고 소외감을 느끼는 경우 스트레스를 받는다.

3) 병영생활과 스트레스

자유로운 생활을 추구하는 신세대들에게 24시간 365일 병영생활을 한다는 것은 심각한 스트레스에 직면할 수밖에 없다. 새로운 환경과 조직의 분위기에 적응하기 위해서는 항상 긴장과 스트레스 속에 살 수밖에 없는 것이 장병들의 일상이다. 병영에서의 스트레스 원인에 대한 2009년 육군본부의 연구 결과를 살펴보면 ① 설명 없이 일과 이후나 휴일에 작업을 시킬 때, ② 계획성 없는 지시로 동일한 일을 반복하여 했을 때, ③ 인격적인 모독이나 무시를 당할 때, ④ 간부들이 내무생활을 무리하게 간섭할 때, ⑤ 갑자기 휴가가 연기될 때, ⑥ 상급부대 검열 준비와 검열 받을 때, ⑦ 상급자의 지적과 폭언을 들었을 때, ⑧ 개인의 능력을 초과하는 요구를 할 때, ⑨ 대화상대가 없고 소외감을 느낄 때, ⑩ 사적인 일을 명령조로 시킬 때, ⑪ 잘해 주려는 마음을 후임병이 이해하지 못할 때, ⑫ 하급자가 복종하지 않고 따지거나 대들 때, ⑬ 상급자는 열심히 일하는데 하급자가 요령을 피울 때, ⑭ 한 사람의 잘못으로 전체가 욕을 먹고 질책을 받을 때, ⑮ 타 부대 후임병이 자대 선임병에게 불손한 언행을 할 때, ⑯ 여러 명의 상급자가 자기 말을 들을 것을 강요할 때, ⑰ 하급자가 우월감을 과시하거나 예의 없는 행동을 했을 때, ⑱ 임무를 주면 곧바로 다른 하급자에게 재지시할 때, ⑲ 근무로 인해 종교행사에 불참할 때, ⑳ 교육훈련 시 교육 자세와 열의가 부족할 때 등으로 나타나고 있다.

(1) 심리적인 스트레스

병영생활을 비롯한 군조직에 있어서 부대원들의 사고방식, 감정 등과 같은 정신적 측면에 관련된 요소이다. 특히 부대생활을 하면서 흔히 겪는 감정인 적대감, 낮은 자존감, 우울증적 증상 등은 스트레스를 불러일으키는 대표적인 심리적 요인이라 할 수 있다.

가. 대인관계에서의 적대감

적대감이란 부대원을 동료라고 생각하는 것이 아니라 적대적으로 대하는 것을 의미한다. 군에서는 상급자의 가혹행위, 욕설 또는 정신적·물리적 압박에서 비롯된 개인적 분노에 의한 결과로 발생하는 스트레스가 적대감에 의한 스트레스라고 볼 수 있다. 동고동락을 하는 병영에서 부대원과의 관계를 어렵게 함으로써 대인관계에 있어서 따돌림받기 쉽고, 극단적인 행동으로 나타날 수 있으며, 신체적인 부작용을 초래하기도 한다.

나. 자존감 및 자신감

자존감은 자기 자신에 대해 스스로가 느끼거나 부여하는 감정 또는 평가로서 스스로 안정감과 존중감을 획득하고 인정하는 능력을 말한다. 또한, 자신감은 상대와의 관계에서 갖게 되는 심리적인 능력감이라고 할 수 있다. 병영에서 스트레스를 받게 되면 자존심과 자존감이 급격하게 낮아짐으로 인하여 분노감정을 갖게 된다. 그 분노감정을 조절하기 어려운 경우 조직에 대한 몰입도나 근무 효능감은 저하될 수밖에 없다.

다. 임무완수에 대한 강박감

군은 전투를 수행하는 집단으로서 부대의 성패를 좌우하는 기본요소로 개인 및 조직의 완전주의적 사고를 강요받게 되어 있다. 끊임없이 요구하는 '만족하지 못하는 상급자', '실수를 용납하지 않는 자신 또는 상급자의 성격', '자신의 개인적 부분까지도 엄정한 규정으로 통제하는 부대 분위기' 등이 군조직에서는 또 하나의 스트레스가 된다.

(2) 병영환경 관련 스트레스

가. 조명

병영 내부의 어두운 조명은 부정적이고, 밝지 못한 판단과 생각을 하게 하며 불쾌지수를 높이는 역할을 한다. 또한, 여러 가지 스트레스로 인한 관련 문제를 일으키며, 업무수행 및 작업을 어렵게 하거나 눈을 피로하게 하고 두통을 일으키게 한다. 어떤 경우에는 좌절에 빠지게 하기도 하고 높은 수준의 긴장을 유발시키기도 한다. 좋지 못한 조명 조건에서는 과제수행에 요구되는 시간이 증가되고 성과도 오르지 않으며 욕구좌절의 수준이 높아질 수 있으며 병영 내에서 각종 일탈 및 사고를 유발하기도 한다.

나. 소음

병영 내의 지속적인 크고 작은 소음은 장병이 신경을 곤두세우게 하고 예민하게 만든다. 집단생활을 하는 병영 내 생활관의 시설은 많은 스트레스를 증가시키는 원인이 되고 있다. 예를 들어 취침 중에 옆 전우가 코를 골아 잠을 제대로 못 잔 병사는 다음날 기상을 해서도 계속 불편한 마음으로 하루의 일과를 하게 되며 주의집중을 방해하고 업무에 대한 욕구가 좌절되기도 한다. 또한, 사격과 장비의 작동 소음은 때로는 오감의 기능을 무디게도 하고 이로 인해 긴장된 상태가 지속되는 상황은 상당한 스트레스를 유발하는 요인이 되기에 충분하다.

다. 기후 및 온도

극단적으로 높거나 낮은 기온 또는 온도는 부대원의 사기와 심리적인 면 등에 상당한 영향을 준다. 만약 해당 지휘관이 온도의 변화에 민감하게 주시하며 부대 운영을 하지 않으면 그 부대원들은 쉽게 피로해지고 의욕을 상실하며 정상적 정서기능을 상실하게 되어 흥분을 일으키게 된다. 더욱이 열대지방과 같은 폭서와 과도한 습도, 극지방의 한랭한 기후 등은 장병에게 상당한 스트레스를 준다.

(3) 시설 공간

한국군의 병영 내 공간을 살펴보면 지휘관실, 행정반, 생활관 모두가 전국적으로 표준형 설계와 비슷한 건축자재로 건축되어 있다. 주로 주거 및 행정시설 위주로 배치되어 있으며 여가 및 오락시설은 극히 제한되어 있고, 중대급 이하는 더욱 그 여건이 불비한 실태이다.

국방개혁의 일환으로 생활관도 침대형으로 바뀌고는 있지만 아직도 한국군의 병영 내의 문화적 공간은 부실하며, 따라서 문화적 형태도 일반인과는 격을 두고 있는 일정한 형식과 꼴이 이미 정해져 있다고 해도 과언이 아닐 정도로 획일화되어 있다. 이러한 탑 다운(top down)식 지휘업무 구조는, 업무의 편의와 지휘권 확립은 용이한 반면 하급자와 상급자 간에 공감하는 감정은 갖기 어려운 실정이다. 또한, 생활관은 휴식을 위한 장소라기보다는 잠을 자는 최소한의 공간이며, 개인의 프라이버시와 비밀이 보장되지 않는 문제점을 내포하고 있어 부대원의 스트레스를 유발하게 되는 요인이다.

02
CHAPTER

군대문화와 인권

1 문화 · 군대문화 · 병영문화

1) 문화의 개념

'문화'라는 용어만큼 폭넓고 다양한 성격을 지닌 단어를 찾기란 쉽지 않을 것이다. 크로버(Krober)와 클럭혼(Klockhon)의 1952년 연구에 의하면 문화인류학 문헌들에서 발견되는 문화의 정의만도 175가지나 된다고 한다(이광규, 1980: 35). 우리는 인간사회의 거의 모든 활동에서 문화라는 용어를 만날 수 있다. 기본적인 의식주에 관련된 생활양식(의복문화, 놀이문화)과 전문적 지식이 요구되는 학술적 활동(문화인류학)에 이르기까지 문화라는 용어는 폭넓게 사용되고 있다. 이를 통하여 '문화'라는 용어가 협의적 의미로는 '생활의 에티켓(문화인)'에서부터 광의적 의미로는 '문명사회의 전체적 성격(문화사)'에 이르기까지 다양한 의미를 포괄할 수 있음을 알 수 있다. 문화는 개인을 비롯하여 가족, 집단, 조직, 지역사회에 영향을 미치기 때문에 군사회복지의 실천적인 측면에서도 중시되어야 한다.

(1) 어원적 의미

문화를 지칭하는 영어의 'culture'나 독일어의 'kultur'는 모두 라틴어의 'cultus'에서 유래된 단어이다. 이 단어는 '밭을 갈아 경작한다'는 뜻을 가졌는데, '자연에 노동을 가하여 수확하고 가치를 창조한다'는 원래의 의미가 확대되어 '자연에 인공(人工)을 가한 것으로서 인간에 의해 이룩된 모든 것'을 포함할 수 있는 광의의 의미를 가지게 되었다. 즉, 자연법 내지는 자연현상 그대로의 상태를 벗어나 인간에 의해 이루어진 모든 것은 문화와 관련되어 있다는 의미가 된다.

(2) 일반적 통념

문화라고 하면 사람들은 흔히 고상하고 좋은 취미, 예술, 교양, 예절 등을 머릿속에 떠올리게 되는데, '문화생활, 문화활동, 문화인' 등에서 사용되는 경우가 이에 해당된다.

이러한 의미의 문화를 '고상하고 좋은 취미로서의 문화(culture as good taste)'라고 할 수 있으며, 이는 일상생활에 관련된 구체적 개념이다. 반면 '동양문화'나 '서구문화'에서의 문화는 그 의미가 매우 넓은 포괄적 개념으로서 '사회와 관련된 모든 것으로서의 문화(culture as everything)'라 할 수 있다. 이 경우 문화는 가장 광범위한 의미를 가진 실체로 여겨지며 '문명(civilization)'이라는 용어로 어느 정도는 대체가 가능하다(이희재, 1997).

2) 군대문화

(1) 군대문화의 위상

군대문화는 국가안보의 중책을 담당하고 있는 군대라는 조직의 특수문화이다. 군대문화는 일반문화를 구성하는 하나의 하위문화이지만 군조직의 목적과 역할로 말미암아 사회의 여타 문화와는 매우 다른 특수한 성격을 지니며, 군이라는 특수한 조직의 범위 내에 적용될 때 그 가치가 올바르게 평가될 수 있다. 반면에 군대문화가 하나의 특수문화이자 하위문화인 것은 사실이지만, 징집에 의한 '국민개병제'라는 충원방식의 특수성, 조직의 독특한 특성과 재사회화 과정, 군 생활기간 동안으로 한정되는 '기간의 제한성'으로 말미암아 군대문화는 사회의 문화 형성에 직·간접적으로 지대한 영향을 주고받으며, 상호교류를 하고 있다(심상용, 1993).

군대문화를 이야기할 때 종종 '군사문화'라는 용어와 비교되어 거론된다. 엄격히 말해서 '군사문화'는 군대식 사고(military mind), 군대식(military style) 내지는 군대 내에서 강조되는 권위적 방식(authoritative style)을 지칭하므로 '군대문화(military culture)'라는 용어와 혼용될 수 없으며(양희완, 1998), 군사현상과 군조직 내의 문화현상을 넘어서는 보다 포괄적인 개념이라 볼 수 있다(이영신, 1997).

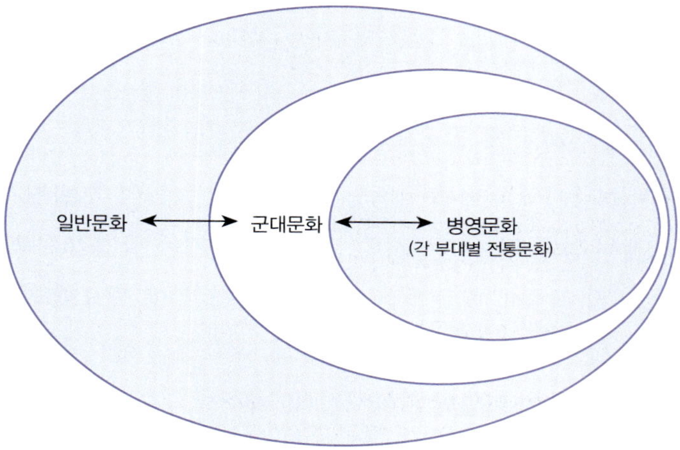

[그림 2-1] **병영문화의 위상**

출처: 유홍위 외(2016).

그동안 사회에서는 군사문화에 대하여 과거 군이 정치에 개입했던 사실과 관련지어 군대문화의 영향으로 인해 일반사회에서 나타나는 부정적 문화현상으로 생각하였다. 또한, 일반사회의 문화와 서로 대립되는 것으로 해석하거나, 극단적인 경우 민주주의적 가치와 대립되는 것으로 평가하는 경우까지 있었다. 물론 권위주의적이며, 규율과 통제를 중요시하고, 계급과 서열의 위계질서를 강조하는 군대식 사고가 인간의 존엄성을 존중하고 민주적 가치를 중시하는 시민문화와 대조되는 것은 사실이나 이는 어디까지나 군조직의 특성 내에서 이해되어야 한다.

군사문화 내지는 군대문화에 대한 편견은 어느 정도는 과거 군이 정치에 개입했던 사실에 기인한다. 그러나 근본적으로는 군조직의 특수성과 그 속에서 형성되는 군대문화의 상관성을 이해하지 못한 결과이며 군대의 문화는 마땅히 그 임무와 기능 그리고 특징을 고려하여 평가되어야 한다. 군조직은 크게 두 가지 조직적 성격을 지니고 있는데, 첫 번째는 국방의 임무를 수행하는 전투조직으로서의 특징이며, 두 번째는 국민의 편익과 국민증진에 기여하는 공익조직으로서의 특징이다.

(2) 군대문화의 영역별 특징

가. 군대 가치문화

군대문화는 가치, 규범, 물질의 3대 영역으로 나누어 볼 수가 있는데 군대문화는 가치의 영역에 있어서 두 가지 특징을 가지고 있다.

첫째, 군에서는 국가에 대한 무한책임론에 기초한 고도의 충성 및 헌신을 요구한다. 군은 전쟁의 억제 및 전쟁에서의 승리를 책임지는 합법적 무력조직으로서 국가로부터 물리적 폭력의 합목적적 사용권, 지상전투에 필요한 자원의 배분요구권, 전투 목적 달성을 위한 징집권과 동원권, 사유재산 행사의 제한권 등 강력하고도 광범위한 권한을 위임받아 행사한다. 따라서 군인에게는 국가방위의 중대한 목적과 광범위한 권한에 비례하는 고도의 충성과 헌신이 요구된다.

둘째, 군에서는 물질적 측면보다 정신적 가치가 매우 중시된다. 전투 시 군의 임무는 구성원의 생명을 담보로 수행되기 때문에 전투원들은 국가를 위하여 어떠한 물질로도 보상이 불가능한 인간의 가장 소중한 목숨을 걸고 임무를 수행한다는 긍지와 자부심을 갖게 된다. 구성원의 노력과 희생에 대한 보상을 금전적·물질적인 것보다는 정신적인 명예의 형태로 승화시킨다.

나. 군대 규범문화

규범문화에 있어서 군대는 '명령과 복종의 계급적 권위구조'와 '조직목표달성을 위한 집단적 결속의 강조'라는 두 가지 특징을 지니고 있다. 조직을 구성하는 계급과 직책에 따라 권한과 책임의 한계가 명확히 구분되며, 여기에 기초한 명령에 구성원은 법적·규범적으로 절대 복종해야 한다. 개인적 이익이나 가치보다는 조직목표를 우선시하는 군대의 이념은 구성원의 행동, 태도, 정신 등 모든 측면에서 획일적으로 통일된 생활을 강조하게 되는데, 특히 태도나 정신적 측면에서는 조직 이념에 기초한 흑백논리의 이분법적 기준을 따를 것을 강요받는다. 따라서 개념의 합리성을 논하기 이전에 상부의 명령에 따라 적(敵)과 아(我), 선(善)과 악(惡) 등의 이분법적 기준을 따르게 된다.

군대문화

가치문화	규범문화	물질문화
장병의 인식과 판단기준 국가관 군인관 직업관 인간관 등	행위기준이 되는 제도와 관습 병영생활 리더십 부대관리 군인기본자세 등	장병의 전투 및 생활수단 복지 및 후생시설 전기 · 전술 · 전법 무기 및 장비체계 등

[그림 2-2] **군대문화의 구성요소**

다. 군대 물질문화

군대문화의 특수성은 물질문화에서 더욱 두드러진다. 인마 살상과 적 장비와 시설의 파괴용 무기와 장비를 갖추고 끊임없는 훈련을 통하여 전투에 대비하는 과정은 군대에 있어서 가장 중요한 일이며, 이를 위해 통일된 의식주 생활이 강조된다. 군대는 자신에게 주어진 과업을 신속하고 효율적으로 수행하고 고도로 발달된 정교하고 위험한 무기를 다루게 된다. 따라서 계급과 직책에 따라 전투에서 승리할 수 있는 일정수준을 유지하며 획일적이고 동질적인 생활양식을 갖는다. 특히 전투 시 임무수행을 위해 조직과 개인의 행동이 완전히 일체감을 갖도록 개인의 생활은 통제된다. 신병훈련에서부터 개인의 다양성은 억제되고 정신,

행복 등 생활 전반에서 획일화, 규격화, 규범화된 전체적 통일성이 강조된다.

이러한 생활양식으로 말미암아 구성원 사이에는 독특한 인간관계가 형성된다. 상이한 연령, 학력, 출신, 성격, 종교, 경제적 배경을 지닌 이질적 구성원들이 장교, 부사관, 사병의 서로 다른 계급적 결합을 토대로 조직을 구성하며, 상급자에 대한 존경 여부를 떠나 명령에 대한 절대적 복종이 강요되고 자신의 의사와는 상관없이 통제된 생활관에서 함께 생활하면서 타인과의 관계를 형성하게 된다.

3) 병영문화

군대문화가 일반문화의 하위문화라면 군대문화를 구성하고 있는 가치문화, 규범문화, 물질문화에서 육군, 해군, 공군 등 각 군별로 상이한 문화와 각 제대별로 조직구성원이 만들어 온 독특한 병영생활과 양식이 있다. 즉, 병영 내에서의 조직구성원이 전통적으로 만들어 놓은 다양하고 특수한 규범문화를 군대문화의 하위문화인 병영문화라 할 수 있다.

이러한 병영문화는 병영의 기강과 질서유지를 위해 마련된 구성원 행동의 평가기준에 관한 준거(準據)의 상호존중과 배려하는 좋은 문화로부터 악·폐습 같은 나쁜 문화와 같이 부대의 전통적 관습과 관례, 규정과 규범 등이 이에 해당되며 군의 존재와 가치에 그 뿌리를 두게 된다. 군에서 상급자에게 먼저 거수경례를 하고 단체로 시간에 따라 식사를 하고 점호 후 취침을 하는 예절로부터 공식적으로 지휘관을 중심으로 규정과 방침을 따르며 생활하고 있다.

오늘날 한국군에서는 과거에는 긍정적이고 당연하게 느꼈던 병영의 문화가 정보화, 신세대 장병의 증가, 인권중시, 국민의 인식변화 등으로 부정적으로 느껴지거나 변화되어야 하는 문화로 인식되고 있다. 특히 최근의 훈련소 인분 사건, GP 총기난사 사건, 구타 및 가혹행위 금지 지시에 따라 병영 내에서 은밀히 증가하고 있는 성추행 사건 등으로 인하여 병영의 문화를 선진형으로 바꾸어 가려는 노력이 2005년부터 국방부를 중심으로 진행되고 있다. 군의 선진 병영문화를 만들어 가기에 앞서 현재의 병영문화의 현상을 살펴보면 다음과 같다.

(1) 병영문화의 현상

가. 군의 사건·사고에 대한 국민의 불신

한국군에는 병역의 의무와 군대라는 특수성에 따른 병사의 인권경시 현상과 과거의 권위주의에 따른 비인격적 대우가 보편화되어 왔다. 국민의 관심이 되는 사건과 사고에 대하여 군 내부의 발표와 의문사 진상규명위원회 등의 외부와 상반된 발표가 나옴에 따라서 과거 군에서 발생한 사건사고의 조사 및 처리에 대한 부정적 인식을 갖게 하고 있다. 이러한 현상이 군을 바라보는 국민의 부정적 시각을 부추기고, 군의 위상을 실추시키는 원인이라 할 수 있다. 또한, 최근의 안보관의 변화와 한국군에 대한 국민의 기대가 낮아지고 있는 것도 군의 발표를 부정하고 불신하는 결과를 초래하고 있다 할 수 있다.

나. 비합리적 의사소통

우리 사회 전반에는 군 복무에 대한 부정적 인식이 존재하는 가운데 군 복무기간을 인생의 단절기, 정체기로 간주하고 가급적 가고 싶지 않은 곳, 피하고 싶은 곳으로 인식하는 상황이 만연되어 있다. 이러한 상황에서 지휘관을 포함한 간부들의 권위주의, 실적주의, 획일주의 등의 조직문화가 합리적 의사소통을 방해하고 있다고 할 수 있다. 즉, 과정보다 결과를 중시하는 실적주의가 강조되는 문화, 권위주의에 근거하여 병사의 인권을 경시하는 경향과 불합리적 대우, 신세대 장병과 간부와의 세대 차이가 의사소통을 단절하는 문제가 될 수 있다. 또한, 일사불란한 임무수행을 위한 탑 다운식의 업무를 처리하고 형식과 격식을 중시하는 문화가 합리적 대화와 공존의식을 저해하고 상호불신을 갖도록 작용하는 경향이 있다.

다. 민간 대비 열악한 병영시설과 통제형 부대운영

한국군의 병영시설과 비품은 디자인과 편의성, 실용성 면에서 신세대 장병의 욕구를 반영하지 못하고, GP 등의 전방부대와 격오지 부대시설은 병영시설 현대화 계획으로 많이 개선되고는 있지만 아직도 미흡하다고 할 수 있다. 또한, 신세대 장병이 입대하면서 군 내부의 폐쇄된 문화에 적응하지 못하여 발생하는 각종 사건과 사고 등의 문제를 사회문제의 일부분으로 인식하지 못하고 있다.

신세대 병사는 부대의 업무가 자신들을 괴롭히는 통제로 인식하고 있는 실정이며, 일과 후에도 개인시간 보장이 안 되는 획일적 병력통제는 내무생활의 부담 요인으로 작용하고 있다.

라. 공직 윤리와 가치관의 결여

최근 군에서는 경제성장에 따른 과소비 풍조와 인터넷 중독과 성문화의 개방 등으로 장병의 적응력이 저하되고, 가족공동체의 해체로 인하여 청소년의 일탈 행위가 증가되고 있다. 이에 따라 사병은 물론이고 장교와 부사관까지 윤리관의 파괴와 성군기 문란 및 성범죄 등이 심각해지는 추세에 있다. 따라서 이러한 사회의 불건전한 풍조 및 가치관이 군 내부로 유입되고, 군에 각종 사건과 사고의 증가가 예상되고 있는 실태이다. 또한, 군조직 속성과 신세대 가치관의 차이로 인하여 다음과 같은 갈등의 가능성이 내재되어 있다.

〈표 2-1〉 **군조직과 신세대 특성**

군	집단목표	단체주의	권위주의	복종	희생적	인내	통제
	↕	↕	↕	↕	↕	↕	↕
신세대	개인발전	개인주의	비권위적	도전	이기적	이탈	자율

출처: 유홍위(2006b).

(2) 일반문화와 병영(군대)문화의 마찰

한국군의 병영(군대)문화는 신세대 장병이 유입되면서 인적 자원의 순환 및 사회 환경과 군의 역할에 대한 사회적 요구가 변화하고 있다. 그러나 보수적 집단인 군의 문화는 아직까지 다음과 같이 사회문화와 마찰을 빚고 있다.

첫째, 신세대 장병이 증가하면서 사회문화의 개인주의적 성향은 집단을 중시하고 개인의 희생을 요구하는 군대문화와 마찰을 빚고 있다. 신세대 병사는 사회에 비해 열악한 생활시설과 엄격한 통제 및 획일적 군대문화 속에서 훈련과 근무 등으로 하루 일과를 보내고 있다. 따라서 그들의 멋과 끼를 통한 신세대의 장점을 펼쳐 보지도 못한 가운데 2년의 시간을 피동적으로 지내다 전역하고 있는 실정이다.

둘째, 개인능력과 합리성을 강조하는 사회문화가 유입됨으로써 임무수행을 위한 권위나 기준에 의한 결정 및 명령에 대해서 거부하는 경향을 낳고 있다.

셋째, 준법정신의 상실로 규정과 방침을 지키면 손해라는 사회저변의 의식이 군의 규정과 방침까지도 지키지 않아도 된다는 데까지 확산되어 조직의 존립까지도 위협하고 있다.

넷째, 정치 및 사회집단 간의 갈등 및 대립과 이념적 혼란으로 말미암아 국방에 대한 의무 및 군 내부적 갈등의 원인을 제공하고 있다.

다섯째, 직업적 특수성으로 인하여 간부 및 가족이 지역사회의 문화에 적응하지 못하는 문제를 지니고 있다. 군은 임무수행을 위하여 부대가 대부분 산간, 농어촌 등 격오지 지역에 위치하고 있으며, 야외훈련과 야간훈련으로 인한 퇴근의 어려움과 공휴일에도 근무하게 되는 등의 근무시간 연장의 특수성을 가지고 있다. 또한, 부대임무의 특성으로 인하여 작전반응 속도를 단축시키기 위하여 일정한 지역 내에서 가족과 함께 대부분 생활해야 하는 공간적 제약을 받고 있다. 특히 장교는 1~2년에 한 번씩 전속으로 인한 빈번한 이사와 자녀교육의 어려움 및 별거 등의 이유로 불안정한 생활을 하고 있다. 또한, 한창 일할 나이와 경제적으로 생애 최대 지출기 이전에 조기정년으로 퇴직함으로써 제대군인의 경제적 어려움과 군의 특성상 생산적 조직이 아닌 소비적 집단으로서 복지정책의 정부재정에 대한 의존도가 심대한 특수성으로 증대되는 복지욕구를 충족하는 데 제한받고 있다.

2 군 인권과 병영문화

인권에 대한 개념은 근대 이후 관심을 갖게 되었으며 인종, 성별, 장애, 지역, 사회적 신분 등에 구애받지 않는 것을 원칙으로 하며 모든 인간이 누려야 하는 보편성과 태어날 때부터 타고난 천부성을 가지고 있다. 인권은 일정한 사람들에게만 부여되는 것이 아닌 모든 미래 세대의 사람들에게도 주어지는 항구성을 가지며, 그 어떠한 권력도 본질에 대하여 절대로 침해할 수 없는 불가침성을 지니고 있다. 최근 20여 년 동안 우리 사회에서는 민주화의 진전과 삶의 질 향상에 따라 인권에 대한 전반적 관심이 높아지면서 이를 보호하고 신장하려는 노력이 다양하게 전개되어 왔다. 인권 신장을 위한 자생적·조직적 활동은 주로 시민사회 차원에서 주도되었고 그에 따라 인권 문제에 관심을 갖는 시민단체의 활동이 눈에 띄게 활발해졌다. 인권 문제에 대한 관심이 고조되면서 민간부문에서는 군 내 인권상황의 낙후성에 대해 지속적으로 문제 제기와 개선 요구를 해 나가고 있다. 특히 의문사 진상규명 위원회와 관련 유가족 단체의 활동 등을 통해 자살, 의문사 등 군 내 사망사고에 대한 조사와 처리 문제가 집중적으로 거론되면서 시민들의 관심은 이러한 군 내 사망사고가 어떤 이유로 계속 발생하는가에 모아졌고, 이는 곧 군 내 인권상황 전반에 대한 국민적 관심을 촉발하였다. 일반 국민은 군대 내에서의 구타 및 가혹행위, 성폭력, 사망사고 등과 관련한 언론 보도를 접하면서 "자녀와 형제들을 안심하고 군대에 보낼 수 있는가?"를 우려하게 되었고, 이러한 우려는 군대 내 인권상황 전반에 대한 불신으로까지 이어지고 있다.

1) 병영과 군인의 인권

(1) 자유권적 기본권

군인도 일반 국민과 마찬가지로 인간으로서 자유를 향유할 권리가 있으며, 일반국민과 마찬가지로 자유권적 기본권이 보장되어야 한다. 그러나 2000년대 초까지만 해도 군대라는 조직은 인권보다는 그 존재 특성상 군인의 기본권이라는 명분 아래 개인의 생명권, 자기결정권과 신체의 자유 등 자유를 근원적으로 침해하는 측면이 있었다. 우리나라의 군인들은 의무적인 병역제도와 병영생활의 특수성에 따라 언어폭력을 포함한 구타 및 가혹행위에 노출되는 등의 자유권적 기본권이 제한되고 있다.

이런 무분별하고 비법률적 제한들은 군인의 기본권의 제한이 '기본'인 것처럼 군 지휘부의 자의적 판단하에 표현의 자유, 양심의 자유, 종교의 자유, 성적 자기결정권 등 다른 기본권의 제한과 침해로도 이어지고 있다. 이는 마치 수감자의 신체의 자유가 제한되는 것이 다른 모든 자유 및 기본권의 박탈의 상황으로 이어졌던 것과 유사하다.

(2) 존엄할 권리

유엔은 2008년「세계인권 선언」60주년을 맞이하여 "dignity and justice for all of us(우리 모두를 위한 존엄과 정의)"라는 구호 아래 전 세계적으로 캠페인을 진행했다. 그 내용을 살펴보면 '우리 모두를 위한 존엄과 정의'는 보편적 존엄과 정의에 대한 헌신으로서 세계인권선언의 비전을 강화한다. 세계인권선언과 그 핵심 가치들인 천부적인 인간의 존엄성, 비차별, 평등, 공정 그리고 보편성은 모두에게 언제 어디서나 적용된다. 인간으로서의 존엄성은 보편적인 가치이자 다른 모든 권리의 근거이다. 인간의 존엄성은 세계인권 선언이 밝힌 바와 같이 인간이라면 누구나 향유할 수 있는 가치이다. 결국, 한 인간으로서의 군인은 다른 모든 시민과 마찬가지로 존엄한 인격의 주체라는 사실은 어느 누구도 부인할 수 없다. 그러나 지금껏 군에서는 병사를 하나의 병력 자원으로만 보는 시각이 지배적이었다는 지적이 있다.

(3) 사회권적 기본권

자유권적 기본권과 마찬가지로 군인에게도 사회권적 기본권이 있다. 대한민국의 군인은 병역의 의무를 이행하기 위해 징집된 시민이다. 따라서 국가가 이들에게 사회권적 기본권을 보장하는 것은 당연히 요구된다고 할 것이다. 또한, 군 병력 유지 및 강화 차원에서 본다고 해도 적절한 숙식과 의복의 제공, 의료의 보장은 건강한 병력에 필수 조건이 아닐 수 없다. 그러나 현재 한국군은 막대한 예산이 투입되었음에도 문제가 불거진 신형 군복사업, 불량 장화 교체, 비현실적인 병사월급, 초등학생 급식보다 낮은 급식비, 긴급의료 후송체계 부실 등 사회권적 기본권을 온전히 보장하지 못하고 있는 실정이다. 한국군의 경우 국방비의 대부분이 무기에 투자되는 등 실질적인 장병 복지나 환경개선 등에는 소홀하다. 사회권적 기본권의 경우 자유권적 기본권과는 달리 정부가 정책적으로 예산을 조정하지 않는다면 개선되기 어려운 측면이 있다. 따라서 국방비에서 차지하는 의료 및 복지예산의 비중을 늘려나갈 필요가 있다. 이는 군대 내 인권상황의 개선이면서 곧 병력에 대한 투자이기도 하다(임태훈, 2014).

〈표 2-2〉 **군인 인권의 범주와 이슈**

기본권 범주	관련 법률	이슈	분석
인간의 존엄, 행복 추구권	헌법	• 장병 인권 전반에 관련 • 장병 복지(삶의 질) 개선	• 병영시설 개선 등 장병 복지 개선 지속 추진 중
평등권적 기본권	헌법 군인사법	• 여군 차별 문제(진출 제한 등)	• 군 내 여성인력 복무여건·근무환경 개선 지속 추진 중
자유권적 기본권 (신체, 사생활, 정신의 자유)	헌법 군인사법 군인복무규율 군 형법 국가공무원법	• 구타/가혹행위 등 사적 제재의 문제 • 부당한 명령의 거부권	• 장병 인권 논의의 핵심내용 • 특수신분관계에 의해 기본권의 제한을 받는 분야 • 시민사회로부터 가장 많이 문제 제기
청구권적 기본권	헌법, 군인사법, 군인복무기본법	• 의견 건의권, 고충처리권의 실효적 보장 문제 • 정신상담청구권	• 의무복무사병의 고충처리를 위한 제도적 장치 보완 필요 • 국방감독관 제도(독) 도입 거론
정치적 기본권	헌법, 군형법, 군인복무규율	• 최근 공무원의 정치적 의사 표출 권리 논란	• 사회적 합의에 따른 조정 필요
사회적 기본권	헌법, 군인사법	• 안전권(안전하게 복무할 권리) 관련 문제 제기	• 군 내 안전관리시스템 선진화 요구

출처: 한국국방연구원(2004).

2) 외국군의 인권

대부분의 국가는 군인의 기본권을 인정하되, 군대의 효율적 임무 수행에 필요시 법에 의거한 제한을 허용함으로써 군대조직과 군인신분의 특수성을 인정하고 있다. 군인의 권리와 의무에 관련된 서구 사회의 관심은 군의 민주화와 '제복입은 시민'으로서의 군인 인식을 전제로 군인의 정치참여 범위, 결사·집단행동의 허용 문제 등에 관하여 각국의 기준은 민군관계, 사회 통합 철학에 따라 상이하다. 서구 민주주의 국가의 경우 군 내 구타·가혹행위와 관련된 논의는 적으나, 성폭력 문제에 대해서는 지속적 관심을 경주하고 있다.

〈표 2-3〉 **외국군의 인권 제도**

국가	수행 업무
미국 (모병제)	· MEOO(military equal opportunity office)를 국방부로부터 예하부대까지 설치하여 차별(discrimination), 성희롱(sexual harassment) 관련 사안을 중심으로 장병들에 대한 관련 상담 및 구제 업무를 수행하고 지휘관을 지원 · **DoD(국방부)** - 인력·준비(personnel & readiness) 차관보 산하 평등기회국(equal opportunity) - 장애인과(disability program manager), 남미인과(hispanic program manager) · **육군성** - 인력·예비군(manpower & reserve affaire) 차관보 산하 검토·평등고용·고충처리(review board & EEO compliance & complaint review) 부차관보 · **해군성** - 인력·예비군(manpower & reserve affaire) 차관보 산하 민간인력·평등기회국(civilian personnel & equal opportunity) · **공군성** - 인력·예비군과 시설 및 환경(manpower, reserve affaires, installation & environ-ments)차관보 산하 평등기회국(equal opportunity) ※ 주요업무: 인종, 피부색, 종교, 성 혹은 국적과 관계없이 군인과 그 가족에 대한 동등한 관리를 지향

국가	수행 업무
독일 (징병제)	· **군인(사병)의 지위 및 권리 관련 법률** - 군소원령(Wehr Beschwerde Ordnung: WBO) - 군 형법(Soldaten strafgesetz) - 군 인법(Soldaten gesetz: SG-) · **군인 참여법(Soldaten Beteiligungs Gesetz: SBG)** - 군인참여제도, '군복을 입은 시민' 원칙 실현에 기여하는 제도 - 장병 개인의 권익 보호 및 효과적 복무환경 조성을 위한 참여권 보장 - 일정 부대단위로 장병대표 선거로 선출, 부대 내 주요 사항 결정 시 장병 간 분위기 및 권익사항 전달 역할
멕시코 (징병제)	· 장병 및 군무원의 인권침해 방지와 인권 신장을 위해 구타, 가혹행위 등 부당한 체벌 및 법령, 비리내용에 대한 조사처리 · 국가인권위에 신고된 군 관련 침해사항 조사처리 · 장병 상호 인권존중 분위기 정착 지원 및 인권 지원활동 · 국제 및 국내 인권 관련 법 교육 및 홍보
이스라엘 (징병제)	· **군 내 인권문제 발생 시 조치** - 인권범죄와 연관된 사항 군 검찰로 이관함 - 긴급 사안인 경우 즉각적인 조사에 착수함(45일 이내) *매우 복잡한 사안: 90일까지 조사 기간 연장 가능 - 항소한 장병이 더 이상 피해를 당하지 않도록 필요한 조치를 미리 취함 - 철저한 조사가 필요한 복잡한 문제의 경우에는 중령급 전문 요원이 사건 전담 - 잘못이 드러날 경우, 경고·처벌 등 조치 후 인참부(head of manpower branch)에 결과 보고 · **정신 상담, 치료 체계** - 군 복무 중 스트레스로 인한 정신질환에 대한 정신상담 및 치료 체계를 구비, 운영
싱가포르 (징병제)	· **군상담소** - 남녀 군인과 그들의 가족을 위한 24시간 핫라인 서비스 - 다양한 분야에 걸친 군인사의 개인, 커플, 그룹 상담 서비스 - 약물 복용자를 위한 재활 프로그램 운영 - 상담소의 자원 봉사자들을 채용, 교육, 지지 - 군 인사들을 위한 상담 과정, 자기개발 프로그램 제공 · **병사의 권리 제한과 인권보장에 대한 규정** - 인권보장과 권리제한 규정 · **자살예방책**

국가	수행 업무
스위스 (민병제)	· **연방정부 차원 군조직법에 의거 '군 복무규정' 제정** · **사병 권리 제한의 법적 근거** - '헌법 제60조', '군조직 123조', 형법에 의거한 '군형법' · **DR 104조 규정** - 안전하게 복무할 권리, 전문적 의료상담 청구권, 청원권과 공식적 절차를 통한 이의 제기권, 근무자 재배치 청구권, 부당한 명령에 대한 불복종권, 수면권, 휴식권 등 군 생활에 수반되는 제반 권리 보장

3) 한국군의 인권

한국군은 창군 70여 년의 역사를 가지고 있으며 한국군의 전력지수는 주변 강국과 어깨를 겨눌 수 있을 만큼 군사력을 보유하고 있다는 평가를 받고 있다. 하지만 장병의 인권, 특히 병사의 인권 보장이라는 측면에서는 여전히 미흡한 부분이 많다는 지적을 받아 왔다. 2005년부터 2006년까지 국방부와 인권위원회 등 사회 각계에서는 '병영 내 인권실태'를 조사 연구한 바 있다. 연구 자료에 의하면 아직도 병영에서 구타 및 가혹행위가 행해지고 있는 것으로 드러났으며, 병사 중 20~30%가 구타·가혹행위를 경험한 것으로 나타났다. 조사결과는 장병 인권과 이를 위한 법적·제도적 보완이 필요하다는 것을 보여 줬으며, 이에 따라 2004년부터 '장병기본권 확립방안'에 대한 본격적인 연구에 들어갔다. 구타 및 가혹행위, 성폭력, 사망사고 등은 인권과 군의 의식 및 제도와 병영운영 시스템이 낙후되어 일어나는 군 내부의 대표적 인권침해 사례로 인식하고 있다. 군복지 및 인권 전문가들은 이런 문제가 나타나는 이유에 대해 '군이 군인을 관리하고 통제해야 할 전투력으로 인식하는 것'이 문제라고 보고 있다. 따라서 헌법에 보장된 기본권 주체로서 '군복 입은 시민'으로 인정하도록 장병의 법적 지위와 권리를 법으로 정하여 관련 제도나 운영이 방향을 제대로 잡아 나가도록 해야 한다고 주장해 왔다. 우리 군에서 장병 인권과 관련된 문제의 인식과 이슈화 과정을 살펴보면 다음과 같다.

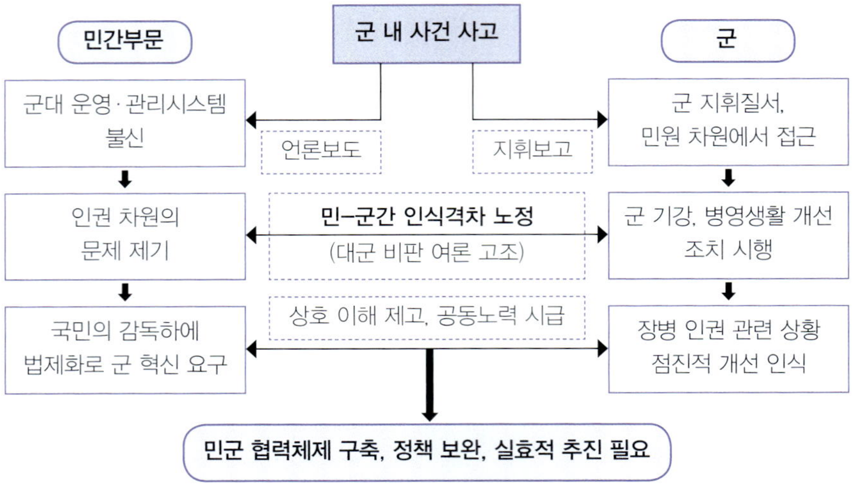

[그림 2-3] 장병 인권문제에 대한 민·군의 인식

출처: 한국국방연구원(2004).

헌법에서는 군인의 인권과 관련하여 어떤 기본권을 어느 정도 제한할 것인가에 대하여 특별한 규정은 없다. 그러나 오늘날에는 헌법상 기본권 조항이 모든 공권력을 구속하므로 군인의 자유와 권리에 대한 제한은 법치주의 원칙에 따라야 한다는 입장이 지배적이다. 군인이 누려야 하는 자유와 권리가 일반 시민과 완전히 동일한 수준일 수는 없지만 그 제한의 범위와 방법에 있어서는 분명히 법치주의 원칙에 부합해야 한다(이재승, 2005).

그동안 군에서는 병영생활 전문 상담관의 운용 등 사고예방과 인권문제에 대하여 지속적인 관심을 기울여 왔다. 그러나 2005년 훈련소 인분 사건과 GP 총기난사 사건에 이어 10여 년이 지난 2014년에도 역시 육군 ㅇㅇ사단 GOP(일반전초) 총기사건, ㅇㅇ사단 구타·가혹행위 사망사건 등이 재발되고 있다. 최근에는 여군의 수가 증가함에 따라 성추행 사건의 증가 등 심각한 인권침해 사건이 증가하고 있다. 이에 따라 군에서는 인권침해 문제를 포함하여 군 내 전반적인 복지대책을 마련하고 추진해 나감으로써 효과를 보고 있다. 최근 우리 군의 인권문제에 대한 인식에 대하여 살펴보면 다음과 같다.

〈표 2-5〉 최근 군 인권 의식

1. 사적 제재의 감소 등 군 인권상황의 개선 추세 가. 장병의 인권 상황은 다소 개선되고 있는 것으로 인식 - 장병의 40% 정도는 여전히 우려를 표명 나. 최근 추진된 사고예방, 군 기강 확립대책은 병영생활 개선에 긍정 효과 - 병 상호간 명령 금지는 합리적 조치이나 아직 미정착(1/3은 반발) 다. 병영 내 인권침해는 언어폭력→가혹행위→구타→성폭력 순으로 심각 인식 라. 장병들은 군 인권보장이 전투준비태세에 긍정적(70% 내외) 인식 **2. 고충 처리 등 병영관리 측면의 개선은 상대적으로 미흡** 가. 기존 고충처리체계의 효과성, 고충 상담관 역할에 대한 장병 불만 상존 - 부대 고충처리 여건에 대해 병사·간부 1/3이 '미흡하다'고 인식 - 병사·간부 모두 고충처리체계 보다는 동료 및 지휘계선에 의존 나. 사건·사고·고충처리 시 '비밀 보장' 및 '피해자 중심 문제 해결' 미흡 다. 지휘부담 해소, 인권보호 차원에서 복무부적응 병사에 대한 적극관리 필요 라. 계층별 간담회 및 지휘관과의 의사소통 효과 제한, 일부 부작용 표출 **3. 병영문화의 군 구성원들의 인권의식, 합리적 부대관리, 병사 간 관계 등 병영문화 저변을 이루는 요소들이 장병 인권상황에 중요한 영향요인으로 작용**

4) 병사 인권복지제도

한국군은 병영에서의 각종 사건과 사고를 예방하기 위하여 장병들의 호소 문제를 전문적으로 상담하는 병영생활 전문 상담관 제도를 2006년 시범운용을 시작으로 전군에 확대 시행하고 있다.

(1) 관련 법령 및 상담내용

가. 관련 법령: 군인사법 제51조의 4

군인이 군 생활 간 여러 가지 사유로 군 생활의 고충이나 어려움을 호소하는 경우, 이에 대한 상담 등을 하기 위하여 대통령령으로 정하는 규모 이상의 부대 또는 기관에 병영생활 전문 상담관을 둔다.

나. 상담 내용

병영상담관은 군 생활 또는 개인 신상문제 등으로 인한 어려움을 겪고 있는 군인 및 장기복무 군인가족에 대하여 상담을 실시하고, 병영상담관이 배치되어 있는 부대 또는 기관의 장에게 필요한 조치를 요청할 수 있다.

〈표 2-6〉 **병영생활 전문 상담관 현황(2015년 기준)**

(단위: 명)

계	육군	해군	공군	국직부대
268	189	41	25	13

〈표 2-7〉 **병영생활 전문 상담관 활동분야**

구분	활동 내용
병영생활 전문 상담 (육·해·공군, 국직)	· 군 생활에 따른 부적응에 관한 사항 · 가족관계 및 개인 신상에 관한 사항 · 군 내 인권침해에 관한 사항 · 질병·질환 및 건강 악화 등 신체에 관한 사항 · 장기복무 군인가족의 자녀교육 및 현지생활 부적응 등 · 그 외 군 생활로 인하여 발생하는 고충 해결
국군생명의 전화 전문 상담관(국방부)	· 장병 자살예방 상담(24시간 연중무휴)
성고충 전문 상담 (육·해·공군)	· 병영 내 성(性) 관련 고충 상담활동 전담(여성인력 포함 전 장병) · 병영 내 성 군기(성희롱, 성추행, 성폭력 등) 사고예방활동 지원

출처: 유홍위 외(2016).

5) 기타 군 내 인권보호 시스템

(1) 소대 및 중대

가. 상향식 일일결산(일일)

- 분대원들의 의견을 종합하여 소대장에게 보고
- 부대일정 등을 분대장을 통해 하달하여 임무수행에 예측 가능성 부여

나. 계급별 간담회(매주)

- 간부 1인이 참석하여 중·소대급 부대의 계급별 간담회 개최, 애로사항 청취 및 해결

다. 병사면담

- 중대장이 월별로 병사 면담
- 지속적인 의사소통으로 고충 청취 및 해결

라. 군 인권 및 고충 상담(상시)

- 중대 행정보급관이 상담관으로 병사들의 고충 해결

(2) 대대

가. 각종 소원수리 제도

- 마음의 편지, 소원수리함, 설문조사 등을 통한 고충 해결

나. 군 인권상담실(상시)

- 주임원사가 상담관으로 병사들의 고충 청취 및 해결

(3) 연대

가. 선진병영캠프(수시)

- 전입 이등병과 각급 제대 병장을 대상으로 상호존중과 배려 문화 확산
- 전입 신병의 적응을 용이하게 함

나. 군 인권상담실(상시)

- 군종장교(주임원사)가 상담관으로 헌병파견대장, 의무중대장의 자문을 받아 병사들의 고충 청취 및 해결

(4) 사·여단

가. 비전캠프(월 1회, 격월)

- 사단급 부대의 모범 및 관심병사들을 대상으로 인성교육 실시
- 교육결과를 부대 지휘관들과 공유

나. 내부 공익신고센터(감찰부서)

- 개인고충(근무여건, 인사관리, 신상문제) 해결

다. 병영생활 전문 상담관

- 장병의 인권 및 사고예방을 위해 전문 상담관 배치

(5) 각군 본부

가. 각 군 본부 인권과

- 인권상담실 운영, 침해사건 조사 및 구제

나. 각 군 고충심사위원회(병사 제외)

3 군 인권담당 부서 인권과 병영문화

국방부 및 각 군 본부는 국가의 안전보장과 국토방위를 수행하는 국군장병을 군복을 입은 시민의 한 사람으로서 인권을 누리고 보호받아야 할 권리 주체로 보고 있다.

군에서는 군대의 특수성을 고려하여 ① 폭력, 가혹행위, 언어폭력으로부터 보호받을 권리, ② 사적 영역의 존중받을 권리, ③ 건강을 보호할 권리 및 휴식권, ④ 쾌적한 환경에서 복무할 권리 등을 대표적인 군인의 인권이라 보고 있다.

특히, 국방부는 선진 병영문화 정착과 병영악습을 근절하기 위하여 인권상담,

침해사건 조사, 인권실태조사, 인권교육자료 제작·보급, 전군순회 교육, 사이버 교육 등의 노력을 하고 있다. 또한, '군 인권 지키미'를 통하여 장병과 일반인이 인터넷을 통해 '인권상담 및 침해 구제'를 요청할 수 있도록 하여 장병 인권침해에 대한 구제의 실효성 증진에 노력을 기울이고 있다.

1) 국방부 인권과

(1) 비전 및 목표

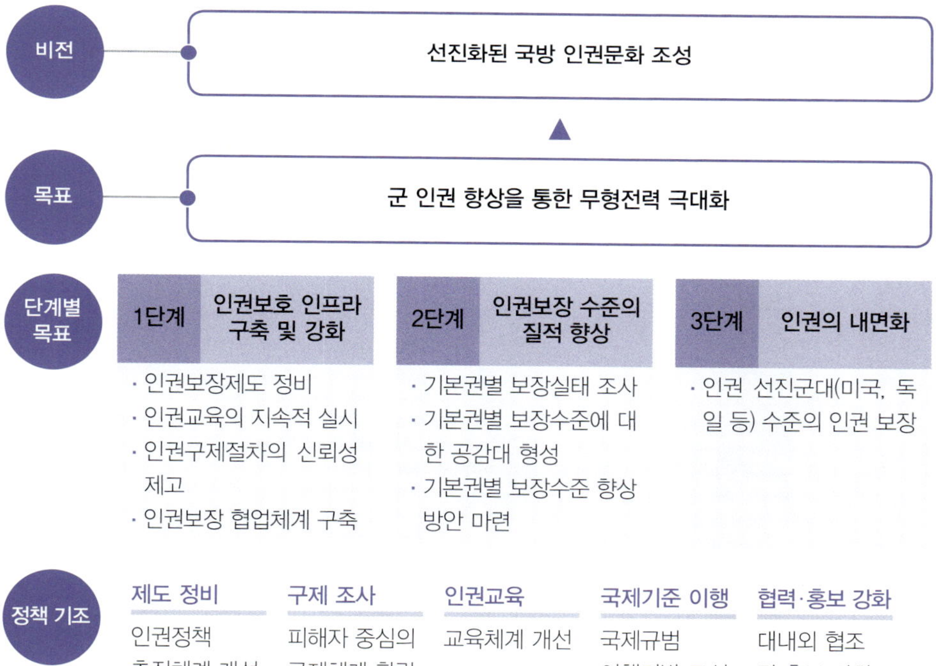

출처: 군 인권 지키미 홈페이지(http://hrkeeper.mnd.go.kr).

(2) 편성

국방부 인권과는 인권담당관(1명), 진실화해위원회 및 국방부 과거사 진상위원회 권고담당 서기관(1명), 인권정책 종합계획 및 군 인권 지키미 담당 사무관

(1명), 인권 모니터단 운영 및 대내외 진정 및 권고사항 담당 주무관(1명), 인권 관련 법령제도, 인권침해 사건 조사, 인권실태 조사담당(영관장교 1명), 국제인권 조약, 국가인권정책기본계획 군 관련분야, 국제협약 가입 및 국내 시행 담당(영관장교 1명), 인권교육 정책, 인권교육계획, 군 인권교육 실태조사 및 평가 담당(주무관 1명, 사이버 인권교육, 인권분야 민원사무, 문서 처리 및 기록물 관리, 각종 인권교육·행사 담당(주무관 1명)으로 편성되어 있다.

(3) 추진과제

대과제	소과제
1 軍 인권 제도 정비	1-1. 국방인권정책 추진 관리체계 개선 1-2. 인권훈령 통합 등 규정 정비 1-3. 국방 인권영향 평가제도 도입 1-4. 국방 인권 모니터단 제도 도입 1-5 인권상담관 제도 활성화 1-6. 성과지표 개발·활용
2 인권침해 구제 및 실태 조사	2-1. 인권침해 사건 조사·처리 2-2. 군 인권 지키미 구축 2-3. 인권심사 기준의 객관성 제고 2-4. 장병 인권 실태조사의 실효성 제고
3 軍 인권교육 강화	3-1. 병 인권교육 내실화 3-2. 전군 순회 인권교육 추진 3-3. 인권 관련 업무 종사자 교육 강화 3-4. 인권교관 양성 및 활용 극대화 3-5. 사이버교육 활성화 3-6. 군 인권교육 콘텐츠 개발·보급
4 국제 인권수준의 軍이행체계 구축	4-1. 국가인권정책 기본 계획상 국방부 과제 이행 4-2. 국제 인권 기준 이행체계 마련 4-3. 국제 인권 관련 부처 간 협력 체계 강화
5 대외협력 및 홍보 강화	5-1. 국방인권정책협의회 운영 5-2. 국가인권위원회와 협력체계 강화 5-3. 군 인권정책 홍보활동 강화 5-4. 대외 인권정책 협력 네트워크 강화

출처: 군인권지키미 홈페이지(http://hrkeeper.mnd.go.kr).

(4) 추진전략

① 인권 인프라 구축 및 강화 후 군 내 인권보장 수준을 질적으로 향상시키는 등 단계별로 추진한다.

② 국방인권정책 관리체계를 정비하고 추진실적 평가와 보상을 통해 정책의 추진력을 확보한다.

③ 간부, 사병, 여성 등 대상별 인권실태 조사 및 후속조치, 인권침해 가능 유형별 인권교육 교재 개발 등 맞춤형 정책을 추진한다.

④ 부처 및 부서간 협업을 통해 인권정책의 일관성 및 체계성을 확보하고 시너지 효과를 창출한다.

⑤ 각 군별로 특성에 맞게 추진하되, 일부 중복적으로 시행하고 있거나 시행 예정인 사업을 통합하여 실시함으로써 경제성을 제고한다.

(5) 추진업무

① 국방인권정책 종합계획(5개년) 및 연도별 시행계획수립

② 인권 관련 법령 · 제도에 관한 사항

③ 인권침해 사건의 조사 · 구제 업무 처리

④ 군 인권 지키미 운영 및 성능 개선

⑤ 인권 모니터단 구성 및 운영

⑥ 인권 관련 진정 · 민원사항 처리

⑦ 인권실태 및 인권교육 조사 및 평가

⑧ 인권담당 법무관 제도 운영

⑨ 장병기본권 보장 등 인권 현안에 대한 정책 개발

⑩ 인권 관련 국제협약 가입 및 국내 시행에 관한 사항

⑪ 진실화해위원회 권고사항 처리

⑫ 국방부 과거사진상규명위원회 권고사항 처리

2) 육군본부 인권과

(1) 임무 및 기능

가. 임무

- 군 인권정책 및 장병 인권증진 계획수립
- 인권보장 관련 법률 및 규정 검토, 추진
- 인권담당 군법무관 제도 운영
- 장병 인권보장 관련 교육 프로그램 시행, 감독
- 주요 기본권 침해 사건의 조사 및 구제
- 인권 관련 소원수리 및 고충심의
- 인권업무 관련 대내외 유관기관 창구역할

나. 기능

- 군 내 인권에 대한 중요성 증대 및 개선요구 충족
- 장병 인권보장을 위한 체계적인 제도적 장치 마련

(2) 편성

직책	수행업무
인권 과장	· 육군 인권 업무 총괄, 조정 통제 · 인권 관련 법령 · 제도 · 정책 추진 및 평가
인권구제개선 장교	· 인권침해 예방 및 실태조사 지도방문 계획수립 및 시행, 후속조치 총괄 · 기타 장병 인권 향상 및 개선에 관한 사항
인권계획 장교	· 인권과 업무 총괄분석 및 계획 · 인권 관련 국회 등 대외기관 요구자료 종합 및 송부 · 인권침해 사건 조사 및 구제
인권교육 장교	· 인권교육 관련 프로그램 시행 및 감독 · 인권교육 실태확인 지도방문 계획수립 및 결과보고
인권법령 장교	· 인권 관련 규제개혁 업무 총괄 · 인권관계 법령, 육군 규정 등의 제정 · 개정 · 폐지안 검토 및 개선요구

직책	수행업무
인권조사담당(사무관)	· 육군 인권상담센터 상담 및 운영 · 인권침해 사건 조사 및 인권침해 사례 모니터링 · 기타 장병의 기본권 보장에 관한 사항
인권운영담당(주무관)	· 국가인권위·국방부 인권교육 관련 업무(대상자 파악/명령 등) · 각종 예산 협조 및 집행 관련 업무수행

(3) 인권업무 추진

가. 인권종합 정책

① 인권업무 규정 제정

2008년 7월에 인권업무 규정(육군규정 178) 제정 및 개정을 통하여 인권 관련 각종 규정 및 제도 개선사항을 지속적으로 모니터링을 실시한다.

② 육군의 인권업무에 대한 추진실태 조사

연 2회 야전부대에서 추진해야 할 인권과제를 선정하고 지휘관 및 장병의 인권의식을 진단한다. 또한, 사단급 인권담당관 제도의 운용실태를 진단하고 인권 관련 종사자를 대상으로 순회간담회를 실시한다.

③ 육군 인권 서포터즈단 및 인권 홈 서포터즈단 운영

장병(인권 서포터즈단) 및 장병가족(인권 홈 서포터즈단)을 선발하여 인권제도개선을 위한 인권 모니터링 그룹형성과 인권침해 제보를 받는다.

나. 인권교육

① 인권교육 계획 및 시행

장병인권에 대한 올바른 인식을 위한 연구, 신분별 맞춤 인권교육의 활성화 방안 마련, 인권 관련 업무 종사자 교육 및 대대급 인권교관의 양성 및 활용과 관련된 정책을 수립하고 시행한다.

② 인권교육 지원

전군 순회 인권교육 및 인권교육자료 제작과 지휘관의 인권교육을 지원한다.

다. 인권침해 조사 및 구제

① 인권상담센터 운영

육군 인권상담센터에서 인권상담 및 진정사건을 접수(인터넷, 인트라넷) 및 처리하고, 진정사건의 경우에는 접수 즉시 조사를 실시한다.

② 인권침해조사 및 구제활동

사안에 따라 육군본부 직접조사 도는 예하부대 법무 및 감찰부 위임 조사를 실시한다. 또한, 국가인권위원회와 공동조사를 실시한다.

라. 인권담당 군법무관 제도 운영

① 영창 적법성 심사

법관과 동일한 자격을 가진 군법무관을 통해 영창처분의 적법성을 심사하고, 육군본부 병사 징계와 관련하여 모든 영창처분에 대한 적법성을 심사한다. 또한, 항고에 대한 조력업무와 영창시설에 대한 감찰 및 의견청취업무와 함께 인권담당 군법무관을 대상으로 직무교육을 실시한다.

3) 해군본부 인권과

(1) 임무 및 기능

- 해군 장병 및 군무원의 인권정책 종합계획수립 및 추진
- 인권담당 군법무관 제도 운영
- 인권교육 체계구축 및 지원 업무
- 인권상담 및 인권침해 구제 시스템 구축
- 주요 인권침해 사건의 조사 및 구제
- 법무업무 관련 감찰 및 민원처리 등의 업무수행

(2) 편성

직책/연락처	수행업무
인권 과장	· 인권과 업무 조정 통제
민원감찰 담당	· 인권 관련 업무 기획·조정 및 총괄 · 감찰 및 민원·정보공개 업무 조정·통제
인권계획 법령담당	· 인권 관련 법령 정비 및 관리 · 인권 관련 유권해석 업무 및 대국회 업무
인권제도 교육담당	· 인권교육 기본계획 수립 및 시행 · 인권교육 기관과의 협의 및 교육자료 발간
인권상담 구제담당	· 장병 인권상담 체계 운영 · 인권침해 사건 조사·구제 및 군수용자 청원 업무
민원감찰 수사관	· 감찰 활동에 관한 업무 지원 · 민원 처리 및 정보공개 업무 지원

(3) 인권업무 추진

① 인권제도 정비를 위하여 해군 및 해병대 장병 대상으로 인권 모니터단과 인권장병 부모를 대상으로 '인권 모니터단'을 모집 및 운영한다.

② 장병의 기본적 인권보장을 위해 인권상담관 운영 및 병영생활 전문 상담관, 여성고충 상담관 등 인권 관련 상담 업무 종사자 간 소통체계를 구축한다.

③ 「해군 인권업무 규정」을 시행함으로써 해군 인권교육의 내실화, 인권상담관 제도를 정비한다.

④ 연 1회 장병 인권실태 조사를 실시하여 해병대 내 구타(언어폭력 포함), 가혹행위 및 악습 잔존 여부 등을 파악한다.

⑤ '인권상담 및 인권침해 발생 시 적시 구제'를 위해 인권상담 휴대 전화를 24시간 운영하고 인권교육을 강화한다.

⑥ 수사, 의료, 상담, 교정업무 종사자 이외에 양성기관 훈육관 및 주임원사 등 교육대상을 확대한다.

⑦ 병사의 복무주기를 반영한 맞춤형 인권교육을 실시하고 해군 교육사 리더십 센터 내 생활반장 인권교육 과정을 개설하여 인권교관을 양성 및 활용한다.

4) 공군본부 인권과

(1) 임무 및 기능

- 인권업무에 관한 계획, 지침 수립 및 시행
- 인권정책 개발 및 개선
- 인권 관련 법령, 규정 정비 및 제도 개선
- 인권 실태 조사 및 개선사항 마련
- 인권침해 사건 조사 및 구제
- 인권 관련 민원 및 진정사건 처리
- 인권상담센터 시스템 운영
- 인권침해사례 수집 및 분석
- 인권 관련 기관과의 교류·협력
- 인권담당 군법무관 제도 운영
- 영창 적법성 심사 시행
- 인권교육 계획수립 및 시행
- 인권교육 교재 발간
- 기타 장병 및 군무원 인권보장에 관한 사항

(2) 편성

직책/연락처	수행업무
인권과장	· 인권과 업무 조정 통제
인권법령·제도담당	· 인권 관련 업무 총괄 · 인권침해 진정·민원사건 처리 · 인권침해 사전 예방활동 및 인권상담 · 인권담당 군법무관 제도 운영 지도·감독
인권교육 담당	· 인권교육 기본계획 수립 · 시행 · 인권교육 기관과의 협의 및 교육자료 발간 · 주요 인권침해 사건의 조사 및 구제 · 영창적법성 심사 운영 관리

직책/연락처	수행업무
인권교육 및 상담 담당	· 인권교육자료 및 업무관련 지침(매뉴얼) 작성 · 인권상담 채널 운영 및 관리 · 인권침해 사전 예방활동 및 인권상담
인권계획 담당	· 인권과 연간 업무계획 수립 및 성과 분석 · 인권정책 개발 및 시행에 관한 사항 · 인권 관련 타부서 및 대외기관과의 교류·협력 · 인권침해 진정·민원사건 처리
인사소청 담당	· 인사소청위원회 운영 관리 · 범죄 예방과 장병 인권보호를 위한 군법교재 개발 및 교육 시행
인사소청 사무담당	· 인사소청위원회 운영 지원 · 범죄 예방과 장병 인권보호를 위한 군법교재 개발 및 교육 지원
인권행정 담당	· 각종 인권업무 관련 행정 지원 · 영창적법성 심사 운영 지원

(3) 인권업무 추진

① 법무실 인권상담 홈페이지 내 '인권모니터 게시판'을 활용하여 인권 모니터단을 운영하고 장병 기본권 향상을 위한 제도화된 의견수렴 창구를 마련한다.

② 인권과에서 주관하여 인권교육을 강화하고 월간 인권교육 교안을 하달한다.

③ 인권실태 조사를 시행하고 후속조치를 통하여 악·폐습 및 언어폭력 근절 방안 규정을 마련한다.

④ 병사의 휴식권 보장방안을 강화한다.

⑤ 군자녀의 인권감수성 발달 및 준법정신 함양을 위한 자녀 인권체험 행사를 주기적으로 실시한다.

4 병영문화와 군 인권의 발전방향

1) 병영문화 개선

첫째, 상급자 및 하급자가 서로를 이해하고 배려하는 언어를 사용함으로써 구타와 가혹행위, 폭언 및 욕설이 줄어들게 한다. 이로 인한 기대효과는 후임병들이 주눅이 들지 않음으로써 부대에 조기 적응이 가능하도록 하며 선·후임병 간의 관계에 있어서도 후임병이 찾아가서 애로사항 및 고민사항을 의논하고 그 해결을 위해 같이 노력함으로써 전우애가 돈독해지는 밝고 화목한 가족 같은 병영이 이루어지는 것이다.

둘째, 상급자와 하급자가 서로 정감 어린 말을 주고받음으로써 하급자는 상급자를 회피하지 않고 친근하게 다가와 인사하는 분위기가 조성되며 또한, 외부적으로는 군에 대한 이미지가 개선되고 대군 신뢰도가 증진하게 되는 효과가 나타나 진정으로 군대가 국민교육의 도장으로서 안심하고 자녀를 군에 보낼 수 있는 공감대의 형성이 가능하게 될 것이다.

셋째, 올바른 군대예절의 생활화 및 잘못된 군대예절 바로잡기를 시행함으로써 상·하, 선·후임 간의 친밀감이 증대되고 원활한 의사소통의 환경을 조성할 수 있으며, 상급자도 하급자에 대한 예절을 준수해야 할 필요성을 인식하여 상호 존중과 배려에 의한 새로운 리더십(leadership)과 팔로우십(followership) 관계가 조성될 수 있을 것이다.

넷째, 새로운 병영문화를 정착시키기 위해서는 앞에서 제시한 상호 존중하고 배려하는 병영문화를 만들기 위한 상호 존중하는 언어사용, 정감 어린 인사말 나누기, 올바른 군대예절 생활화 및 왜곡된 군대예절 바로잡기 운동을 전개함으로써 가능할 것이라고 판단된다.

다섯째, 새로운 병영문화가 효과성을 거두기 위해서는 병영생활에 결정적인 영향력을 미치는 간부들 스스로가 새로운 병영문화 추진에 선도적으로 앞장서야 하며, 이를 통하여 군 생활 기간뿐만 아니라 전역 후에도 그들이 올바르고 건전한 시민으로 변화하도록 해 나가야 할 것이다(유흥위, 2006b).

2) 군 인권분야 개선

군인 인권보장의 출발은 군대 내에서의 폭력, 비합리주의, 탑 다운식 일방주의를 하루빨리 없애는 것에서 시작해야 한다. 군대 내 인권개선을 위한 여러 방안 중 군 사법제도 개혁은 빠질 수 없는 주제이다. 군 사법제도의 개혁은 독립적이고 공정한 사법제도를 군대 내에서도 관철시킨다는 차원에만 국한되는 것이 아니라 군 지휘의 논리를 지휘권 중심에서 인권중심으로 옮겨놓는 데 중요한 역할을 하기 때문이다.

병영 내에서 가혹행위, 왕따, 성폭력 등 인권과 관련된 사건과 사고를 방지하려면 장병들의 인권상황을 개관적이고 지속적으로 모니터링하는 시스템이 필요하다. 따라서 독일군과 같이 국회의 위임을 받아 장병의 인권을 감시하는 군 옴부즈맨 제도를 시행하여 장병의 인권강화를 위해 노력해야 나가야 할 필요가 있다.

마지막으로 지속적인 인권교육을 통해 지휘관 및 군 복무자들의 의식과 행위를 변화시키는 노력이 있어야 할 것이다. 현재 군 내부에서 간부에 대한 '병사인권 관련 교육'은 이루어지고 있으나, 그 실효성은 극히 떨어지는 것으로 알려져 있다. 또한, 병사들은 자기 권리에 대해 무지하며, 낮은 인권의식을 갖고 있기 때문에 군대 내에서 발생하는 인권문제에 대한 해결 능력이 떨어진다. 인권교육을 실시할 때에는 교육 대상자를 분명하게 구분하여, 직위에 따른 적절한 인권교육이 가능하도록 교재를 만들고 자료를 꾸며야 하겠다.

PART 2

군사회복지에 대한 이해

03
CHAPTER

군과 사회복지

1 군과 사회복지의 필요성

군은 조직의 임무 특성상 그동안 일반사회에서 중요시되는 사회복지에 대한 필요성이 간과되어 왔던 것이 사실이다. 2000년대 중반까지만 해도 선 전투력 강화를 위한 임무수행, 후 복지정책의 실천을 추구하였으며, 복지정책도 장기근속 간부 중심으로 진행되어 왔다. 군 내에서 아직도 군사회복지라는 용어를 사용하지 않고 있는 것만 보더라도 군이 얼마나 사회복지적인 마인드가 부족한가를 알 수 있다. 군에 군사회복지를 도입·정착하기 위하여 군인의 생활 여건과 필요성에 대해 알아보면 다음과 같다.

1) 군인의 생활 여건

(1) 근무여건

군인의 근무지는 면소재지 이하가 29.6%이고 정시 출퇴근이 가능하지 않으며, 상황대기와 장기 비상근무가 자주 발생하여 직업적 스트레스가 높다. 월평균 초과 근무는 육군 11.36일, 공군 9.73일, 해군 7.88일, 해병대 13.5일로 나타나고 있다. 또한, 연간 평균 당직근무 일자는 육군 23.9일, 공군 26.44일, 해군16.18일, 해병대30.49일로 나타나고 있다. 훈련 및 작전 등으로 인한 스트레스 요인과 정도를 분석해 보면 20대, 30대, 40대의 가장 큰 스트레스 요인은 상황대기이며, 50대는 장기적인 임무수행에서 스트레스를 가장 많이 받고 있다(유홍위, 2008). 근본적으로 군인들은 규칙적인 정시 출·퇴근이 가능하지 않고, 상황대기와 장기 비상근무가 빈번하게 발생하여 직업 스트레스를 높이고 있다.

〈표 3-1〉 **신분별 근무지역 비교**

구분	군인	공무원			일반인
		국가직	지방직	전체	
면 이하(격오지)	29.6%(5%)	5.8%	8.1%	6.6%	10.2%
군·읍	19.3%	7.0%	13.1%	9.0%	8.3%
중소도시	33.2%	41.8%	40.0%	41.2%	34.4%
대도시	17.9%	45.4%	38.7%	43.2%	47.1%

출처: 육군본부(2010).

(2) 주거여건

일반사회와 비교하여 주택 보유율이 절반 수준에 불과하고, 거주 주택의 만족도가 낮으며, 의료, 편의, 문화시설이 부족하다. 직업군인은 평균 65.5㎡에서 거주하고 있다. 이는 주택의 방 숫자나 면적도 저소득층과 비슷한 수준이고 자가 보유율은 사회의 절반 수준으로 나타나고 있다.

〈표 3-2〉 **군과 사회의 주거여건 비교**

구분	자가보유율(%)	주택만족도(%)	거주지 만족도(%)	방수(실)	주택면적(평)
사회	62.9	70.08	68.88	2.58	84.5㎡(23.5)
군	29.9	66.27	67.51	2.35	65.5㎡(19.8)

출처: 육군본부(2010).

(3) 가정생활

직업군인은 1~2년 단위로 근무지를 옮기기 때문에 자녀교육 등의 이유로 기혼 군인의 30.7%는 가족과 별거 중인데, 이는 사회통계 별거율 21.2%의 약 1.5배가 된다. 군인의 가족과의 별거비율은 30.7%, 공무원 13.1%, 사회 21.2%로 군인의 별거 비율이 가장 높게 나타나고 있다. 가족과 다른 지역의 근무로 인한 별거나 자녀 학업문제 등을 해소할 대책 마련(또는 기반 시설 마련)이 시급하다.

(4) 문화생활

군의 문화생활 수준은 전반적으로 낮고, 단조로우며, 문화 및 여가 시설의 이용도 사회의 평균 수준에 미치지 못하고 있다. 또한, 군은 스포츠를 제외한 영화, 박물관, 미술관, 관광명소 시설 이용률이 사회보다 낮게 나타나고 있다.

(5) 전역 후의 생활

군인들은 조기 정년이 명문화되어 있어 군 간부의 61.4%가 전역 이후의 생활을 염려하고 있으며 이를 해소할 프로그램이나 제도 보완이 시급하다. 장기복무자는 경제적 문제를, 단기복무자는 복무연장과 재취업을 염려하게 된다.

2) 군사회복지의 필요성

군조직의 유지와 발전을 위하여 군사회복지의 필요성을 살펴보면 다음과 같다(조흥식, 2007).

첫째, 무엇보다 군사회복지는 국가안보에 기여하기 때문에 군대에서 반드시 필요하다. 군사회복지가 군조직에서 필요한 이유는 군인에 대한 지원이 단순히 군인 개인과 가족의 혜택에 그치는 것이 아니라 사회, 나아가 국가적으로 안보라는 중요한 의미를 내포하고 있기 때문이다. 특히 군사회복지정책은 국방력 강화와 밀접한 연관이 있다. 국민의 생명과 재산을 지키는 국방과 안보는 거저 주어지는 것이 아니며 반드시 대가를 지불해야 하는데, 국토방위에 공헌하는 군인에 대한 국가차원의 배려는 군의 사기를 증대시킬 것이며, 이는 곧 국방력 강화라는 결과를 가져오게 되는 것이다.

둘째, 군사회복지는 군인과 가족의 사회통합에 기여하기 때문에 반드시 필요하다. 군인은 근무 특성상 장기간 격리·통제된 상태에서 생활하므로 사회적응 능력이 다소 떨어지기도 한다. 직업인으로서 장기복무 군인과 민간인의 근무조건을 비교하면, 직업군인은 일반사회와 직무연계성이 없는 일을 수행하며 일반 민간인이 생각하는 것과 달리 직업 안정성 측면에서도 짧은 정년 제도를 가지고 있다. 또한, 평시에도 실제 전투와 같은 훈련을 실시하므로 항상 위험에 노출되어 높은 재해가 발생한다. 무정량 근무시간과 각종 훈련으로 인한 정상적인 출퇴근이 보장되지 않는다. 잦은 이사와 더불어 격·오지 위주의 근무환경이 군 직업을 어렵게 하고, 자녀교육문제로 인한 별거생활과 그에 대한 추가비용이 부담된다. 따라서 국토방위에 젊음을 바친 제대군인인 경우에는 국가가 원활한 사회복귀를 도울 수 있고, 제대군인과 직업군인의 가족들에게는 적절한 사회안전망을 지원하도록 하는 군사회복지는 당연히 군인과 그 가족들의 사회통합에 기여한다고 볼 수 있다.

셋째, 군사회복지는 국가 경쟁력 강화에 도움을 주기 때문이다. 군사회복지정책은 군 인적 자원의 개발과 활용을 통한 국가 경쟁력 강화에 도움이 된다. 군사회복지를 잘 제공함으로써 군인이 보유하고 있는 경험과 지식을 필요로 하는 사회의 각 부문에 이들 인적 자원을 적절히 연계하는 범국가적 연계 체제의 구축은 인적 자본에 바탕을 둔 경제 발전의 원동력이 될 것이며, 나아가 국가 경쟁력 강화에 큰 보탬이 될 것이다.

넷째, 군사회복지는 군인, 특히 사병의 인권 향상에 기여하기 때문이다. 최근 들어 군대 가혹행위 및 폭행, 군대 자살 문제가 대두되면서 군인들의 인권문제가 제기되고 있으며, 여기에 군사회복지의 필요성 또한 크게 부각되고 있다(박영란 외, 2001). 한국 남성이라면 누구든지 군 복무 과정을 겪게 되고 그들의 군 생활이 남은 인생을 좌우할 정도로 지대한 영향을 미치므로 군대 내의 정신적 문제

해소 및 복지서비스가 필요한데, 군사회복지정책은 이를 지원함으로써 인권 향상에 기여할 수 있다.

다섯째, 군사회복지는 군인과 그 가족의 고충처리와 고민거리를 잘 해소시켜 주기 때문이다. 군사회복지는 상관과 부하들의 원활한 관계 유지와 갈등을 조정하며, 사병들의 가정문제나 개인의 여러 문제들에 대한 해결 노력을 도와줄 수 있다. 아울러 부사관, 장교, 제대군인 등이 갖는 여러 가지 개인 문제와 군인가족의 고민거리를 해소해 주는 다양한 복지서비스 개입과 프로그램을 제공해 주기도 한다.

여섯째, 군사회복지는 건강한 군인과 건강한 군인가족을 위해서 반드시 필요하다. 특히 우리나라 군병원에서 군 의료사회복지제도가 반드시 도입되어야 한다.

2 군사회복지의 이해

1) 군사회복지의 개념

군사회복지는 국가별, 군을 바라보는 시각, 이데올로기, 병역제도에 따라 다양하게 정의되고 있으며, 군조직이 가지고 있는 위상과 특수성에 기초하여 정의할 수 있다. 즉, 군은 다른 사회의 직종과는 달리 생명을 담보로 임무를 수행하며 국가안보에 직접적 영향을 끼치는 집단으로서, 국가의 존망과 전 국민의 안녕에 지대한 관련이 있다.

군사회복지란 사회복지의 한 실천분야로서, 1차적으로는 군의 고유한 목적이 최대한 달성될 수 있도록 원조하는 것이며, 나아가 군의 구성원인 의무복무군인 및 직업군인과 그 가족뿐만 아니라 제대군인의 복지를 증진시키는 전문적 활동이라고 할 수 있다. 또한, 군사회복지는 다른 분야와는 달리 군대라는 특수한 조직에서 발생하는 문제와 이슈에 관심이 있을 뿐만 아니라, 이러한 문제에 대처하기 위해 사회복지의 전문지식과 실천방법을 활용하는 특징이 있다(이문국 외, 2001; Daley, 2003).

즉, 군사회복지란 넓은 의미에서 전 국민의 안전과 관련된 군의 기능을 향상시키고 유지하기 위해 군인과 군인가족 및 제대군인의 삶과 질을 향상시키고, 개인이나 조직의 욕구나 문제를 해결하는 공동체의 노력을 말한다. 또한, 군대 내부의 문제예방과 해결, 사회적 기능향상과 생활향상에 관련한 모든 법, 제도, 서비스 등을 포함한다.

한편 국방부의 「군복지발전계획서」에서는 군복지에 대해 "현직자들에 대한 사기앙양을 통해 전투력 향상을 도모하고 우수인력의 확보를 위해 군조직구성원과 그 가족 및 일정한 자격을 갖춘 제대군인에게 정신적·물질적 욕구를 충족할 수 있도록 하는 제 급부, 시설 및 활동의 총체"로 규정하고 있다(국방부, 2012).

이러한 군사회복지의 개념들은 군과 학계의 시각에서 다소의 차이를 가지고 있지만 다음과 같은 공통적 특징을 지니고 있다.

① 사회복지 관련 전문가가 일하는 주된 장소가 군이다. 이는 군사회복지사를 다른 사회복지영역과 구분 짓는 요소라고 하겠다.

② 사회복지 관련 전문가(군인 및 민간)가 군에 개입하여 군의 본래적 목적을 효과적으로 달성하도록 도와주는 것을 목적으로 한다.

③ 사회복지 실천의 주요기능인 심리사회적 문제의 예방과 해결을 위한 다양한 활동을 수행한다.

④ 환경과 상호작용하는 인간에 초점을 맞추는 사회복지 실천의 기본적 관점을 적용하여 군인과 그 가족, 제대군인 그리고 다양한 수준의 군조직 및 지역사회라는 환경에 대한 개입을 동시에 고려한다.

이를 정리하면 군사회복지는 협의적으로는 "전투력 향상을 위해 군인에게 물질적·정신적 욕구를 충족시키기 위한 제반 활동"이라고 할 수 있다. 광의적으로는 "국방을 수호하는 군과 그 가족에 대한 국가적인 차원의 사랑과 관심의 노력이며, 대외적으로는 강한 국가적 능력을 표현하는 상징적 기능의 표현"이라고 할 수 있다.

2) 군사회복지의 의의

군사회복지는 사회복지의 기능이 주가 되는 1차 현장(primary setting)이 아니고, 다른 조직의 본래적 기능에 협조하는 2차 현장(secondary setting)에서 이루어지는 전문 사회복지 활동이다. 따라서 군사회복지는 군조직의 본래 목적인 국가안보 혹은 국방력 강화라는 불변의 소명을 완수하도록 돕는 데 그 1차적 목적이 있다(Daley, 1999). 또한, 군사회복지사가 수행하는 어떠한 역할과 기능도 궁극적으로는 군조직 특성에서 살펴본 바와 같이 이러한 1차적 목적을 지향하는 것이기 때문에, 그 목적 수행을 다하지 못할 때 군사회복지의 필요성과 존립의 의의는 당위성을 잃게 되는 것이다. 이러한 1차적 목적을 가지고, 군사회복지 전문가들이 그들의 전문성과 능력을 발휘하여 성취하고자 하는 실천의 목적은 다음과 같이 크게 네 가지로 제시할 수 있다.

① 군의 구성원이 그들이 처한 환경에 원만히 적응할 뿐 아니라 삶의 질이 향상될 수 있도록 돕는다.

② 개인적 문제나 가족 및 대인관계상의 문제, 그리고 군 생활적응의 문제가 있는 군의 구성원에게 다양한 서비스를 제공한다.

③ 군의 구성원이 가능한 한 최적의 환경에서 생활할 수 있도록 필요한 서비스를 옹호하고 개발한다.

④ 제대군인의 전직과 새로운 사회적 환경적응 과정의 다양한 복지적 서비스를 제공한다.

3) 군사회복지의 목표 및 범주

미국의 정부와 군은 정책적으로 군사회복지의 목표를 '일반 국민의 중산층 이상 생활수준을 유지하며 긍지와 자부심을 갖고 군 복무에 전념할 수 있는 여건을 조성함에 있다.'고 규정하고 있다.

자본주의 사회에서 조직이 발전하기 위해서는 경제적 생활안정을 통하여 우수한 인력이 유입되어야 한다. 따라서 군 내에서도 사회적으로 중산층 이상의 생활수준을 유지할 수 있도록 국가가 제도적으로 보장하는 것을 복지의 목표로 두어야 한다.

국방부의 「군복지발전계획서」에서는 군복지를 '기초복지, 가족복지, 문화복지, 복지인프라 구축'으로 구분하고 군인의 직업적 특성을 반영한 선진복지체계를 구축하고자 정책비전을 제시하고 추진하고 있다. 육군을 비롯한 각 군 본부에서는 복지의 범주를 임무수행 지원(보수, 주거, 의료지원, 자녀교육, 생필품 구매 및 전역 관련 지원활동), 체육 및 문화활동(축구, 야구, 농구, 헬스클럽, 수영장, 스쿼시, 도서관, 영화상영, 미술, 공예, 서예 등), 공동체 생활(생활정보 및 편의활동 지원, 예약지원, 재무상담, 법률상담, 육아지원을 위한 각종 프로그램 제공 등), 휴양 및 레저활동(양질의 휴양시설 및 서비스 제공, 골프연습장, 게이트볼 등 사회체육시설 지원)'으로 구분하고 있다.

결국, 군사회복지의 범주도 군사회복지의 목표와 마찬가지로 직업군인과 그 가족의 기본적 생활안정(보수, 주거, 자녀양육 및 교육, 의료지원 등)과 문화생활(취미, 오락, 자기개발 등)과 추가적으로 병사를 중심으로 한 병영문화의 3가지 측면의 과제라 할 수 있다.

4) 군사회복지의 기능

(1) 우수인재 유지 및 확보

일반적으로 복지정책을 추진하는 가장 큰 목적은 조직이 필요로 하는 우수인력의 유인, 유지와 발전에 있다고 할 수 있다. 과거의 폐쇄적 노동시장과는 달리 현대는 노동시장의 유연화와 국제화로 인해 인력이동이 급격하게 이루어지는 것이 현실이다. 특히 급속한 기술발전으로 인해 핵심인력의 획득과 유지가 조직의 성패를 결정짓는 요소로 작용하고 있다. 따라서 우수한 인재의 이탈을 방지하고 유지하는 수단으로서 복지정책이 중요한 기능을 하고 있다고 할 수 있다.

한편 복지 초기단계에서는 급식시설, 숙영시설, 주거시설 등 의식주 해결의 경제적 복지제공에 중점을 두고 추진하게 되며, 이러한 복지욕구가 어느 정도 충족되면 문화, 오락, 자기계발, 건강 등 구성원의 보다 높은 차원의 문화적 복지를 제공함으로써 간접적으로 조직기여도를 향상시키는 프로그램으로 이행되어 가는 것이 일반적이다. 국제화, 정보화 사회로 진전되면서 '삶의 질'에 대한 관심이 높아지고, 보수, 승진 등의 요인도 중요시하지만 여가, 문화적 복지, 자녀교육 등을 보다 중요한 요소로 인식하고 있는 직업관으로 변화하는 추세이다.

(2) 사기고양 및 일체감의 형성

군에서의 복지는 개인생활과 연관되는 부분을 조직의 제도로 편입시킨다는 성격을 가지고 있으며, 가족주의적 일체감과 연결되며 동시에 조직문화를 형성하는 기능을 가지고 있다. 또한, 구성원으로 하여금 조직에 대한 소속 의식의 배양과 신뢰감, 일체감의 형성과 연결된다. 재직하고 있는 군조직에 장기적으로 공헌하고 싶다는 풍토를 양성하기 때문에 장기고용을 지탱하는 효과도 아주 크다. 이러한 역할을 담당하는 복지제도는 대상을 조직구성원에 한정하지 않고 가족도 포함하게 되며, 보육 및 교육시설, 의료지원 등 구성원과 조직과의 일체감과 나아가 조직에 대한 전념도를 제고하는 역할을 담당하고 있다(문채봉 외, 2004).

(3) 급여보완 기능

복지의 중요한 기능으로서 생활지원과 원호적 기능이 있다. 이러한 복지기능은 임금 보완적 성격을 가지고 있기 때문에 노동 조건화하기도 한다. 복지제도를 실시하는 이유는 근로의욕 고취와 조직전념도 제고, 경쟁력 강화 등이 주로 제시되며, 조직경쟁력 강화의 핵심전략으로도 의미를 가지고 있다. 이러한 목적 달성을 위해 조직으로서는 구성원에게 다양한 복지혜택을 제공하게 되며, 복지가 정상적 임금을 보완하는 제도로 활용되기도 한다.

(4) 조직특수성 및 독자성 반영의 구현수단

일반적으로 복지정책을 추구하는 목표 가운데 하나는 복지를 통해 조직마다 갖는 특성을 반영할 수 있기 때문이다. 특히 군 직업과 같은 특수한 조직으로서는 조직구성원에게 임무의 특수성이나 직업의 특수성을 반영하는 복지정책 추진이 필요하다. 조직의 특성, 직업성격, 업무특성에 따라 복지는 당연히 차별적으로 접근되어야 하며, 이러한 차별적 복지 제공은 구성원으로 하여금 직업에 대한 자긍심과 임무완수를 위한 동기 부여를 할 수 있다(문채봉 외, 2004).

5) 군사회복지의 구성

(1) 주체

우리나라에서 군사회복지를 수행하는 인력은 복지 및 인사담당 현역군인, 군종장교, 의료사회복지 전문특기(764), 심리상담 부특기(789)를 보유한 장교, 병영생활 전문 상담관, 민간 복지전문가, 향군종위원회 소속 종교지도자 등이 있다. 그들은 계급과 직책 또는 전문성을 가지고 군에서 복지 및 상담을 수행한다. 반면에 미국군을 비롯한 군사회복지를 수행하는 외국에서는 사회복지를 전공한 장교가 입대할 경우 전문성을 활용할 수 있도록 관련 부서에 배치하며, 추가적으로 민간인 전문 사회복지사를 선발하여 운용하고 있다. 또한, 장교 이외에 부사관이나 사병 중에서도 사회복지업무를 지원할 수 있는 인력으로 선발하여 이들에게 정기적 교육과 훈련을 실시하여 군사회복지 분야에 다양한 역할을 수행하도록 하고 있다.

각국의 전문 군사회복지사의 운용현황은 〈표 3-3〉과 같으며 군사회복지사 활동이 가장 활발한 미국군의 군사회복지사의 업무는 첫째, 사회복지사가 가정폭력, 약물남용, 정신질환, 군인가족의 적응, 전쟁의 상처, 신체질환 및 건강증진에 관한 문제에 대해 직접적 서비스를 제공한다. 둘째, 정책개발, 구직원조, 군인과 가족을 위한 사회적 서비스의 필요성을 옹호하거나 개발하는 문제와 같은 간접적 서비스를 제공한다(Daley, 2003).

〈표 3-3〉 각국의 군사회복지사

국가	병역제도	군사회복지사
영국	모병제	현역군인(위관장교)
미국	모병제	현역군인(위관~영관장교), 민간 전문 사회복지사
프랑스	징병제+모병제	민간 전문 사회복지사
캐나다	모병제	현역군인(장교), 민간 전문 사회복지사
핀란드	징병제	민간 전문 사회복지사
남아프리카공화국	징병제	현역군인(장교)
이스라엘	징병제	현역군인(장교)

출처: 유홍위(2006a).

반면에 한국군에는 1977년 의료사회복지사가 처음 배치되었으나 장병의 의료사회복지적 업무보다는 의무행정 업무에 치중하고 있으며 인원이 추가 보충되지 못하고 유명무실화되었다. 따라서 군 내부에 사회복지제도가 본격적으로 정착되도록 현재의 군 직책과 군사회복지 인력을 제대별로 운영하는 방안에 대하여 살펴보면 다음과 같다.

〈표 3-4〉 군사회복지 인력 및 조직 운용(안)

일반부대					군병원
부대	군사령부 (사·여단)	연대	대대	중대	야전병원 이상
책임	군사회복지사		인사장교	소대장	의료군사회복지사
구성	인사 헌병 법무 군종	헌병파견대장 군종장교 주임원사	군의관 주임원사 군종병	행정보급관	정신보건 군사회복지사 의료 군사회복지사
상담관	군기본권 상담관(간부)		군기본권상담(병)		의정장교 (1481심리·사회사업)

출처:유홍위(2006a).

앞으로 한국군에 군사회복지사가 공식적 임무를 수행하게 되면 장병, 특히 병사들의 병영생활 부적응, 가족관계 및 개인 신상문제, 군 내 인권침해, 신체질환 및 건강증진, 전출, 격오지 근무 등의 어려움, 현지생활의 부적응, 군 복무 후 진로 등과 같은 문제를 해소하기 위한 노력이 우선적으로 이루어져야 한다(유홍위, 2006b).

(2) 대상

군사회복지의 대상은 군사회복지사의 활동내용과 범위를 어디까지로 보는지에 따라 달라질 수 있다. 우리나라 군조직의 특수성과 현실적 한계, 그리고 사회복지전문직의 특성을 고려하여 군사회복지의 대상을 제시할 수 있을 것이다.

〈표 3-5〉 **군사회복지의 대상**

직업군인*		의무복무군인	군인가족*	장기복무 제대군인*
장기군인	단기군인			
장교, 부사관 (군무원 포함)	장교, 부사관	병사*	배우자, 자녀	장교, 부사관

*직업군인: 군인사법 제6조의 현역 중 장기복무하사 이상의 현역군인.
*병사: 군인사법 제6조의 현역 중 의무복무를 하는 현역군인.
*장기복무 제대군인: 군인연금법 제21조 제1항의 규정에 의한 퇴역연금 또는 퇴역연금일시금 수혜자.
*군인가족: 직업군인에 해당하는 자의 배우자 및 직계존비속.

출처: 유홍위(2006a).

국방부의 「국방종합복지정책서」에서는 군복지의 대상을 '현재의 복지여건을 고려하여 복지의 직접적 대상을 부사관 이상 직업군인과 그 가족, 10년 이상 복무 후 전역한 제대군인으로 한정한다. 제대군인의 경우는 국가재정의 가용성과 복지여건을 고려하여 우선 20년 이상 복무 후 전역자로 하되, 점진적으로 10년 이상 복무 후 전역자로 확대 추진한다'고 명시하고 있다. 그러나 현 복지여건을 고려한다고 하여도 간부 중심의 복지대상 선정은 선진 군대를 육성하고자 하는 국방정책의 한계를 가질 수밖에 없었다. 2007년부터는 군인복지기본법이 제정되어 장교, 준·부사관, 병사 등 현역군인은 물론 장기복무를 하는 장교, 준·부사관의 가족까지 군인복지와 혜택을 누릴 수 있으며, 10년 이상 복무한 후 전역한 예비역 군인도 군복지의 대상에 포함하고 있다. 따라서 그 대상이 군과 관련된 모든 개인, 집단, 조직, 그리고 제도로 확대 적용하여 정책적으로 추진해 나가게 되었다.

〈표 3-6〉 **복지정책 관련 법령과 대상**

구분	대상
군인복지기본법	· 현역군인(장교, 준사관, 부사관, 사병) · 군인가족(배우자, 본인 및 배우자의 직계 존·비속)
군인사법	· 장교(장기복무와 단기복무) · 준사관 및 부사관(장기복무와 단기복무) · 사병
군인보수법	· 군인, 입영훈련 중인 학군사관후보생(사관후보생 및 부사관후보생)
군인복지기금법	· 군인 등(군인, 군무원 및 그 가족, 예비역 군인)
군인연금법	· 퇴직 군인, 퇴직군인 유족
국가유공자 등 예우 및 지원에 관한 법률	· 국가 유공 군인, 군무원 · 국가유공 군인 및 군무원 가족
보훈보상대상자 지원에 관한 법률	· 재해 사망 군인, 재해로 부상한 전역 및 퇴역한 군인 · 재해 사망 군인, 재해로 부상한 전역 및 퇴역한 군인 유족

(3) 복지 프로그램

군에 군사회복지제도가 뿌리내리기 위해서는 군조직에 소속되어 있는 대상에 대하여 신분별로 기본적 욕구를 잘 식별·분석하고 부대의 특수적 환경을 고려한 후 대상별 맞춤식 사회복지 프로그램을 개발하고 지속적이고 내실 있는 실천이 필요하다. 그 대상은 간부(장교, 부사관) 및 군인가족, 병사와 전역예정 간부의 기본 형태로 구분할 수 있으며, 군 내부 및 외부와의 연계를 통한 사회복지 프로그램은 〈표 3-7〉과 같다.

〈표 3-7〉 **복지 프로그램**

대상	군 내부 복지 프로그램	외부연계 복지 프로그램
간부	· 음주 · 약물남용대책 · 전투 · 근무 스트레스 관리 및 치료 · 인성교육 · 휴가 및 포상 · 군 생활, 진로상담 · 해외탐방 및 휴양 · 선택적 복지제도 시행 *위기개입, 개인상담, 사례관리, 자기계발	· 간부계발 지원 · 국내 · 외 위탁교육 · 자격증 취득 · 생활자금 대여 · 문화탐방 지원 · 장병 인성교육 지원 · 전직지원
군인가족	· 주거 · 주택지원 · 휴양시설 · 자녀양육 및 교육지원 · 의료서비스 · 각종 상담 · 장애 군 가족지원 *위기개입, 개인상담, 사례관리	· 가정폭력 예방 · 지역사회자원 연결(평생교육 및 취미생활) · 위기개입 · 자원연계 · 군인자녀 특례입학 · 영유아보육, 자녀교육지원
사병	· 병영문화 개선 · 의 · 식 · 주 개선 · 군 기본권(인권) 향상(전문 상담관, 병영생활 전문 상담관) · 정신건강 상담 · 치료 · 인성교육 · 부적응 장병 비전캠프 · 전역 전 사회적응 교육 *위기개입, 개인상담, 사례관리, 집단상담, 재교육(인성, 사고예방)	· 건전 병영문화 공동연구(민 · 군) · 각종 봉사활동 지원 · 민 · 군 공동 전문가 활동(심리치료사, 정신과 의사, 군의관) · 사이버 교육지원 · 사회적응 프로그램 지원 · 지역별 상담 지원(향군종, 성직자) · 진로, 고용정보 제공
제대군인	· 직업보도교육 · 취업알선 · 연금제도 *제대군인보호법 추진 *개인상담, 사례관리	· 군 전문인력 채용 · 전역자 재교육 · 보훈정보서비스 · 자원연계
공통	· 군 종합사회복지계획 수립 및 추진 · 복지기금 마련 및 자원 발굴 *복지정책과 비전 제시	· 군사회복지정책 자문 및 제안 · 군인 및 가족권리옹호 · 민 · 군 화합 지역문화활동

출처: 유흥위(2006a).

(4) 군사회복지사의 직무 및 역할

군사회복지사의 역할과 직무는 전문적 임상사회복지사의 역할, 장병을 포함한 가족에 대한 상담, 부대장병 및 가족에 대한 교육 및 협조, 부대－가정－지역사회의 연계, 지역사회자원의 활용, 의료 및 정신의료사회복지, 병영문화의 개선 등이며 군사회복지사의 직무는 다음과 같다.

첫째, 군사회복지사는 군 내 인성교육 및 고충처리 전문가인 병영생활 전문 상담관, 군종장교, 주임원사, 헌병, 법무 및 인사 관련자들과 협조한다. 장병과 군인가족의 심리·정서적 문제를 예방하고 심리치료의 전문가로서 내담자의 문제를 명확히 규정하기 위해 장병, 가족과 군 규정과 방침 등의 정보를 수집하여 문제의 원인을 명확히 사정하고, 이에 따른 심리치료를 제공한다. 또한, 군사회복지사는 장병 및 군인가족의 심리정서적 문제의 원인을 파악한 후 병영생활 전문상담관 및 관련자들과 협조하여 개별상담, 집단상담, 가족치료 등의 전문적 심리치료를 담당해야 한다. 만약 군 내부의 전문가만으로는 문제해결이 불가능할 경우 지역사회의 자원을 활용하는 것도 고려할 필요가 있다.

둘째, 장병과 군인가족의 심리·정서적 문제는 개인의 인성적 특성에 의해 발생하기도 하지만 지리적, 경제적, 심리·사회적 혹은 사회환경적 영향이 중요한 역할을 한다. 따라서 복무 부적응 병사에 대해서는 지휘관에게 지휘조치를 건의하고 빈곤가정의 병사는 병영 환경에 적응하도록 경제적 원조를 하며, 잦은 이동으로 적응하지 못하는 가족과 자녀를 대상으로 지역사회에 적응하는 프로그램을 개발하고 적극적인 참여를 유도하는 방안도 강구한다.

셋째, 군사회복지사는 부대 장병, 복지관련 전문가, 가족 및 부모와 함께 대상장병 문제의 원인과 이의 예방을 위한 방안을 함께 토의하고 교육시켜 문제의 예방과 해결에 도움을 준다. 예를 들어, 병영 내 부적응 병사가 발생하면 지휘계통 및 관련 간부에게는 병사의 부적응 원인과 특징, 심리적 상태, 병영 내 동료 및 선·후임 간의 관계 등을 설명해 주고, 부모에게는 성장과정과 병영문화의 차이와 부적응 자녀 문제의 원인을 이해하고 해결하는 역할을 해야 한다.

넷째, 군사회복지사는 부대와 지역사회의 관계를 증진시키는 연계자로서 관련 참모와 협조한다. 군대가 지역사회에 기대하는 내용과 부대의 주둔 목적을 주민에게 홍보하거나 반대로 지역사회의 요구를 부대에 전달하는 직무를 수행해야 한다. 예를 들어 부대 훈련과 임무수행 간 주민의 불편을 최소화하기 위한 주민홍보 및 간담회 등을 열거나 수해 등의 재난에 적극적으로 동참하고, 부대의 편의시설을 개방하도록 협력할 수 있다. 또한, 지역사회의 문화 및 행정시설과 전문가가 협조하여 민주시민으로서의 역할을 담당하는 교육과 행사를 실시함으로써 부대가 지역사회와 유기적 교류를 할 수 있도록 연계자의 역할을 수행해야 한다.

다섯째, 군 병원에서 근무하는 의료사회복지사와 정신의료사회복지사는 환자를 정신적 질환과 육체적 질병으로 구분하고 의료진과 협력하여 약물치료를 병행하도록 하며 환자의 특성을 고려한 외부의 특수치료 전문가를 투입하여 환자가 회복 후 부대에 복귀하여 정상적 임무를 수행할 수 있도록 하는 역할을 담당해야 한다.

여섯째, 군사회복지사는 군대 내·외의 타 전문직과도 협력하여 병영생활지도나 전역 후 장병의 진로를 결정하도록 도와주어야 한다. 예를 들어, 장병에게 자기계발 프로그램을 소개하고, 전역을 앞둔 장병이 전역 후 진로에 대한 상담과 취업준비 및 알선 등의 기회를 갖도록 지원해 주어야 한다.

일곱째, 군사회복지사는 병영문화 개선을 위해 노력해야 한다. 부대별로 오랜 전통의 병영문화가 일순간에 바뀌기는 어려울 것이다. 더욱이 폐습은 병영 저변에 잠재하면서 근절시키기 어려운 특성이 있다. 따라서 부대의 병영문화 개선은 군인신분이 아닌 군사회복지사가 지휘관과 부하 사이의 연계자로서의 역할을 통해 개선해 나가야 한다.

군사회복지사는 직무를 수행하는 과정에서 부대의 특성과 지휘방향에 초점을 맞추고, 부대의 발전에 기여할 수 있도록 해야 한다는 측면에서 일반 사회복지사와 다소 차이가 있다. 즉, 군조직에서의 사회복지사의 역할은 군이라는 조직의 발전과 군인 및 그 관련자들의 인권과 복지를 위해 그 역할을 수행해야 한다.

마일리(Miley)는 사회복지사가 개입하는 수준 혹은 차원(level)에 따라 미시(개인과 가족에 대한 개입), 중범위(조직이나 집단에 대한 개입), 거시(지역사회나 사회에 대한 개입), 전문가 차원으로 구분하였으며, 개입수준에 따른 군사회복지사의 역할에 대하여 살펴보면 다음과 같다.

〈표 3-8〉 개입수준에 따른 군사회복지사의 역할

개입수준	미시 차원	중범위 차원	거시 차원	전문가 차원
역할	개인과 가족	조직이나 집단	지역사회나 사회	동료 및 전문가 집단
대상	조력자 중개자 옹호자 교육자	촉진자 중재자 훈련가	계획가 행동가 현장 개입가	동료 촉매자 연구자·학자

출처: 유홍위 외(2016).

가. 미시 차원에서의 군사회복지사 역할

① **조력자(enabler)**

- 조력자 역할은 군인 및 그 가족을 포함한 클라이언트가 자기 스스로 문제를 해결할 수 있는 능력을 기르고 필요한 자원을 찾아낼 수 있도록 돕는 것을 의미한다.
- 군인과 군인가족의 욕구를 확인하고 문제를 규정하며 문제를 효과적으로 다룰 수 있는 능력을 개발시킨다.
- 클라이언트의 위기상황에서 다양한 스트레스에 대처하도록 돕는 역할을 한다.
- 조력자의 역할에 필요한 기술은 희망을 전하고, 저항이나 양가감정을 줄여 주며, 감정을 인식하고 관리하며, 개인의 강점이나 사회적 자원을 발굴하고 지지해 주는 것, 전문적 관계형성에 필요한 능력과 기술 등이다.
- 군인 및 군인가족의 이성문제, 이혼, 실직, 전직 등 위기상황과 주거 및 육아문제, 지역사회의 문제에 따른 다양한 스트레스 대처에 조역한다.

② **중개자**(broker)

- 중개자는 클라이언트 차원에서의 직접적 개입이나 의뢰를 통해서 군인과 군인가족이 필요로 하는 자원과 서비스를 연결하는 역할을 한다.
- 중개자는 사례관리의 핵심적 기능을 수행한다.
- 중개자는 자원을 파악하고 서비스가 적절하게 제공되는가를 점검해야 하므로 자원에 대한 정보와 자원을 클라이언트와 연결하는 데 필요한 지식과 구체적인 기술들을 갖추어야 한다.
- 군인 및 군인가족과 집단, 부대 등 클라이언트가 의식주 및 법률적 도움이나 다른 필요한 자원을 얻도록 도와준다.

③ **옹호자**(advocate)

- 옹호자는 필요한 자원이나 서비스를 찾거나, 자원이나 서비스 확보에 어려움을 겪는 클라이언트를 위해 클라이언트 개인이나 가족의 권리를 옹호하고 정책변화를 모색하기 위한 활동을 수행한다.
- 군인 및 군인가족의 욕구에 지역의 서비스 기관이 반응하지 않거나 서비스 제공을 거절당하는 경우 클라이언트가 서비스를 받을 수 있고 권리를 획득할 수 있도록 기관 내 프로그램이나 정책을 변화시키기 위한 활동을 한다.
- 군인, 군인가족이나 집단, 지역사회의 입장에서 직접적으로 대변하며 보호·개입한다.

④ **교육자**(educator)

- 교사 혹은 교육자로서의 역할은 군인 및 군인가족의 사회적 기능과 문제해결 능력이 향상될 수 있도록 교육적인 프로그램이나 정보를 제공하는 것이다.
- 정보를 제공하는 것뿐만 아니라 적응기술을 익히도록 클라이언트를 가르치기도 한다.
- 전문적 지식과 정확한 정보를 알아야 하며 클라이언트에게 정보를 명확히 전달하고 이해시키기 위해 의사소통 기술을 갖추어야 한다.
- 부적응 군인, 가족, 집단 등의 클라이언트와 다른 체계에 대한 정보를 제공

하며 기술을 가르친다.

나. 중범위차원에서의 군사회복지사 역할

① **촉진자**(facilitator)

- 부대나 조직 차원에서 조직의 기능이나 상호작용, 부대원들 간의 협조나 지지, 정보교환을 촉진시킨다.
- 제대별, 조직 간 네트워크를 강화시키고, 조직의 기능이나 상호작용, 정보교환 등을 촉진한다.
- 부대의 업무가 효과적으로 이루어질 수 있도록 부대업무를 기획하고 실행하는 역할이 필요하다.
- 부적응 장병이나 군인가족 치료집단이나 과업집단, 감수성훈련집단, 교육집단에 개입한다.

② **중재자**(mediator)

- 중재자는 부대 차원에서, 제대 간 혹은 부대 내의 의사소통의 갈등이나 의견 차이를 조정하는 역할을 수행한다.
- 견해가 다른 개인이나 부대 사이의 의사소통을 향상하고 타협하도록 돕는 중재자는 중립을 유지하며 논쟁에서 어느 한쪽 편도 들지 않으며, 양측이 서로의 입장을 이해하고 있는지를 확인해야 한다.
- 중재자는 위치를 분명히 하고, 의사를 잘못 전달하는지를 인식하며, 관련 당사자가 입장을 명확히 밝히도록 도와준다.
- 신분 및 계급이 다른 군인 및 군인가족과 집단사이의 의사소통을 향상하고 신세대 장병과 기성세대 간부와의 상호입장을 밝히도록 도움역할을 한다.

③ **훈련가**(trainer)

- 부대나 조직의 차원에서 직원들의 전문가적인 능력을 계발시키기 위해서 직원 세미나 혹은 워크숍, 슈퍼비전 등에 참여하여 직원 교육이나 훈련을 실시한다.

다. 거시차원에서의 군사회복지사 역할

① **계획가**(planner)

- 정책적 자원 혹은 거시적인 수준에서, 지역사회와 주민과 협력하며 그들이 원하는 것이 무엇인지 파악하여 서비스 개선에 필요한 정책이나 서비스 또는 프로그램을 개발한다.

② **행동가**(activist)

- 지역사회나 거시적 수준에서, 군인이나 군인가족의 이익이나 권리가 침해당하는 사회적 조건(사회적 불평등, 차별 등) 등을 인식하여 클라이언트가 인권을 보호받고 행사할 수 있는 사회를 만들기 위한 활동에 참여한다.
- 지역사회의 수준과 평등에 관심을 갖고 지역사회에 맞는 군인과 군인가족의 욕구를 조사하고 분석하며, 자원 활성화 등을 위해 노력한다.

③ **현장 개입가**(outreach worker)

- 지역사회나 거시적 수준에서, 서비스 욕구가 드러나지 않는 군인 및 군인가족 그리고 제대군인을 파악하고 이들이 적절한 서비스를 받을 수 있도록 지역사회에 들어가서 활동한다.
- 서비스 욕구가 드러나지 않은 잠재적인 클라이언트를 대상으로 사회문제를 예방하기 위한 교육을 실시하거나 이들이 사회문제의 심각성을 인식할 수 있도록 교육을 실시한다.

라. 전문가 집단 차원(사회복지 전문가 집단)에서의 사회복지사 역할

① **동료**(colleague)

- 군사회복지사들은 군의 조직원과 동료 및 모니터의 역할을 통하여 전문가로서의 윤리적 행동을 준수하도록 격려한다.
- 군사회복지사는 군의 복지전문가와 같은 전문가 조직에 참여하여 동료 간 상호 지지를 제공하거나 다른 전문가와의 접촉을 통해 협력관계를 도모한다.

② **촉매자**(catalyst)

- 전문가 차원에서, 사회복지 서비스 전달체계가 군에 효과적으로 기능할 수 있도록 활동하는 역할이다.
- 효과적인 서비스 전달을 위해서 또는 올바른 정책변화를 위하여 타 전문직과 협조하기도 한다.

③ **연구자 · 학자**(researcher · scholar)

- 이론적 또는 군사회복지 현장에서 실천적인 전문직으로 발전시키는 활동을 수행한다.
- 지식개발을 위해 조사연구 등을 수행하고, 실증적 조사들을 수행하며 동료들과 그 결과를 공유한다.

04 CHAPTER

한국의 군사회복지

군사회복지는 조직의 본래적 기능에 협조하는 2차 현장(secondary setting)인 군에서 구성원인 군인과 그 가족을 위한 사회복지 실천 중 하나이다. 군의 특수한 환경과 임무수행에서 발생할 수 있는 다양한 문제는 군조직 구성원의 정서적 어려움으로 연결된다. 군의 1차적 기능인 국가 수호를 위한 성공적인 임무 수행을 지원하기 위해 군인과 군인가족의 삶의 질 향상에 국가와 사회가 관심을 기울이는 것은 당연한 일이다. 군사회복지사는 군인이나 군무원, 민간인의 다양한 신분으로 정서적·물질적 지원을 위해 개입하며 군조직 내 정보와의 연계 및 사회적 자원을 동원하고 개발한다.

한국의 군사회복지 실천은 전쟁의 충격에 빠진 군인과 그 가족에 대한 지원으로 시작되었고 1998년 이후 많은 어려움 속에서도 비약적인 발전을 하였다. 군에서의 복지실천은 지금까지도 이러한 시작을 기본으로 군인과 그 가족들의 삶의 질 향상을 위해 민과 군의 많은 연구자와 실천가들이 함께 노력하고 있다.

1 한국 군사회복지의 발전과정

우리 군은 남북분단의 현실 속에서 양병위주의 국방정책에 따라 군사회복지가 논의되고 정책에 반영되기까지는 상당한 시간이 필요하였다. 그럼에도 불구하고 군의 복지제도는 군과 사회 환경의 변화에 따라 지속적으로 발전되어 왔다.

우리나라 군사회복지의 발전과정을 크게 제도화 이전(1950~1980), 제도화 초기(1981~2004), 성장기(2005~현재) 등 3단계로 구분하는 학자가 있다. 반면에 제도화 이전(1946~1950년), 태동기(1960년대), 형성기(1970년대), 제도기(1980년대), 발전기(1990년대), 심화기(2000년대) 그리고 비전기(2010년대) 등 10년 단위로 발전과정을 세분하여 구분하기도 한다. 군사회복지의 발전과정의 특징을 살펴보면 공통적으로 창군시기부터 1990년대 말까지는 경제적인 대책마련과 지원에 군복지정책의 중점을 두고 있음을 알 수 있다. 반면에 문화적 복지 분야는 2000년도 중반기 이후부터 비로소 관심을 갖고 군인의 기본권을 기초로 한 인권 중심적이고 문화 및 여가 중심의 정책들이 마련되기 시작하였다(유홍위, 2008).

군사회복지의 발전을 10년 단위로 구분한 내용을 중심으로 살펴보면 다음과 같다.

1) 제도화 이전: 1950년대

군이 창설되고 1950년대의 전후 혼란기까지의 우리나라는 절대빈곤과 외국의 원조를 받던 시기이다. 이 시기는 군사회복지가 제도화되기 이전 단계로서 창군 이후 6.25전쟁의 기간을 거치면서 군조직의 군비 강화에 전념해야 했던 시기로 군인들의 복지에는 신경을 쓸 수 없는 시기였다, 1946년부터 1950년대 말까지는 장병들의 의식주 해결에 급급한 생계유지를 지원하기 위한 기초복지의 시기이다. 제도화 이전에는 군에서 전후 전사상자 및 전역자에게 조차 복지적인 대책을 마련해 주지 못하였던 시기이며, 군인들의 보수체계는 단일 정액제로서 최저생계를 유지할 수 있도록 하는 수준이었다.

반면 민간차원의 장병복지 지원은 1950년 한국전쟁 이후 박애정신과 봉사정신으로 시작된 대한적십자사의 '군사회사업'으로 1953년 제3육군병원에 '적십자휴게실'을 설치하였는데 이것이 군사회복지의 시초라 할 수 있다.

2) 태동기: 1960년대

1960년대는 군사회복지 태동기로서 국가안보를 위해 군인보수 등 군복지대책이 사회와 비교하여 우위의 시기라 할 수 있다. 군사회복지의 태동기에는 사회의 복지수준에 비교하여 군복지가 우위를 유지하고 직업군인제가 정착된 시기로 평가할 수 있다. 1960년대에는 군원호법, 군인사법 및 계급별 호봉제 시행, 군인연금법 등이 제정되었으며 원호사업에서 보훈복지로 전환하는 시기로 평가할 수 있다.

군 내부적으로는 1968년 1월에 육군 장교 '다목적 경력관리제도'를 시행하여 군 병원과 의무부대에서 환자치료와 병행하여 정신의료사회복지 및 의료사회복지 기능을 담당시킬 목적으로 의정장교 직능에 사회사업 부특기(764)를 부여하였다. 그러나 의정장교 직능화 관리는 군 의료사회사업에 대한 후속 정책의 부재와 군 지휘부의 관심부족으로 제대로 정착되지 못하였다.

3) 형성기: 1970년대

1970년대는 군에 복지제도가 형성되는 시기였으나 사회의 경제성장으로 군의 복지 수준은 이전의 민간 우위의 수준에서 사회와 대등한 수준을 유지하게 되었다. 1970년대에는 군인가족의 중요성을 인식하여 군인과 그 가족의 다양한 복지 분야가 정책에 반영되기 시작하였다. 이에 따라 1972년 「군인 자녀교육 보호법」을 시작으로 국군휴양소 건립, 상여수당(1974년), 조정 및 정근수당(1979년)이 신설되었고, 군인가족들에 대한 의료보험제도 적용, 군 면세제도 시행 및 국군휴양소가 건립되기 시작하였다. 또한 대대급에 군매점(PX)의 설치로 병영복지에 관심을 갖기 시작하였다.

한편 군의료사회사업을 위해 1975년에 수도 및 대구 통합병원에 사회사업장교 2명을 배치하였고 하호욱 대령이 '군의료사회사업 발전을 위한 조사 연구'를 발표하였다(이윤수, 2000). 1977년부터는 학군 및 학사장교 중 사회사업학과 출신의정장교 52명을 선발하여 군 의료기관과 부대에 배치하였다. 그러나 군 의료사회사업에 대한 후속 정책과 관심부족 및 제도적인 후속조치가 뒤따르지 못하여 직능화는 제대로 관리되지 못하고 의무행정 및 보급임무만을 수행하게 되었다.

민간 차원에서는 1950년대 대한적십자사에 의해 군에 설치된 '적십자 휴게실'이 1970년대에 야전병원, 후송병원, 통합병원 및 제대별 군 의료시설 22개소에 '적십자봉사실'로 명칭이 변경되어 확대 설치되었다. '적십자봉사실'에서는 각종 오락, 도서대여, 생일축하 잔치, 개인신상 상담업무 및 사회복지 업무대행 등의 프로그램으로 입원환자들의 복지에 기여하였다. 그러나 이와 같은 적십자 봉사활동은 입원환자에게 우애적인 봉사에 국한되어 의료사회사업적인 활동으로 간주하기에는 어려운 것이었다.

4) 제도기: 1980년대

1980년대에 군에서는 각종 복지정책과 제도를 마련함으로써 성장기에 접어들기 시작하였다. 국가에서는 경제발전과 더불어 복지국가의 구현이라는 목표를 설정하고 국민연금, 전 국민의료보장, 최저임금제 등을 실시하게 되었고, 1987년 6월의 민주화 운동 이후로 근로자들은 권익을 능동적 자세로 요구하게 되었다. 이 시기에 사회의 제반 생활환경이 크게 개선되었으며 획기적 전환점을 맞은 기업부문의 보수 및 복지제도는 군과 비교하여 볼 때 상당한 수준으로 앞서게 되었다. 1980년대 이후 점차 군의 복지수준은 사회의 복지수준과 차이가 나기 시작하여 1990년대에 들어서는 그 격차가 심화되었다.

이에 따라 1980년대 군에서는 종합적인 복지정책 발전에 관한 계획을 마련하면서 관사건설 5개년 계획이 수립되고 군인공제회가 설립되어 후생복지사업을 추진하기 시작했다. 또한, 군에서 장기근속수당, 정보비, 주택수당, 복리후생비, 체력단련비 및 직무수당 등 각종수당을 신설하여 사회의 보수수준과 맞추어 나가고자 하였다. 1984년에는 「국가유공자 예우 및 지원 등에 관한 법률」이 제정되었고 1981년 복지근무지원단이 창설되어 각 군별로 복지사업을 계획하고 집행하는 기능을 담당하게 되었다.

한편 국군의무학교에서는 1980년부터 장교 및 부사관반의 군사·일반학 시간에 '군 의료사회사업' 과목을 편성하였고, 1981년에는 고등군사반과 간호관리반에 정규과목으로 채택하였다. 그 이후로 1982년부터는 장교양성 및 보수교육 과정까지 확대하여 교육을 실시하고 있다.

5) 발전기: 1990년대

1990년대에는 1인당 국민소득이 1만 불을 넘어서게 되고 국가적으로 사회복지에 대한 관심과 노력이 증대되어 복지의 질적 향상, 지역연금 도입과 함께 고용보험 도입 등 민간복지의 역할을 중요시하게 되었다. 한편 군에서는 군사회복지의 중요성이 증대되어 군복지의 대상 확대, 복지수준의 질적 향상과 종합복지정책을 통한 군사회복지 발전의 계기가 마련되었다. 1990년대 이후부터는 군사회복지 대상 확대 및 수준향상을 위한 노력으로 시간외 근무수당 및 연가보상비 등의 수당이 신설되었다. 1993년에는 중장기 군 종합복지정책이 수립되어 군사회복지 발전의 기초가 마련되었다. 군 종합복지정책에는 내 집 마련 5개년 계획, 부사관 복지대책 및 군인연금법 개정 등의 현역 군인복지정책과 함께 제대군인에 대한 복지지원방안이 추가적으로 포함되었다. 이후 1997년에 「제대군인지원법률」이 제정되어 제대군인까지 복지의 관심과 대상이 확대되기 시작하였고 군전투력 개선 차원에서 군의 종합적 복지정책 및 실천의 발전이 이루어졌다.

민간적인 차원에서도 사회복지실천의 2차 영역인 군사회복지는 1998년 이후 비약적인 발전을 이루게 되었다. 1990년 후반 이윤수의 석사학위 논문 "군 생활

내 의사소통 증진을 위한 군사회사업 필요성" 등 다수의 연구 자료를 통하여 군사회복지의 이론적 체계가 확립되기 시작되었다. 이를 계기로 2005년에는 군의 복지문제와 병영문화에 관심이 있는 민간 연구자들이 '군사회복지연구회'를 발족하는 계기가 마련되었다. 이후 이들을 중심으로 군사회복지에 대한 연구와 실천 활동의 필요성에 대해 공감하는 군인과 군인가족, 연구자들이 모여 군사회복지 관련 연구가 활성화되기 시작하였다.

6) 심화기: 2000년대

2000년에 군에서는 중장기 종합복지계획을 수립하였지만 군 자체의 계획으로서 기존의 국방예산으로는 실효성이 부족하다는 평가를 받았다. 이에 민간 차원의 군사회복지 제도의 필요성에 관련한 다수의 학위 논문 발표와 2005년 군사회복지연구회 발족, 군사회복지사 도입을 위한 국회 공청회, 군사회복지사 도입을 위한 군인사법 개정법안[1]안을 제출하였다. 또한, 군사회복지와 관련하여 민간차원의 적극적이고 심도 있는 연구 및 실천 활동을 통하여 국방부를 비롯한 정책부서에서 군과 군인가족 및 제대군인을 지원하는 군인과 가족을 지원하는 법이 제정될 수 있었다. 따라서 2000년대 중반 이후는 군에 사회복지제도화를 위한 발판이 마련되었고 군사회복지의 체계화, 보편적 실천을 위한 정책적 노력을 통해 질적으로 성장하는 시기로 평가할 수 있다.

한편, 민과 관의 체계적인 역할과 활동도 시작되었는데 2008년에는 보건복지부와 국방부가 군인가족지원에 관한 MOU를 체결하여 군인가족 행복지원 서비스 협약을 맺었고 서울 대방복지관 및 대구 신당복지관 등에서 장병 및 군인가족지원 프로그램을 실시하였다. 또한 2009년에는 민간차원의 '경기도 군인가족지원센터'가 설치되어 제3야전군 사령부 예하 3개 군단 대상으로 군인가족 역량강화 사업이 진행되고 있다.

---

1) 2005년 11월 30일 군사회복지사 도입을 위한 법안으로 송영선 의원 등 29명이 발의

한편 군에서는 2005년 군기본권상담관을 시범적으로 운영하고, 4월부터는 간부특기에 장병의 인권상담을 전문으로 실시하는 심리상담 부특기(789)를 새롭게 신설하였다. 2006년에는 사병복지 및 인권개선 계획이 수립되었으며 2007년에는 「군인복지기본법」이 제정되었다. 또한, 2008년에는 3년간 시범 운용한 군기본권 상담관 제도를 병영생활 전문 상담관 제도로 명칭을 변경하고 인원을 연대급까지 확대하여 병영에서 병사들의 복지향상과 상담에 투입하고 있다. 2009년부터는 '자살예방 종합시스템' 운영과 군인복지기본법을 구체적으로 시행하기 위한 군인복지기본계획이 수립되어 군과 민간의 노력이 통합될 수 있는 법적기반과 군사회복지 계획의 기반이 이루어졌다. 군인복지기본법의 주요내용은 군인복지 기본계획의 수립과 시행, 실태조사 실시, 군인복지위원회 운영, 군숙소지원, 주택의 우선 공급, 주택건립택지 공급, 자녀교육 보육 및 교육, 의료지원, 군복지시설 설치 운영 등으로 구성되어 있다. 그러나 직업군인의 복지정책의 제도화가 마련되었다는 데에는 의의가 있으나 사회복지적인 내용을 포괄적으로 담고 있지는 못하다는 평가를 받고 있다.

7) 비전기: 2010년대

군사회복지는 2000년대 후반 이후 「군인복지기본법」이 제정되어 제도적 장치가 마련되고 2010대 이후부터는 민관군 차원에서의 군 사례관리 및 실천의 영역에서 획기적인 비전의 기틀이 마련되었다고 할 수 있다. 2010년부터 사회복지공동모금회 테마기획 사업으로 '군사기 무한충전 프로젝트'가 3년에 걸쳐 실시되었으며 이를 기초로 군사례관리센터를 부산, 대구, 광주, 강릉 등 4개소에 설치하여 군인 및 군인가족의 대상별 사례관리를 진행하였다. 2011년 이후 지역사회복지관과 연계를 맺은 사단이나 예하 부대에서는 전문 사회복지사와 민간 전문가가 병영과 캠프에 들어가 군인복지지원 계획수립과 프로그램을 진행하고 있으며 보편화 및 체계적인 시스템으로 발전되도록 노력하고 있다. 또한 군사회복지 및 상담과 관련된 다양한 교재들이 발간되어 이론과 실천적인 기초를 제공함으로써 군사회복지실천가들이 지자체와 연계하여 민관군 차원의 다양한 군인복지지원 프로그램을 진행하고 있다.

한편 군에서는 2014년 「국방전직교육지원법」이 제정되어 제대군인에 대한 전직교육 및 취업지원이 활성화되고 있다. 또한, 2015년에는 군인 등에게 양질의 보건의료서비스를 제공하고 군보건의료의 발전과 전력 증강에 이바지할 수 있도록 「군보건의료에 관한 법률」이 제정되었다. 최근에는 군인들의 인권에 대한 민과 군의 관심이 증대됨에 따라서 대통령령으로 규정되어 왔던 군인복무규율이 폐지되고 일반국민과 동일한 헌법상의 기본권을 보장하기 위한 「군인의 지위 및 복무에 관한 기본법」이 2016년 제정되었다.

이상에서 살펴본 바와 같이 한국의 군사회복지는 창군 이후 지속적인 발전을 하여 오늘에 이르고 있다. 그러나 아직까지 군의 복지는 간부 중심으로 의무복무 병사의 복지는 단순히 먹히고, 입히고, 재우는 수준에 머물러 있다고 볼 수 있다. 21세기의 변화와 여건을 살펴볼 때 우수한 직업군인을 양성하고 사병이 군을 사랑하며 근무할 수 있는 가장 중요한 요인으로서 전 분야에 걸쳐 군사회복지는 균형적으로 발전이 이루어져야 할 것으로 판단된다. 우리나라 군사회복지의 발전과정을 10년 단위로 정리하여 살펴보면 〈표 4-1〉과 같다.

〈표 4-1〉 **한국의 군사회복지의 발전과정**

구분	발전과정	비고
제도화 이전 1950년대	· 전란 및 군 원조기: 전후 전상자 및 전역자 복지 전무 · 계급별 단일호봉제(생계유지 보수체계) · 의식주 해결 중심의 병영복지	- 군비 강화를 위한 생계유지 복지
태동기 1960년대	· 전후 전상자 및 전역자의 사회보장책 미비 · 군 원호법(1961), 군 인사법(1962), 군인연금법(1963) · 계급별 호봉제(1962), 가족수당 신설(1964) · 의무병과에 사회사업 특기 신설(1968)	- 사회 대비 군복지 수준 우위 유지 - 급여현실화를 통한 직업군인제 구축

구분	발전과정	비고
형성기 1970년대	· 군인자녀교육법(1972) 복지혜택의 확대 · 상여수당(1974), 조정 및 정근수당 신설(1979) · 군 휴양소 건립 시작, 가족의료보험 적용, 면세제도 시행 · 사회복지 전공 의정장교 선발(1977)	- 각종 복지수당 신설 - 휴양 및 여가복지제도 - 경제성장으로 사회와 군복지 수준 대등
제도기 1980년대	· 관사건립 5개년 계획 수립(1981) - 복지근무지원단 창설(1981), 군인공제회설립(1984) · 국가유공자 예우 및 지원 등에 관한 법률 제정(1984) · 장기근속수당(1980), 정보비(1983), 주택수당(1983), 복리후생비(1987), 체력단련비(1989), 직무수당(1989)	- 분야별 군복지 및후생복지 기초마련 - 사회대비 군복지 수준 낙후 됨
발전기 1990년대	· 중·장기 종합복지정책수립(1993) - 군인연금법 개정, 부사관 복지대책, 내 집 마련 5개년 계획 등 · 제대군인지원관련 법률 제정(1997) · 시간외 근무수당(1990), 연가보상비(1990)	- 군 종합복지정책 수립 - 제대군인복지 제도화 - 군전투력 개선차원에서 군사회복지 발전
심화기 2000년대	· 군사회복지연구회 발족(2005), 군사회복지학회 창립(2006) · 국군복지단 창설(2008) · 군기본권상담관 시범운영(2006), 병영생활 전문 상담관 제도(2008) · 민간 및 지역사회 군사회복지 참여 - 사병 복지 및 인권개선 연구(2006), · 민·관 차원의 군복지 참여: 공동모금회 등(2007~) · 한국군사회복지학회 창립(2006) · 군인복지기본법 제정(2008), 군인복지기본계획수립(2009) · 군자살예방 종합시스템 마련(2009)	- 민·관·군의 참여를 통한 군사회복지 연구 및 실천 활성화 - 선진병영문화 조성 - 인권문제 등 복지분야 세분화
비전기 2010년대	· 사회복지공동모금회 테마기획사업(2010) - '군 사기 무한충전 프로젝트(3개년)' 실시 · 국방전직교육원법 제정(2014) · 군사례관리센터 개소(2014) 및 시범운영 - 4개 거점 지역: 부산, 대구, 광주, 강릉 · 군 보건의료에 관한 법률 제정(2015) · 군인복무기본법 제정(2016)	- 군 복무규정 선진화 및 군사례관리를 통한 민과 군의 군사회복지비전 제시

출처: 유홍위(2008), 보완.

2 한국 군사회복지의 SWOT 분석

참여정부 이후 박근혜 정부에 이르기까지 보편적 복지로의 전환을 통해 복지 예산이 대폭 증대되고 있으며, 국민의 복지에 대한 관심도 점점 높아지고 있다. 그러나 국가적인 차원에서의 군 종합복지정책의 미흡, 장병들이 체감하는 복지 관련 프로그램의 수준은 군의 복지욕구를 충족시키기에는 미흡한 실정이다. 이는 방위력 개선 위주의 국방정책 하에 복지예산의 부족과 복지적 마인드의 미흡에서 기인하는 당연한 결과일 것이다.

군사회복지 발전을 위한 효과적 정책과 실천방안을 만들기 위해서는 병영문화 및 복지의 환경과 군사회복지에 영향을 미치는 요인을 기초로 하여 한국군의 복지 현주소를 제대로 파악할 필요가 있다. 따라서 군사회복지의 강점(Strength), 약점(Weakness), 기회(Opportunity), 그리고 위협(Threat)요인을 알아보는 SWOT 분석을 실시하면 다음과 같다.

내부적 요인으로서 강점(S)은 군인복지 기본법이 제정되어 군인과 가족에 대한 복지제도화 기반이 마련되었고, 인권과 인간중심의 병영문화 개선 노력과 국방부의 '선진병영문화를 위한 노력' 등 6개 분야이고 약점(W)으로는 낮은 복지예산의 비율 및 간부 중심의 복지정책과 실천 등 7개 분야로 나타났다.

반면에 외부적 요인인 기회(O)는 국방개혁 추진으로 인한 복지예산 확대 가능성과 군인의 인권 등과 관련한 군사회복지에 대한 사회의 관심증대 등 6개 분야이고, 위협(T) 요인은 사회 일각의 지역내 군부대 주둔에 대한 부정적 인식과 핵 및 미사일 사태로 인한 남북관계 경색 등 5개 분야로 분석되었다. 한국의 군복지에 대한 SWOT 분석을 종합하면 〈표 4-2〉와 같으며 이는 대내·외적 환경변화에 따라 지속적으로 분석되고 보완되어야 한다.

〈표 4-2〉 한국 군복지의 SWOT 분석

강점(S)	기회(O)
· 군인복지기본법 제정 · 자기계발 여건조성(인터넷, e-러닝시스템) · 군복지에 대한 공적 책무 분위기 조성 · 병영문화 개선 노력(인권과 인간중심) · 전역 전 사회적응교육 확대 · 선진 병영문화를 위한 대책 추진	· 국방개혁 추진 · 군사회복지에 대한 사회의 관심 증대 · 군사회복지의 연구 활성화(학, 군, 지역사회) · 지자체 조례 제정 및 예산 편성 시작 · 지자체 및 민간전문가 사례관리 실시 · 군 내 인권개선을 위한 외부 전문기관의 노력 및 활동 증가
내부(+)	외부(+)
내부(−)	외부(−)
약점(W)	**위협(T)**
· 간부 중심의 잔여적 복지정책과 실천 · 복지기금 비율 저조 · 국방 복지예산 낮은 비율 · 대상별 욕구를 충족 시키지 못하는 복지 프로그램 · 군인가족, 여군, 보육대책 미흡	· 군 주둔 부정적: 지역사회 발전 저해 인식 · 국민적 무관심과 부정적 시각 상존 · 급변하는 안보환경, 남북관계 경색 · 시민사회의 군에 대한 다양한 요구 · 병력감축 및 요구

출처: 유홍위(2006). 보완 수정.

또한, 외부적인 요인으로 기회(O)는 최근 인권 관련 사고 발생에 따른 군사회복지에 대한 사회의 관심 증대, 군사회복지의 연구 및 개입(학, 군, 지역사회), 우수인력 확보대책 강구 및 추진(간부, 사병), 지자체 및 복지전문기관(가) 참여, 군 내 인권개선을 위한 외부 전문기관의 노력 및 활동 증가, 사회안전망의 확대 등 6개 분야이다. 위협(T)은 군에 대한 국민적 무관심과 부정적 시각 상존, 급변하는 안보환경에 따른 시민사회의 다양한 요구, 병력 감축 요구, 핵 및 미사일 사태로 인한 남북관계 경색, 사회복지 재정의 과부담(연금 등), 병역제도 개선 요구, 군인연금제도 개혁 요구감축 요구 및 핵·미사일 사태로 인한 남북관계 경색 등 6개 분야로 분석되었다.

3 군의 복지 접근에 민과 군의 협력이 어려웠던 이유

군사회복지의 접근 과정은 군의 특수한 상황과 제한된 범위 안에서 진행되어야 한다. 따라서 '개인과 환경, 집단, 지역사회'의 변화와 연계를 기본 틀로 갖고 있는 사회복지 실천을 어떻게 접목시켜야 할지에 대한 논의가 부족했다. 또한, 연간 제대별 구성원(간부~병)의 절반 정도가 순환되는 보직체계와 함께 복지 전문가가 없는 군조직에서 누가 책임지고 사회와 연계를 시도할 것인지 많은 고민이 뒤따르게 된다. 이러한 이유로 군조직에서 실천분야의 역할 규정이 모호하게 되었고, 필요성을 제대로 인지시키기 못했다. 일반 사회복지사는 오래전부터 전투분야에 활용되어 심리분야와 상담분야의 전문가들과 차별화되는 필요성을 인지시켜야 하며, 정신보건사회복지사나 의료사회복지사는 병무청과 군병원에서 정신장애나 정신적 충격을 다루는 전문 의사와 보건분야 전문가와 차별화되는 역할을 군에 인지시켜야 하는 어려운 과제를 안고 있다. 군과 실천이 함께 연계할 수 있는 방법은 교육, 정보 제공, 연구, 문제 사정 및 해결, 자원 연계, 정신보건 등 다양하나 군조직에서 구성원으로 인정해 주는 직책이 없는 것이 현실이다. 이러한 요인으로 인해 그동안 군에서의 사회복지적인 접근이 어려웠던 것이다. 오랫동안 군과 사회복지의 협력이 쉽게 이루어지지 못한 기본적인 원인을 살펴보면 다음과 같다.

첫째, 사회복지와 사회복지 실천에 대한 개념 혼동에서 비롯되었다고 볼 수 있다. 이러한 원론적 개념 문제는 사회복지 영역 안에서도 의견이 많고 학문적이고 실천적인 깊이를 요구하는 만큼 군조직에서 사회복지 실천의 개념과 실천의 응용을 받아들이는 것은 쉽지 않았을 것이다. 사회문제가 불러일으키는 원인에 대한 시각 차이 때문에 사회복지와 사회복지 실천은 사회적 시책과 적응력 강화라는 상반된 개념 규정으로 분리되어 발전되어 왔지만, 근본적인 오류를 가지고 있다. 어떠한 사회이든 모든 사회문제는 정도의 차이는 있을지라도 개인적 요인과 사회적 요인을 함께 가지고 있으며, 사회복지 실천은 개인의 적응과 사회 변화가 함께 요구되고 통합되어야 한다. 각기 필요한 사회과학 이론을 선택하며 발전해 온 배경들 덕에 일반 국민들과 군에서는 사회복지 실천을 전통적인 대상과 영역으로 한정시켜 이해하고 있다.

둘째, 역할의 인식과 필요성에 대한 인식 부족이다. 우리나라에서는 미군처럼 사회복지 실천, 심리, 상담, 의료, 보건 등 복합 학문적 연계가 가능한 사회적 인식이나 예산 편성이 어렵고 이러한 제한된 시스템과 예산에서 필요한 인력 선발에 사회복지 실천을 위한 부분은 없었다. 이러한 여건에서 필요성을 인지시키기 위해서는 군의 제한된 범위와 상황에 맞게 심리, 상담, 의료 보건과 차별화된 특수성으로 효과성을 입증할 수 있는 역할체계와 연구가 부족하였다. 사회복지 성격상 효과성과 효율성을 양적으로 단기간에 입증하기 어려운 만큼 진정성을 바탕으로 군 구성원들의 신뢰와 지지를 먼저 얻어야 한다.

셋째, 군과 사회복지의 근본적인 지향점과 역사, 문화에 차이가 있었다. 군은 전쟁을 대비하고 이에 준하는 훈련을 하는 조직으로 당위성을 가진다. 인권과 삶의 질을 논하기보다는 철저한 생존과 국가 수호를 위한 훈련을 하는 집단으로 군과 사회복지의 근본적 지향점인 자유, 평등, 인권, 삶의 질 향상, 국권 수호 등으로 동일하지만 이를 이루기 위한 과정과 방법은 서로 다르다. 전시에는 개인의 안위보다 국가 전체와 집단의 안위를 먼저 챙겨야 하며 욕구 중 가장 기본이 되는 생존 욕구가 가장 우선시되기 때문에 인권, 자유, 평등, 삶의 질 향상 등의 가치는 후 순위가 되었던 것이다.

위에서 살펴본 대로 군의 여러 특수성을 고려할 때 개입 기술과 자원 동원, 환경 변화, 연계 등 직·간접적인 활동에 제약을 받아왔다. 또한, 국방비와 사회복지비의 예산 편성에 대한 갈등, 우리나라의 군과 사회복지의 역사와 전통, 대상자 관점에 대한 각기 다른 이해와 정치·사회·문화적 분위기 등의 이유로 군과 사회복지의 협력은 어렵게 여겨져 왔다.

4 향후 군사회복지를 위한 과제

우리 군은 한국전쟁 이후 지속되어 온 휴전에 대한 평시 상태 유지와 자연재해로부터 국민을 돕는 긍정적 이미지로 변화시켰고 군조직의 폐쇄성은 제한된 범위 안에서 많은 개방을 시도했다. 국민과 함께하는 친근한 군으로 변화하면서 군과 사회복지는 서로 윈-윈하는 관계로 발전하고 신뢰를 나눌 수 있는 협력자와 조력자의 길을 함께 걸어가기 시작했다. 2000년대 중반 이후 민과 관 등 다양한 외부지원에 의한 사회복지 실천과 연계된 시범사업이 진행되었다. 현재는 지자체의 군인가족 역량강화사업, 사회복지공동모금회, 기업의 지원 등 다양한 방법으로 지역사회 활동 및 사례관리 연계 활동을 하면서 군과 사회복지 실천은 점차 가까워지고 있다.

향후 군사회복지 발전을 위한 과제는 크게 세 가지 측면으로 나누어 볼 수 있다.

첫째, 변화하는 사회에 맞추어 군조직 구성원의 삶의 질 향상을 위한 지역사회와 민간의 연계가 지속적이고 안정적으로 이루어지기 위한 시스템이 체계화되어야 한다.

둘째, 군사회복지의 다양한 사업의 효과성과 효율성을 보일 수 있는 조사와 평가 체계, 프로그램이 지속되어 군조직과 사회에서 인정받고 제대로 인지될 수 있도록 군 교육 체계와 법, 제도적으로 군사회복지 부분이 일반화되어야 한다.

마지막으로 군 내에서 군사회복지 전문가를 양성해야 하며, 군의 조직의 발달과 구성원들의 욕구와 문제를 해결하는 중요 보직으로 자리 잡을 수 있도록 제도화할 필요가 있다.

05

CHAPTER

외국의 군사회복지

세계 각국에서 군사회복지제도를 제도권에서 실천하고 있는 나라는 미국을 포함하여 영국, 프랑스, 캐나다, 핀란드, 남아프리카공화국 및 이스라엘 등이 있으며 약 100여 년이 넘는 역사를 가지고 있다. 이들 나라에서는 현역군인 사회복지사 또는 민간 사회복지사 그리고 군인과 민간을 혼합한 형태 중 하나를 선택하고 있다.

핀란드는 주로 민간인 사회사업단을 편성하여 징병된 군인의 권리를 보호하는 보호위원회에서 업무를 담당하게 하고, 캐나다는 민간인 사회복지사가 군인과 가족에게 사회복지 서비스를 전달하고 있으며, 영국 등 유럽의 일부 국가는 현역 군사회복지사가 임무를 수행하고 있다.

본 책에서는 제한적으로나마 미국, 영국, 독일, 프랑스, 일본, 대만의 군사회복지에 대하여 살펴보고 한국의 군사회복지제도와 비교하여 보았다.

1 미국

미국의 군사회사업(military social work)은 1918년 미 육군의무단의 요청에 따라 적십자사가 뉴욕 주 프리다버그 소재 미 육군종합병원에 사회복지를 전공하고 숙련된 정신의료사회사업가 1명을 배치함으로써 시작되었다. 그 후 세계대전 중에 군인의 전투 스트레스에 대한 대처와 관리에 대한 중요성을 인식하여 군 병원에 정신의료사업가와 의료사회사업가를 고정적으로 배치하였다. 1943년에는 사회사업가를 군대의 사병특기로 공식 인정하였고 한국전쟁을 계기로 군사회사업의 분야를 정신의료뿐만 아니라 의료사회사업분야까지 인정하여 미 육군종합병원 내에 의료사회사업서비스가 제공되었다.

이러한 군대 내에서의 의료사회사업서비스는 1945년에 이르러서 미 육군성 의무감실 정신신경자문과 내에 정신의료기구가 설치되고 1946년에는 최초의 현역 군사회사업장교가 임관되어 활동을 시작하게 되었다. 이로부터 미국군은 장교는 물론 사병까지로 확대한 현역군인 사회복지사와 민간 사회복지사의 혼합형 군사회복지제도로 운용하면서 1975년에는최대 1,844명까지 운용되었으나 냉전체제 종식 이후 외국 주둔 미군의 감축과 더불어 군사회복지사도 감축하여 현재는 군인 사회복지사 500명과 민간 사회복지사 1,000명이 활동하고 있다.

미 육군의 군사회복지는 1980년대에 군조직의 일부로 완전히 통합되면서 육군 내의 의료체계 내에서 정신보건과 의료사회복지 분야에서 중요한 역할을 담당하고 있다. 군인과 그 가족에 대한 보건 및 사회복지 서비스를 제공하고 있으며, 지역사회 서비스의 개발과 파병 시 특별팀의 일원으로 참가하며, 교도소 내 지원 서비스를 실천하고 있다.

오늘날 미군의 사회복지사는 의료센터나 병원에서 광범위한 의료서비스나 퇴원계획의 수립, 가족지원 서비스를 제공한다. 전문적으로 훈련된 사회복지사는 가족실천 레지던트 프로그램에서 교육을 담당하고, 특수 가족프로그램에서 정신적이고 육체적으로 고통을 받는 환자들에게 서비스를 제공한다. 또한, 교도소 내

입원환자, 직원, 가족구성원에게 정신보건을 포함한 여러 가지 서비스와 결혼과 가족문제 상담, 아동과 청소년 상담, 위기 개입 서비스 등을 제공한다. 육군기지 내에 있는 지역사회 서비스기관에서 사회복지사는 지역사회의 다양한 서비스를 개발하며, 군인가족이 지역사회에서 잘 생활할 수 있도록 돕는 활동을 한다. 지역사회 내에서 해결할 수 없는 문제는 상부조직에 보고되며, 사회복지사는 이러한 문제에 대하여 정책제안, 재정자문, 프로그램 자문에 임한다.

미 육군성에서는 1980년대에 이르러서는 이들의 서비스 영역을 확대하여 가정폭력과 아동학대, 아동 성학대를 예방하고 치료하기 위한 프로그램 개발과 알코올 중독과 마약남용 치료센터를 설치하였다. 미국군의 군사회복지사의 역할을 살펴보면 직접서비스 영역으로서 가정폭력, 약물남용, 정신질환, 군 생활적응, 전투 스트레스 관리, 신체질환 및 건강증진에 관한 문제에 개입하고 간접서비스로서 군사회복지 관련 정책개발, 제대군인 구직원조와 군인과 가족을 위한 사회적 서비스를 시행하고 있다.

1) MWR(Moral Welfare Recreation, 사기·복지·오락 제도)

군 인력과 그 가족의 안락, 기쁨, 만족, 정신적·신체적 건강을 증진시키기 위한 제도로서 군인은 자신이 방어하는 사회와 똑같은 수준의 생활의 질을 영위할 권리가 있다는 철학적 기조에서 출발하였다. 따라서 이 제도는 군인과 그 가족이 민간사회와 똑같은 생활의 질을 영위함으로써 신체적·정신적·사회적·정서적 안정을 취하고, 사기와 단결심을 제고하여 전투준비태세를 강화하는 데 목적을 두고 있다.

〈표 5-1〉 사기·복지·오락제도의 활동범주 및 예산 지원

구분	내용
기능	· 군인과 그 가족에게 민간사회와 동등한 삶의 질을 제공하기 위하여 다양한 프로그램의 개발 및 제공과 문화적 욕구충족
주요활동	· 임무 유지활동 - 스포츠, 문화, 오락센터, 도서관, 신체건강센터 운영 · 공동체 지원활동 - 예술·공예, 음악·극장, 야외오락, 청소년활동, 아동발달 서비스, 볼링장(소규모) · 영업활동: 클럽, 볼링센터(대규모), 골프장, 요트장, 임시숙박시설, 금융서비스
인력운영	· 비영업분야 편제 반영, 운영 · 영업분야 군무원 및 민간인으로 구성 운영
재정관리	· 임무 유지활동 - 90~100% 국가예산(APF) · 공동체 지원활동 - 50~75% 국가예산(APF/NAF) · 영업활동 - 간접세제 지원 및 NAF
물품수송	· 민간·군용기 이용, 수송비 전액 국가예산 부담

출처: 육군본부(2010).

사기·복지·오락제도는 1862년 매점 설치를 시작으로 수차례의 개선을 거쳐 오늘에 이르게 되었다. 여러 유형의 복지 중에서 경제복지는 제외하고 문화복지만을 취급하는데 활동영역은 다음 세 가지로 구분된다.

범주 A(임무 유지활동)는 군사임무수행에 반드시 필요한 기본적 활동으로서 스포츠, 문화, 오락센터, 도서관, 신체건강센터 등이며, 범주 B(공동체 지원활동)는 군인과 가족의 물리적·심리적 기본욕구를 충족시키는 활동으로서 예술, 공예, 음악, 극장, 야외오락, 청소년활동, 아동발달, 볼링센터 등이고, 범주 C(영업활동)는 군사임무의 기본활동은 아니나 오락활동을 제공하는 수단으로 필요하며 수익을 창출하는 활동으로서 육·공군 판매부(소매점, 맥주바, 주유소, 이·미용실, 세탁소, 음식점, 오락실 등), 클럽, 볼링센터(13레인 이상), 골프장, 요트장, 숙

박시설 등이다.

군인가족지원은 주로 범주 B의 활동을 말하며 범주 C의 일부 활동도 포함하고 있다. 사기 · 복지 · 오락제도를 운영하는 조직은 국방부 내 가족정책과, 각 군성의 가족지원보좌관실과 각 군성 MWR 전담조직 내에 가족지원과에서 사기 · 복지 · 오락제도를 운영하고 있다.

2) 군인가족지원제도

군인의 가족지원 프로그램(family support program)이 출발한 것은 군별로 약간 시차가 있다. 육군은 1965년 육군공동체 지원계획(army community services program)을 수립함으로써 시작하였다. 해군은 15년 후인 1980년 해군 · 해병대가족지원센터(navy & marine corps family service centers)를 설립하였고 공군은 1981년 공군가족지원센터(air force family support centers)를 설립하여 가족지원을 본격화하였다.

1985년에 제정한 군인가족법(military family act)에서는 국방장관실에 가족정책실(office of family policy)을 설립하도록 규정하였다. 국방성은 1988년 국방성 규정(DoD Directive 1342.17)을 제정하여 가족지원 프로그램의 원칙을 설정하였다. 군인가족지원 프로그램은 군사임무를 고려하여 다음과 같은 민간부문 가족지원 프로그램을 도입하여 적용하였다. 즉, 고용지원, 정보 및 소개, 배치전환지원, 개인재정관리, 동원 · 배치지원, 신입 · 별거가족 지원, 가족평생교육, 비상사태 지원, 자원봉사협조 등을 위한 가족센터, 아동발달 프로그램, 가족옹호 프로그램, 가족위안협회, 자원봉사집단 등이다.

가족센터는 군사임무상의 요구와 가족의 요구를 조화시키고, 가족이 군사임무상의 생활양식요건에 적응하도록 도와주거나 군사임무에 바람직한 효과를 주는 행동과 생활양식을 권장한다.

〈표 5-2〉 가족지원 프로그램

원칙 1	군인과 그 가족에게 그들이 수호하는 국가의 수준과 명예를 반영하는 생활의 질을 제공해야 한다.
원칙 2	군인은 가족의 복지에 대한 책임을 지고 있다.
원칙 3	각 군에서 요구한 공약은 군인과 그 가족에게 가족지원체계를 제공하는 것이다.

출처: 육군본부(2010).

1995년 가족센터의 수는 총 313개로 육군 120개, 해군 77개, 공군 98개, 해병대 18개로 되어 있다. 고용지원은 군인의 빈번한 이동이 배우자의 고용, 교육 및 훈련의 단절을 야기하기 때문에 배우자의 고용문제에 대한 지원이 필요한 데서 비롯되었다. 1982년 행정명령 제12362호는 연방근로자로서 24개월 이상 근무한 자의 가족은 경쟁 없이 공무원에 임용이 허용될 수 있도록 규정하였다. 1986년 행정명령 제12568호는 비예산기금(Non Appropriated Fund: NAF)지원에 의한 활동에서 배우자 우선고용제도를 확립하였다. 고용지원은 상담자를 고용하여 군인의 배우자 및 가족이 직장을 찾도록 도와주는 제도인데, 연수, 경력상담, 자영업기술, 직장조회 등을 제공하고 있다.

한편 군인가족은 특별한 시기에 특별한 장소로 이동할 것을 명령받기 때문에 새로운 장소에서의 주거임대나 구매에 대한 선택에 제약이 있다. 지역적, 사회적으로 격리된 가족, 새로운 군인가족, 지역적으로 별거하는 가족, 부대에 새로 전속해 온 군인과 가족에 대한 서비스 제공도 요구된다.

아동발달 프로그램은 최초 1950~1960년대에 장교 및 부사관 부인클럽 회원의 아동에 대한 시간제 탁아가 필요하여 3~5세 아동의 교육을 위한 시간제 유아원을 운영한 것에서 비롯되었다. 탁아 프로그램은 MWR 산하에서 운영되고 비예산기금에 의해 자금이 조달되었다. 1989년 아동발달서비스에 대한 국방성 규정(DoD Instruction)이 제정되어 양질의 안전한 아동발달 프로그램 기준을 설정하게 되었다. 1993년에는 아동발달서비스 규정이 수정되어 가족생활과 군사임무 간의 균형을 유지시키고 소득수준을 향상시키기 위해 국방성이 육아서비스를 제공함으로써 근로 배우자를 지원하게 되었다.

가족후원 프로그램은 가정폭력의 관리에 관한 정책과 프로그램의 필요성이 고조된 1970년대 초에 추진되기 시작하였다. 국가적 사건과 군 내의 사건들을 통해 가족의 폭력을 인식하게 되었고 전투준비태세에 미치는 영향에도 관심을 가지게 되었다. 1977년 미국의약협회의 제안에 따라 국방성이 3군 합동연구팀을 결성하고 이듬해 각 군은 아동학대에 관한 규정을 채택하였다. 국방성은 1981년 군인가족자원센터(military family resource center)를 설립, 가족후원 프로그램을 제도화하여 5백만 불의 예산을 확보하였다. 또한, 국방성은 아동 및 배우자학대를 방지하고 학대가 발생할 경우 가족이나 이웃이 보고하고 진술하도록 규정하였다.

가족후원 프로그램은 가정폭력이 준비태세, 인력유지, 군사임무수행에 지대한 영향을 미친다는 인식 아래 아동학대와 가정폭력을 예방, 식별하며, 보고하도록 고안되어 있는 프로그램이다.

3) 보수제도

미국군의 보수정책은 일반 노동시장에 대하여 과거, 현재, 미래를 분석하여 군인이 우수인력을 획득하기 위한 보수수준을 결정한다. 신분과 학력으로 구분하고 민간부문과 비교하여 일정수준 이상을 유지하는 것이 결정방법이다. 최근 미국군인의 보수정책도 정보혁명과 함께 과거에 비하여 동적으로 급변하고 있는 인력수급문제를 대처하기 위하여 민간분야 대비 1.2배 수준을 유지하고 있다. 4년 주기로 군인보수보고서(quadrennial review of military compensation)를 작성하여 대통령 및 의회에 보고하고 있다. 급여에 대한 세금이 높은 미국에서 기본급, 주택수당, 식비수당 등 기본급여에 대한 세금을 감면의 특혜를 주고 있다.

4) 연금제도

연금제도에 있어 우리 군의 모델이 될 수 있는 국가는 미국을 들 수 있다. 따라서 미국군 연금제도에 대한 개관을 살펴보면 다음과 같다.

첫째, 노동시장에서 직업군인이 사회의 다른 직업에 비해 상대적으로 경쟁력을 갖추어야 한다.

둘째, 젊고 유능한 장교에게 진급기회가 지속적으로 제공되어야 한다.

셋째, 국가가 전역한 직업군인에게 적절한 경제적 안정을 보장해야 한다.

넷째, 전시 또는 국가위기상황발생 시를 대비하여 예비역에 대한 소집(recall) 등 효율적 인력관리가 이루어져야 한다. 연금수급자격은 20년 이상 복무자이며, 연금운영 관련 비용은 전액 국가가 부담하고, 연금액 산출기준보수는 최고 3년 평균 기본급이며, 연금지급 시기는 전역 즉시이며, 개인부담은 전혀 없고(전액 국가부담), 1986년 8월 1월 이후 임관자 적용 연금액 지급산식은 연 2.5%이다.

〈표 5-3〉 미국 공무원과 군인의 연금제도

구 분	공무원연금제도	군인연금제도
개인부담	0.8%	0%
발생비용	국가부담	국가부담
연금액 산출기준보수	최고 3년 평균소득	최고 3년 평균소득
연금액 지급산식	1%(연)	2.5%(연)
지급시기	65세	20년 이상 복무 후 전역 즉시
지급액(1996/30년/5만 달러)	사회보장급여+1,250%	사회보장급여+3,125달러

출처: 육군본부(1999).

다섯째, 공무원연금과 차별적으로 적용하고 있다. 연금액 지급산식은 군인이 공무원에 비해 2.5배 높고(공무원: 1년-1%, 군인: 1년-2.5%), 지급시기도 차이가 있으며(공무원: 65세 이후, 군인: 전역 즉시), 지급액 자체도 2.5배 높게 설정되어 있다. 이는 군인은 공무원과 직업성격상 분명한 차이가 있으며, 군 직업은 공무원 직업에 비해 상대적으로 보다 높게 보상되어야 한다는 국가의 의지가 반영된 결과라고 할 수 있다.

2 영국

영국은 해외 주둔 지역이 많기 때문에 많은 군인이 가족과 별거를 하게 된다. 따라서 군에서는 본토에 남아 있는 해외 주둔 군인의 가족을 위한 문화, 여행 프로그램, 주둔지 방문지원 등 현역의 가족을 위한 프로그램이 다양하게 개발되어 있다. 또한, 주둔지로 가족이 이동 시 전입지역에 대한 교육, 주택 등 각종 정보를 제공하기 위한 조직적 지원체계가 잘 발달되어 있고 지원조직은 관리자 이외에는 모두 자원봉사자로 구성되는데 모두 현지 주둔하고 있는 군인의 가족이다.

1) 군인가족지원제도

군인가족지원을 위하여 범정부차원의 가족지원협정을 체결하고, 가족이사 및 별거문제 해결을 위한 특별관리 대응팀(TF Team)을 운영하여 군인가족을 정책적으로 지원하고 있다. 또한, 각 주둔지별로 군인가족지원센터를 통해 지역의 정보 제공 및 재정지원 노인 돌봄을 지원하고 있다. 군인자녀 지원을 위해서 군인지원학교 운영, 청소년교육프로그램 및 군인가족지원 자원봉사기구를 운영하고 있다.

군 숙소 건립은 부대 내외의 군 부지에 건립이 가능하다.

2) 보수제도

영국의 경우 특히 군인의 보수책정에 있어 X-factor를 고려함으로써 군 직업의 특수성을 반영하고 있다(전성진, 2004). 군인의 보수는 도 준장 이하와 소장 이상이 구분되어 소장 이상의 경우는 타 공무원의 최고위급과 동일한 기준으로 적용된다. 준장 이하의 경우는 인력경제부 내에 6개의 위원회 중 군인보수검토위원회(armed forces' pay review body)를 두고 5년 단위로 군인의 보수에 대하여 특수성(X-factor)을 어떻게 반영할 것인지와 매년 군인보수인상률을 어떻게 결정할 것인지를 추천한다.

위원회의 활동은 매년 군인보수와 관련하여 1971년에 시작하여 지속적으로 보고서를 제출하고 있다. 보고서의 내용은 크게 군인의 보수와 수당에 대하여 현재의 수준을 유지할 것인가 아니면 인상을 할 것인가에 대하여 타당성을 제시하여 작성하였으며 그 배경으로 설문조사(continuous attitude survey)를 실시한다. 설문조사방법으로는 매년 전 군을 대상으로 준장 이하 전 계급에 대하여 3천여 명을 대상으로 110여 문항(일반사항, 모병, 임무, 보수 및 수당, 내부 연락체계, 피복, 불만처리, 건강, 복지, 부대환경, 가족사항 등)으로 실시한다. X-factor 결정요인은 직업의 특수성과 영향력, 사회적 관심도 등 세 가지로 구분되며 세부내용은 〈표 5-4〉와 같다.

〈표 5-4〉 X-factor 결정요인

직업의 특수성	직업의 영향력	사회적 관심도
직업안정성 직업만족도 진급 및 책임 각종 훈련 등	잦은 전출로 인한 가족의 불안 근무시간 임무수행을 위한 별거 장단기 임무수행 위험도 등	업무 스트레스 가족 지원 대책 이혼율 건강관리 및 교육 개인의 권리 등

출처: 육군본부(1999).

3) 연금제도

영국군은 군인연금 전액을 국가가 부담하는 국가보상 성격의 제도를 운영하고 있다. 특히 군인의 경우 짧은 정년을 감안하여 16년 이상의 복무자에게 전역 즉시 연금을 지급(공무원은 65세 도달 시 연금지급)하고 있다. 또한, 연금 비대상자가 전역시에는 정착금을 지급하고 65세가 되면 보전연금을 지급하고 있다.

제대군인이 연금증액을 희망할 경우에는 기여금을 개인이 추가 부담하는 자발적 기여제도를 운영하고 있다.

3 프랑스

프랑스는 2003년도에 징병제에서 모병제로 병역제도가 전환된 이후 우수 인력 획득을 위한 노력으로 복지정책에 관심을 배가하였다. 이에 따라 국방부 사회복지부의 임무를 의료와 재정지원으로 구분하고, 원활한 가족생활 지원과 주택 임대보조, 휴가센터 운영 등으로 확대하였다. 군사회복지는 중앙정부 차원과 지방정부 및 군복지제도로 연계 추진한다. 2007년부터는 군사회복지부를 국방부 행정총국 인적자원국으로 개편하여 복지정책을 정부 복지정책의 미흡한 분야에 대한 보완성 측면과 동일성, 근접성 및 사회적 수준의 원칙에 맞추어 추진하고 있다.

〈표 5-5〉 **프랑스 국방부 복지정책원칙**

구분	내용
보완성	· 중앙정부 복지정책의 미흡함에 대한 보완
동일성	· 현역, 국방공무원, 군인가족, 예비군, 퇴역군인 및 상이연금 수혜자에게 동일한 복지정책 실시 · 복지정책 대상: 약 2백만 명 (현역 34.9만, 국방공무원 8만, 예비군 5.3만, 퇴역군인 69.9만, 현역 및 국방공무원 가족 81.6만)
근접성	· 연대급: 군사회복지사 1명 배치 · 임무: 군인가족 상담, 인간성회복, 상호신뢰성 회복, 전직지원상담 · 신분: 공무원(학사 이상 채용) · 인원: 군사회복지사 700명, 군·국방복지담당 900명
사회적 수준	· 제대별 복지위원회: 일반군인 참가 의견 개진 · 계절별 가족단위 장기휴양 형태 · 군 자체 호텔 2개, 콘도 40개 운영 · 레저 및 해외여행 : EU 12개국과 군 휴양시설 교차사용

출처: 유홍위(2006b).

인적자원국은 전국 220개 지부와 국방부 대표 등이 참석하여 연 2회 중앙보고회와 현안 토의를 실시하고 있다. 복지 혜택의 대상은 군인과 군인가족뿐만 아니라 퇴역군인, 예비군을 포함하고 있다.

군사회복지사는 각 군별로 약 700명이 보직되어 있으며, 국방부 및 군 자체 복지담당자는 900명이 복지담당 업무를 수행하고 있다. 군사회복지정책은 매 10년 주기로 복지중장기 지침서를 발간하고 있다.

군인가족 복지를 위해 맞벌이 부부를 위한 보육시설의 확충과 군 자녀를 위한 대도시에 기숙사를 제공하고 있다. 또한, 군자녀의 대학 입학 시 대출을 지원하고, 장애인 자녀에 대한 특별 지원을 하고 있다. 주택 분야는 관사 제도를 운영하고 있지 않으며, 대부분 임대 시에 임대 가격의 20% 수준의 임대료를 무이자로 지원하고 있다.

제대군인 전직지원은 4년 이상 복무한 전역군인으로서 단기 계약직에 채용 되어 15년 미만으로 즉각 연금 혜택을 받지 못한 자를 우선으로 한다. 부사관의 전직지원제도(ARCO)는 1972년에 국방부가 군인들의 전직지원을 위해 창설되었으며, 약 10만 명이 가입되어 있고 상담, 전역자 직업설계, 구직 과정, 직접채용 기회제공을 중요한 임무로 하고 중점 대상은 계약직 군인(보통 7년 정도)및 50대 연령층을 대상으로 한다. 군 병원은 10개소(2900병상)가 있으며 평소에는 군병원과 민간병원을 선택할 수 있는 권한을 부여하고 있다.[1)]

문화복지는 신체적 및 정신적 건강을 위해 제공되는 비금전적 혜택으로서 영내(직장), 영외(가정)에서 영리행위 유무 기준에 따라 군사임무, 가족지원, 영업활동 복지의 세 가지로 세분화하고 있다.

1) 국방부 보건복지관실에서 2007년 11월 26일부터 12월 1일까지 보건복지관 외 4명이 프랑스 군의료 및 복지기관을 방문 후 보고서를 제출한 내용이다.

〈표 5-6〉 군복지의 범주

범주		활동
경제적 복지		보수, 병영시설, 의료시설, 관사, 군인연금, 건강보험, 자녀학자금지원, 위생시설, 독신숙소, 직업보도, 직업훈련
문화적 복지	군사임무 복지	실내외 체력단련, 오락시설, 도서관, 문화시설(강당, 영화관, 취미활동실)
	가족지원 복지	자녀교육(장학금지원, 학자금 대부, 자녀기숙사), 생활용품, 주거환경(놀이터, 교통, 상가)
	영업활동 복지	매점, 골프장, 볼링장, 숙박시설, 복지회관, 할인매장, 레저·스포츠 등 위탁시설, 자동차 정비·세차, 주유소

특히 문화적 복지의 한 유형인 군사임무와 관련된 복지는 근무지 내에서 군인의 신체 및 정신적 건강을 위해 필요한 복지로서 군사 임무수행상 반드시 필요한 기본적인 생활이며, 가족복지는 영외의 군인가족이 물질적, 심리적으로 안정될 수있도록 지원하는 복지활동으로서 사회 평균 문화수준을 유지하는 데 기여함을 목적으로 한다.

4 독일

1) 일반적 특징

독일의 복지정책 및 제도는 사회보험과 공적 부조의 2가지 축으로 구성되어 있는데 이 가운데 주축을 이루고 있는 것은 사회보험제도이다. 독일 복지제도는 사회안전, 사회공정, 사회균형, 사회공동체의 네 가지 원리에 의해 구성되어 있으며 독일군의 복지정책 및 제도도 이러한 원칙에 준하여 운용되고 있다. 복지정책은 미국군의 사기·복지·오락제도의 개념을 도입하여 복지·오락서비스를 실시하고 있으며, 그 대상은 현역 직업군인과 그 가족이며 범위는 독일연방군의 주둔

지역으로 하고 목적은 군 복무로 인하여 야기된 불이익에 대한 보상으로 군 사기 진작과 우수한 자원을 획득하는 데 있다. 독일군의 복지정책 및 제도는 〈표 5-7〉과 같으며 정부의 주도로 이루어지며 주로 직업군인의 경제적 복지 위주로 되어 있는 특징을 가지고 있다.

〈표 5-7〉 **복지정책 및 제도**

<table>
<tr><th>구분</th><th>내용</th></tr>
<tr><td>보수</td><td>· 기본급여, 별거수당, 가족수당</td></tr>
<tr><td>주거</td><td>· 일반주택 알선(관사수당 없음)</td></tr>
<tr><td>휴양 · 레저</td><td>· 연방군 사회서비스국 조직
· 오락 · 연회센터 운영: 68개 주둔지 군인클럽(1,164개)
*정부예산으로 운영</td></tr>
<tr><td>의료지원</td><td>· 군인 및 군인가족 무료진료: 98개 군의료진료소
*진료의 질: 민간병원 평균 수준</td></tr>
<tr><td>전역 후
생활 지원</td><td>· 제대군인 고용의무비율 적용
- 고급직위: 11.6%
- 하급직위: 16.7%
· 군직업학교 운영(28개): 연방 군사학교, 연방군 직업학교
· 복무기간별 일반 · 전문교육
- 전역 전: 일반교육
<table>
<tr><th>복무기간</th><th>교육기간</th><th>교육 기관</th></tr>
<tr><td>8~11년</td><td>1년</td><td rowspan="2">연방군 직업학교</td></tr>
<tr><td>12년 이상</td><td>1.5년</td></tr>
</table>
– 전역 후: 전문교육
<table>
<tr><th>복무기간</th><th>교육기간</th><th>교육 기관</th></tr>
<tr><td>4~6년</td><td>6개월</td><td rowspan="2">연방군 직업학교</td></tr>
<tr><td>6~8년</td><td>1년</td></tr>
<tr><td>8~12년</td><td>1.5년</td><td rowspan="2">모든 공사업체</td></tr>
<tr><td>12년 이상</td><td>3년</td></tr>
</table>
</td></tr>
</table>

출처: 육군본부(1999).

독일의 경우 미국군의 복지제도를 여건에 맞게 수용하여 직업군인의 복지를 수준 높게 발전시키고 특히 전역직업군인을 위한 직업학교 등을 통해 전역 후 생활안정을 도모하고 있다. 장·단기복무자에게는 25세까지 무료로 관사를 제공하며, 이후에는 일정액의 사용료를 지불하도록 한다. 현역군인은 군 진료시설을 무료로 이용하며, 민간병원 이용은 개인적으로 공적 보험이나 사적 보험회사에 추가하여 보험에 가입하였을 경우에는 가능하다. 군 가족에 대한 의료지원은 군 병원 치료의 경우 진료비의 70%를 국가가 부담하고, 30%는 개인이 추가로 사적 보험에 가입하여 충당하는 형태이다. 한편 군 가족이 장애인인 경우에는 일반 군 가족과 동일하게 군 병원에서 치료가 가능하다. 자녀가 2세가 될 때까지는 자녀 양육비를 신청할 수 있는데 금액의 범위는 군인의 수입에 따라 결정된다.

〈표 5-8〉 **독일군의 주둔지별 복지·오락서비스 활동**

구분	종목
스포츠·건강	· 수영장, 체육관, 운동장, 볼링장, 골프, 탁구장, 사우나, 도서관 등
연회·사교	· 사회행사 참여(연회, 극장 · 공연장, 전시회, 박물관 등) · 독일군 스포츠 행사(요트, 글라이딩, 사격, 트랙경기, 테니스 등) · 야유회, 휴가여행, 타 부대 우애방문, 하이킹, 음악공연 기타 지역별 요구에 따라 각종 프로그램 개발

출처: 육군본부(1999).

독일군의 대표적인 복지·오락서비스로서 전군적 규모의 오락연회센터를 들 수 있다. 운영주체는 클럽연합회와 주정부 소속 클럽관리협회 등 2개의 단체로서, 신분별로 구분하거나 계급과 무관하게 이용하는 등 〈표 5-8〉과 같이 다양하게 운영하고 있다. 또한, 독일군은 전군적 규모의 오락연회센터 이외에 각 기지별로 부대의 필요에 따라서 자생적으로 운영하는 군인클럽이 있다. 각 주둔지에 형성되어 있는 군인클럽은 군인 및 가족에게 필요한 각종 스포츠, 문화활동을 제공하며 시설에 드는 비용은 정부예산에서 충당한다.

5 대만

대만군의 복지정책 및 제도는 1954년에 행정원 부속기관으로 국군퇴역장병 보도위원회가 설치되고 1955년에 관계법령이 제정되면서 시작되었다고 볼 수 있다. 대만군의 복지는 1955년부터 현역군인뿐만 아니라 전역 후의 제대군인에게 초점을 맞추어 발달하였으며, 이는 현역군인이 직업적으로 임무에 충실할 수 있도록 여생복지정책 및 제도에 국가에서 방향을 설정하고 있음을 보여 준다.

대만군의 현역복지는 〈표 5-9〉와 같이 먼저 보수 면에서는 민간기업의 0.9배로 기본 급여는 세금공제가 전혀 없으며 각종 수당으로서는 별거수당, 가족수당 등이 지급되고 있다(육군본부, 2002).

또한, 주거지원으로 관사는 대장급 1인당 1주택, 중장 이하는 수요와 분배비율이 약 3:1 정도, 가족이 있는 장교 및 부사관에게는 주택구입대출금이 지급되고 있다. 교육적 측면에서 지원은 군인자녀에 대한 학비가 전액 보조되고, 군인가족 지원은 취업을 알선하고 있다.

군인 및 부양가족 우대조례 및 소득세법 규정에 의거, 군인보수에 대한 소득세가 면제되고 있으나 향후 소득세가 부과될 전망이다. 직업군인은 무료로 매년 군병원에서 신체검사를 실시하며, 긴급 시에는 민간병원에서 치료를 받고 그에 대한 치료비 전액은 국고에서 부담한다. 군인가족은 군 가족봉사처가 책임을 지고 지원한다. 의무역은 군 입대 후 가정에 사고발생 또는 생계유지가 곤란할 경우 각 지방정부가 해당 가족을 지원하고, 군인가족이 천재지변이나 사고를 당했을 때 보조금 지급, 병문안, 유족보호, 유아보양 등의 지원을 하고 있으며, 군인가족 의료보험, 수도·전기요금 등 공공요금 우대 등의 혜택을 주고 있다.

〈표 5-9〉 대만의 군사회복지정책 및 제도

구분	내용
보수	· 민간기업의 0.9배 · 별거수당, 가족수당
주거	· 관사 미제공 · 주택자금지원(80%)
교육	· 군인자녀 학비 전액 보조
휴양 및 레저·군인가족지원	· 군인가족 취업알선
의료지원	· 현역 군 병원 이용 · 의료보험 가입
전역 후 생활지원	· 여생복지 전담기구(관병보도회 설치·운영) - 산하 168개 업체 운영 - 산하기구에 직접 취업 - 각종 공수 수주 시 우선권 - 의료·양로지원사업

출처: 육군본부(1999).

현역직업군인이 정부나 공공기관에 취업하고자 할 때는 가산점 제도를 적용하여 취업에 유리하도록 하고 있다. 이와 같은 가산점 제도는 직업군인이 일선사회에서의 취업을 하는 데 있어 여러 가지 불리한 조건을 보충시키는 데 유용한 제도가 되고 있다. 전역 후 생활지원은 여생복지 전담기구인 관병보도회를 운영하여 취업이 거의 100% 이루어지도록 하고 있다.

관병보도회는 1954년 국군퇴역장병 보도위원회를 설치하여 그 활동을 시작했는데 주 기능은 전역군인 직업보도 및 의료사업, 양로 및 생활보호, 기타 각종 사업 등으로서 주로 전역 후의 군복지에 더욱 치중하여 직업군인의 여생복지를 보장하는 데 많은 기여를 하고 있다. 따라서 직업군인으로 하여금 평생직업으로서의 안정된 군 생활을 보장하는 역할을 하고 있다. 관병보도회는 정부 주도하에 운용됨으로써 각종 사업에 있어 우선권을 부여하는 등 많은 지원을 받고 있다. 또한, 산하 160여 개의 운영업체를 통해 전역군인의 재취업을 해소하는 역할을 하고 있다(곽용수, 1997).

6 일본

일본은 정치·사회적 여건에 의해 사회보장제도의 연장에서 공제조합을 운영하고 있으며 군 자체적인 복지여건은 군의 위상과 함께 많은 발전을 도모하고 있는 추세이다. 공제조합에서 특히 주목할 만한 사실은 조합이 금융기관적 기능을 담당하고 있다는 점이다. 공제조합의 특성상 회원의 공제부담금은 자연스럽게 금융기관의 역할을 유도하는 것으로서 우리 공제회의 기능과 연관하여 유사한 점이 많다.

〈표 5-10〉 일본자위대의 공제조합 부담금 유형

종류	단기 부담금	장기 부담금	복지 부담금
용도	의료보험	퇴직연금 대부사업	복지사업(상부상조)

출처: 육군본부(1999).

또한, 방위청 공제조합을 통하여 복지가 다양하게 이루어지고 있다. 방위청 공제조합은 전 중앙공무원을 망라하는 공무원연합공제조합의 산하조직으로 되어 있어 연합공제회에서 운영하고 있는 모든 후생복지사업의 혜택을 타 공무원과 동일하게 받고 있다. 공제회의 주요급부를 살펴보면 1년 이상 복무한 퇴역자위관 및 피부양가족의 경우 공제조합법에 의해 요양, 상병수당, 출산수당, 사망 시 매장료 지급 등의 혜택이 있으며, 퇴역(직) 후 임의 계속조합원[2)]으로 재가입할 경우는 가입 후 2년간 기존의 조합원과 동일하게 공제조합에서 제공하는 각종 급부 및 혜택을 받을 수 있다. 이 외에도 공제회는 다양한 복지사업을 운영하고 있다.

요양의 경우 퇴직 시 본인 또는 피부양 가족이 요양을 받고 있는 경우에는 동일 상병에 한하여 퇴직으로부터 최대 5년간 계속 요양을 받을 수 있다. 상병수당은 퇴직 시 본인 또는 피부양가족이 상병수당을 받고 있는 경우에는 퇴직으로부터 1년 6개월간(결핵성 질병은 3년) 상병수당을 받을 수 있다. 다만 동일 상병으

2) 임의계속조합원은 퇴역 후 20일 이내 공제조합 재가입을 신청하면 조합원 자격을 재취득할 수 있으며, 자격유효기간은 가입으로부터 2년간이다.

로 재해공제연금을 받고 있는 경우에는 상병수당을 감액지급 혹은 지급하지 않는다. 출산수당은 퇴직 후 6개월 이내에 출산을 하는 경우에는 출산 전 42일, 출산 후 56일 동안 출산비 또는 출산수당을 지급한다.

관사 및 독신자 숙소 건립 시 기준평형은 20평이며, 소요책정 기준은 보직인원보다 약간 여유 있게 소요를 산정하고 있다. 단신 부임으로 별거 시 개인 1회 보직기간(약 2년)에 한해 2중 관사 거주를 허용하고 있다. 관사건립부지에 대한 규제는 지자체개발제한 법규에 의해 통제된다.

학교의 우선배정제도는 없고 다만 고등학교 입시(중학교 3학년 전입 시에는 해당 지역 고교입시 수험자격 없음)에서 불이익을 받지 않도록 중 2년 자녀를 둔 대원은 차후 보직내정 단계에서 사전에 통보하여 조기전학 기여를 부여하고 있다.

자위대 매점 내 취급품목의 부가가치세 면세제도는 없으나 임대료 면제, 전기·수도요금, 관리비를 저렴하게 하는 등으로 외부에 비해 염가에 판매하고 있다. 현역의 민간병원 이용은 가능하며 이용 시 비용의 20%만 본인이 부담하고 있다. 군 가족도 자위대 의료지원을 받을 수 있으며 민간병원 이용 시는 진료비의 30%를 부담한다.

일본은 방위청 공제조합에서 사회보험과 조합원 상부상조제도를 시행하고 있으며, 1988년부터 미국군 MWR 개념을 도입하였고, 국고지원으로 복지시설을 건립 운용하고 있다(관병선, 1994). 일본자위대의 복지제도는 일반 사회보장제도처럼 모든 군인이 방위청 공제조합에 강제 가입함을 기본으로 한다. 방위청 공제조합은 전국에 270개 규모의 지부가 설치되어 있고 조합원 간 상호부조, 군인 및 가족의 자조적 복지증진을 목적으로 복지사업을 벌이고 있다.

공제조합의 재원은 국가와 본인이 각각 반씩 부담하도록 되어 있으며, 단기 부담금, 장기 부담금, 복지 부담금 등으로 나뉘어 그 용도가 구분되어 있다. 공무원 퇴직연금은 25년 이상 가입한 자에게 60세부터 지급하도록 되어 있는 반면에 군인 퇴직연금은 20년 이상 가입한 자에게 55세부터 지급하도록 되어 있다. 공제조합의 복지사업에는 숙박 및 휴양시설, 주택임대사업, 저축 및 대부사업, 민간보험

알선, 부대 매점 및 휴게소 운영, 생활협동조합 운영, 방위공제회 운영 등이 있다.

7 종합

선진 각국은 나라마다 특유의 사회보장제도를 갖추고 있으며, 군사회복지제도는 사회보장제도를 바탕으로 다양하게 운영되고 있다. 이러한 외국군의 복지제도는 장차 우리 육군의 복지정책을 발전시키는 데 긴요한 모델로 고려될 수 있다. 특히 독일의 경우 미국의 MWR 제도를 도입하여 성공적 복지제도를 정착시켜 나가고 있음은 주목할 만하다. 군사회복지제도 하에서 군사회복지제도를 시행하는 외국과 우리나라의 복지제도를 살펴보면 다음과 같다.

1) 보수분야

미국, 영국 등에서는 군인에 대한 보수를 결정함에 있어서 별거, 애로사항, 직무의 위험도, 직무수행의 난이도 등 군 직업의 특수성을 반영하고 있다. 따라서 국가의 각 부처 및 국민적 공감대를 형성한 가운데 범국가적 차원에서 보수 제도를 발전시켜 나가고 있다.

〈표 5-11〉 **보수 분야**

구분	내용
미국	· 민간기업의 1.2배 수준 보수유지, 군인특별 봉급률 제정 · 기본급여 세금 감면(기본급, 주택수당, 식비 수당 등)
영국	· 매년 군인급여 연구기관에서 적정수준 책정→ 총리보고 · 가족수당 유형별 세분화, 취학자녀 수당 지급
프랑스	· 군인 고유 직무수당, 24시간 이상 작전·경계 수당 지급
독일	· 별거수당 및 가족만남 교통비 지급(2주 1회 전액) · 계급 내 이중 보수체계(직무유형, 직무성격 고려)

출처: 육군본부(2010).

2) 주거 분야

이사, 별거 등 군 직업적 특성으로 인한 어려움을 범정부 차원에서 관심을 갖고 지원하는 제도가 마련되어 있다. 특히 군사기지 및 해외기지 장병을 위한 생필품 등을 염가로 제공하고 있다.

〈표 5-12〉 **주거 분야**

구분	내용
미국	· 군관사, 지역 시세에 맞는 주택수당, 공과금 면세 · 주택구입 이자 대납(mortgage insurance premium) · 생필품, 식료품 염가 판매
영국	· 군관사(service families accommodation) 제공 · 이사 소용비용 제공 · 거주지역 주거복지서비스센터 운영
프랑스	· 전근 시 사전답사비 제공 · 임대보증금 대출 · 주택마련 무이자 대출
독일	· 별거가족 대상별 별거주거수당 지급 · 일반시민, 공무원과 동등한 생활수준 보장

출처: 육군본부(2010).

3) 가족지원 분야

미국을 비롯한 국가에서는 자녀양육 및 별거가족에 대한 맞춤식 구체적인 지원대책을 포함하여 국가 차원에서 군인가족지원에 대한 법적, 제도적 보장대책을 마련하고 있다. 또한, 사회 전반에 걸쳐 군 후원 및 지지기반이 구축되어 있다.

〈표 5-13〉 **가족지원 분야**

구분	내용
미국	· military homefront: 가족 삶의 질 지원(국방부 공식사이트) · 아동 및 청소년교육, 고용, 재정지원 등 가족지원요소 망라 · military onesource: 현역 및 예비역가족지원 · 분야별 전문 상담사 운용, 애로사항 상담
영국	· 범정부차원 가족기원협약 체결(2008. 7) · 가족별거 및 이사문제 해결을 위한 특별대책위원회(Task Force) 운영 · 주둔지별 군인가족복지 지원센터 운영 · 자녀교육지원 프로그램(The children's education advisory service) · 군인가족 자원봉사기구 활동
프랑스	· 연대급 부대 군사회복지사 1명 운영 · 임무: 군인가족 심리상담, 인간성회복, 상호 신뢰 회복, 전직지원 상담 · 맞벌이 부부를 위한 베이비시터 고용, 장애가족지원자 배치
독일	· 3자녀 가정 가족수당 추가 지원 · 별거가족 배려정책(휴가, 만남지원비 지급 등)

출처: 육군본부(2010).

4) 휴양 및 여가분야

휴양 및 여가 복지에 대한 정당한 권리가 보장되어 있으며, 문화여가적 측면에서 다양하게 지원되고 있다. 또한, 미군의 AAFES, 영국의 NAAFI 같은 각 군별 통합지원 형태의 복지기관을 운영하고 있다.

〈표 5-14〉 **휴양 및 여가분야**

구분	내용
미국	· MWR제도: 군인 및 가족을 위한 비급여 보상복지 - program delivery system: 군부대를 기준으로 기지내부 – 직영 휴양, 여가시설 운영 기지외부 – 직영 및 민간시설 및 여가 프로그램 제휴(휴양 및 여가)

구분	내용
영국	· 각종 문화, 예술, 관람, 스포츠 등 여가활동 프로그램 제공(각 군 지역별 복지 지원센터 정보제공) · NAAFI 운영 : 볼링클럽, 레스토랑 등 운영 · 해외파병 장병을 위한 레저복지시설 운영
프랑스	· 가족 휴가시설(40개소), 청소년캠프, 어학연수, 군호텔 운영 · 해외 휴양 및 여행 지원(EU 12개국과 공동사용 협정) · 부대 및 부서별로 문화욕구 충족을 위한 문화예산 지원
독일	· 직영복지 시설 최소화: 민간복지, 여가시설 활용 · 국내: 계급별 클럽, 식당, 매점운영 지원 · 해외: 개인 요구수준별 아이템, 캠프 매점, 교회제공 복지시설

출처: 육군본부(2010).

5) 연금 분야

대부분의 국가가 군인연금 제도를 국가 보상적 성격으로 운영하고 있으며 군 직무의 특수성을 반영하여 공무원 연금에 비하여 우대하여 운영하고 있다.

〈표 5-15〉 **가족지원 분야**

구분	내용
미국	· 국가보상 성격의 연금제도 운영(전액 국가 부담) · 공무원 대비 연금 지급율 우대: 0.25~1.175%
영국	· 국가보상 성격의 연금제도 운영(전액 국가 부담) · 퇴역연금 비대상자 전역시 정착금 지원 · 연금 증액을 원할 시 기여금 자발적 부담 기여제 운영
프랑스	· 국가보상 성격의 연금제도 운영(전액 국가 부담) · 연금 산정 시 복무기간 가산제도 운영
독일	· 국가보상 성격의 연금제도 운영(전액 국가 부담) · 지불준비금 적립제도 한시적 운영(1999~2017년) · 최저연금(기준 보수의 35%) 및 연 1회 보너스 연금제도, 성탄절 수당

출처: 육군본부(2010).

PART 3

군사회복지정책과 행정

06

CHAPTER

군사회복지정책

1 군사회복지정책

사회보장 정책은 사회보험과 공적부조로 나누어지는데 군사회복지정책의 국민건강보험은 전자에 속하며, 후자는 의무복무자를 포함한 장병들과 그 가족에 대한 의료보호, 생활보호, 재해구조 등과 추가적으로 국가보훈을 포함하고 있다. 그러나 사회복지정책과 군복지정책의 배경을 살펴보면 사회복지정책은 근대 자본주의의 발전과 더불어 대두된 인간의 기본권을 중시하고, 국가적 차원에서 빈곤으로부터의 탈피를 통한 사회보장을 이루려는 복지국가관에 기초하고 있다. 반면에 군사회복지정책은 국가안보에 직결되는 국가보위의 사명을 감당해 낼 수 있는 인적 자원 확보와 유지를 위한 보상적 차원에 기초하고 있다고 볼 수 있다. 따라서 사회복지이론은 전 국민을 대상으로 한 보편적 입장을 취하기 때문에 군이라는 특정 집단을 지원하는 준거로 활용되는 것은 공무원 및 경찰 등 다른 국가집단과 비교하여 그 정당성을 확보하기가 어렵다.

군사회복지정책에서 의미하는 정책의 개념은 정책적 목표와 이를 달성하기 위한 실행방법과 수단에 대하여 국방부 및 육·해·공군의 정책부서가 공식적으로 결정한 기본 방침이며 이러한 방침은 5년마다 발간되는 「군인복지기본계획서」를 포함하여 국방부의 복지정책, 군복지종합 발전계획 등에 포함되어 있다. 따라서 실증적 연구측면의 한국의 군사회복지정책은 정책(policy)의 광의적 개념보다는 그 정책의 구체적인 실천 및 체계(system) 또는 실행(practice)으로서의 협의적 개념에 더욱 가까운 것으로 이해해야 한다.

군에서의 복지정책은 '국방개혁 2020'의 각 군별 추진계획의 복지분야 부록과 기본정책서의 부록인 각 군별 인사정책서의 복지 분야 별책 복지종합발전계획에 의해 추진되고 있다. 육군의 경우 복지종합발전계획서를 통하여 복지정책에 대한 청사진을 제공하고, 일반국민 및 국회, 학계, 정부의 관계자에 군의 복지실상과 발전방향에 대하여 복지개선에 대한 공감대를 형성하고 있다. 한국군의 복지정책을 외국군의 복지정책과 비교하여 살펴보면 다음과 같다(유흥위 2008).

1) 외국의 군사회복지정책

선진 각국의 군사회복지정책과 제도는 사회보장제도, 국가별 처해 있는 특유의 환경과 여건, 국방정책, 군대의 역사 등에 따라 다양한 모습과 특징을 보이고 있다. 선진 외국의 군사회복지정책의 공통점은 복지의 수혜대상 면에서 현역은 물론 전역군인과 가족까지도 중요시하며 사회여건에 맞는 최적의 제도를 채택하거나, 외국의 제도를 과감히 도입하여 자국의 실정에 맞도록 발전시키고 있다. 또한, 직접적인 위협으로 인해 국가의 안보가 강조되는 나라들은 물론 비교적 안보의 위협이 적은 국가 역시 국가적인 측면에서 직업적 중요성과 직업 수행의 불리점 등을 고려하여 각종 국가 정책에 있어서 많은 배려를 하고 있다는 사실에서 남북대치 상황에 있는 우리나라의 군사회복지제도 발전을 위해 시사하는 바가 크다.

이러한 외국군의 복지제도는 장차 한국군의 군사회복지정책을 발전시키는 데 유용한 모델로 고려될 수 있을 것이다. 미국을 포함하여 군사회복지제도를 도입하고 있는 나라는 국가별로 군대의 특성과 여건에 따라 군사회복지사를 운용하고 있다. 즉, 현역 군인사회복지사, 민간사회복지사 및 현역 군인사회복지사와 민간사회복지사의 혼합 등 3가지 유형으로 운영하고 있다. 외국의 군사회복지정책 기조를 살펴보면 다음과 같다(유흥위, 2008).

2) 외국의 군사회복지정책 기조

외국의 군사회복지정책에 대한 기조는 국가적으로 다소 차이가 있지만 두 가지 측면으로 접근하고 있다. 첫째, 사기와 복지 및 여가분야로서 기본적인 경제적 욕구 충족을 떠나 군인의 직업적 열악한 문화적 여건을 극복하기 위한 문화적 복지에 초점을 맞추고 있다. 둘째, 광의적으로 보수, 의료, 주거, 교육, 생계지원의 측면에서 직업인으로서 당연히 제공받아야 하는 의·식·주 등 기본여건을 높은 수준으로 제공하기 위한 경제적 복지에 초점을 맞추어 다음과 같이 추진하고 있다.

〈표 6-1〉 **외국군복지정책 기조**

국가	복지정책 기조
미국	· 경제적 복지와 문화 복지(MWR)로 구분 · 우수인력 확보 및 유지를 위한 포괄적 복지정책 수립
독일	· 사회보험과 공적부조의 2개의 축으로 구성 · 복지 · 오락 서비스(welfare and recreation service) · 우수인력 확보 및 유지를 위한 포괄적 복지정책 수립
영국	· 해외파병 장병 및 가족을 고려한 복지정책 · 가족들을 위한 문화, 여행프로그램, 주둔지 방문지원 등 · 가족의 복지향상을 통한 우수인력 유인 및 전투력 유지정책
대만	· 현역군인과 제대군인들에게 초점 · 여생복지제도에 초점을 두어 군 복무에 전념하도록 유도
일본	· 군의 위상 발전에 기여하는 복지정책 · 공제조합을 통한 조직원들의 복지향상 추구

출처: 육군본부(2010).

미국의 군사회복지제도와 정책의 발전을 살펴보면 병역제도가 월남전 이후 징병제도에서 전원지원병제(all volunteer system)로 변경되면서 우수인력을 획득하기 위하여 포괄적이고 다양한 정책 수립과 제도를 실시하여 획기적으로 발전을 하게 되었으며 크게 경제복지와 문화복지(MWR)[1]로 구분하고 있다.

경제적 복지는 물론 문화 복지에 관심을 두게 된 배경에는 18세기부터 지속적으로 수행해 온 전쟁의 경험과 문화적 전통을 통해 전투력을 구성하는 본질적인 기능으로 가족 역할의 중요성을 인식하여 군인가족을 중시하는 복지정책을 수립하고, 효율적인 복지재원의 마련을 위해 정부의 주도하에 비예산 기금을 적극적으로 활용하여 국민의 세금을 경감시키고 있다.

독일의 경우는 미군의 MWR 제도를 참고하여 자국의 여건에 맞도록 복지와 휴양(welfare and recreation service)부분을 강화하였으며, 특히 의무복무병사의 복무기간은 1년 정도로 최소화하고, 현역 직업군인과 그 가족에게는 군 복무로 인하여 발생하는 불이익에 대해 보상함으로써 군 사기 진작과 우수한 자원을 획득하는데 노력을 기울이고 있다. 특히 직업군인에 대한 복지를 수준 높게 발전시키고 간부들은 전역 전 직업학교 교육을 통해 은퇴 후 생활안정을 도모하고 있다. 독일의 군사회복지정책과 제도는 사회보험과 공적 부조의 2가지 축으로 구성되어 있는데 이 가운데 주축을 이루고 있는 것은 사회보험제도이다. 독일군의 복지정책 및 제도는 사회안전, 사회공정, 사회균형, 사회공동체의 네 가지 국가복지 원칙에 준하여 운용되고 있다.

영국의 군사회복지정책은 해외파견 지역이 많기 때문에 많은 군인이 가족과 별거를 하게 된다. 따라서 군에서는 본국에 남아 있는 해외주둔 군인의 가족을 위한 문화, 여행프로그램, 주둔지 방문지원 등 가족의 복지향상을 통하여 안정적으로 군 생활을 할 수 있는 정책과 프로그램들이 다양하게 개발되어 있다.

대만군의 복지정책 및 제도는 1954년에 행정원 부속기관으로 국군퇴역장병 보도위원회가 설치되고 1955년에 관계법령이 제정되면서 1957년부터 관병보도회

---

1) MWR: morale, welfare, and recreation(사기, 복지, 휴양) 군 인력과 그 가족의 안락, 기쁨, 만족, 정신적 및 신체적 건강을 증진시키기 위해 군 당국에 의해 고안된 복지제도.

를 설치하여 현역군인뿐만 아니라 군 생활 후 명예롭게 전역한 군인들의 여생복지를 보장하고 있다. 이는 현역군인들이 직업적으로 임무에 충실할 수 있도록 여생복지정책 및 제도에 국가에서 방향을 설정하고 있다.

일본은 정치·사회적인 여건에 의해 사회보장제도의 연장 선상에서 공제조합을 운영하고 있으며 군 자체적인 복지여건은 군의 위상과 함께 지속적인 발전을 도모하고 있는 추세이다. 공제조합에서 특히 주목할 만한 것은 조합이 금융기관적인 기능을 담당하고 있다는 점이다. 공제조합의 특성상 회원의 공제부담금은 자연스럽게 금융기관의 역할을 유도하는 것으로서 우리의 공제회의 기능과 연관하여 유사한 점이 많다.

3) 한국군복지정책의 비전 및 기조

(1) 기본원칙

군인의 임무수행에 따른 군인과 그 가족에게 제공되는 군의 복지정책은 국가의 안위를 수행할 수 있는 우수인력의 확보와 유지에 필수적인 요소이다. 또한, 직업군인과 그 가족은 국민생활 수준과 동일한 문화 및 복지혜택을 누릴 수 있어야 하며, 전 생애에 걸쳐 감수해야 하는 군 생활의 직업적 불리점을 보상받을 수 있어야 한다. 이에 따라 현역군인과 장기복무 중인 장교, 준·부사관의 직계가족, 10년 이상 복무 후 전역한 제대군인에 대한 복지가 군 전투력의 형성과 준비, 유지에 직접적인 영향을 미치는 주요 요인임을 인식하고 개선을 위한 정책적인 노력을 해야 한다(육군본부, 2011).

(2) 목표

한국군의 복지는 첨단 과학군의 주체인 군사전문가 집단으로서의 위상 확립, 군 복무의 소명과 임무에 전념할 수 있도록 제반 여건 보장, 우수인력 확보를 위한 직업적 경쟁력 제고하는 데 목표를 두고 기본적인 정책을 마련하고 있다.

(3) 정책비전과 기조

군인의 직업적 특성 등 군인복지의 현상분석을 토대로 군인복지의 최종 목표 구현을 위하여 4가지 정책비전을 제시하여 추진한다.

가. 군 임무수행 여건을 보장하는 튼튼한 기초복지 구현

국가 안보 및 존립에 직결되어 있는 군의 임무를 고려해 볼 때, 미래에는 자부심으로 충만한 선진강군의 위상에 걸맞도록 수준 높은 삶의 질이 보장되도록 한다. 군인이 임무수행에 전념할 수 있도록 최우선적으로 보수, 주거 분야의 기초적 생활보장에 적극적인 정책적 노력을 한다.

① **숙소지원**

- 격오지나 대단지 관사 건립이 가능한 지역: 대규모 단지화하여 건립
- 중·소도시 지역: 아파트 매입과 전세자금 지원을 현실화

② **보수 및 수당체계**

- 사회 대기업 수준의 금여를 목표수준으로 하고, 군 복무의 특수성 반영

나. 가족이 행복한 가족공동체 복지건설

군은 타 직업에 비해 일상적인 가정생활을 해 나가기 어려운 반면, 가족의 지지는 군 임무수행에 필수적인 요소이므로 직장과 가정, 일과 여가가 조화될 수 있도록 다음과 같이 지원한다.

① 적극적인 가족지원을 통해 직장과 가정, 일과 여가의 양립이 가능하도록 가족친화적인 공동체 건설을 위한 노력
② 가족복지는 자녀양육 및 교육여건을 획기적으로 개선
③ 내 집 마련의 기회를 적극적으로 확대

다. 사회발전과 병행하는 선진 문화복지 지향

보수, 주거, 의료 등 기본적인 생활 지원(하드웨어)은 물론 인생을 풍요롭게 만들어 줄 다양한 문화적 욕구충족(소프트웨어)에 대한 지원을 한다.

① 수준 높은 삶의 질 여건을 보장하고, 우수인력들이 군에 지속적으로 영입되도록 추진

② 복지수혜의 형평성 제고: 대상별, 지역별 수혜를 균등화하여 지역별 특성 및 수요에 부합한 맞춤형 복지서비스 제공

라. 수요자 요구에 부응하는 효율적인 복지인프라 구축

군은 여러 계급과 연령으로 이루어져 있어 복지 요구가 서로 다르므로 각 대상별, 유형별로 복지 수요자 입장에서 만족할 수 있는 복지인프라를 구축한다.

① 수요자 요구에 부응하는 복지편의 시설과 복지시설을 전면적으로 개선

② 복지기금 확충방안 강구

③ 군 특성에 맞는 복지서비스의 표준화, 복지서비스 평가와 지속적인 수준관리 등 복지 인프라를 효율적으로 관리하는 체계 마련

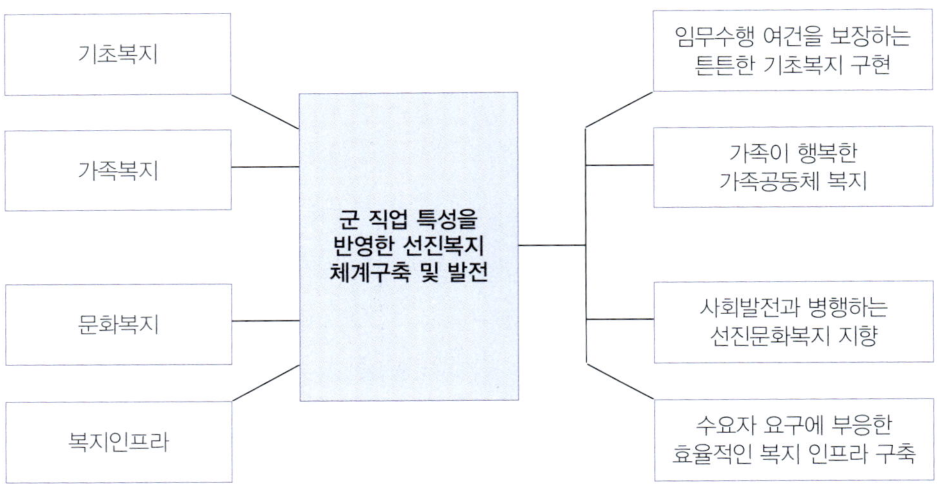

[그림 6-1] **군사회복지정책 비전과 추진방향**

4) 군의 복지정책 추진 방향

(1) 수혜자(군인 및 군인가족)가 체감할 수 있는 복지정책 추진

예산과 시간이 요구되는 중·장기적인 과제는 예산확보 후 시기를 최대한 당길 수 있도록 조정하고, 예산의 확보가 용이한 단기적 과제는 연도별 추진을 통해 장병 및 군인가족이 체감할 수 있도록 정책적으로 노력한다. 또한, 군 복무에 대한 기여도(신분과 근속연수 등)를 고려한 수혜수준을 차등화한다.

(2) 민·관·군이 함께하는 지역 친화적 복지정책 추진

가. 지역사회와 함께하는 복지여건 공유

지역중심지역에 군복지시설의 복합화·단지화를 추진하며, 지역시장 제공기능 및 지역 주민과의 교류의 장을 제공하고, 정부의 복지정책이 미치지 못하는 격오지 지역의 주민에게 군의복지시설을 공동 활용토록 함으로써 정부의 지역균형발전정책에 적극적으로 기여하도록 한다.

나. 지역사회에 대한 시장 제공

군의 복지사업을 추진하는 과정에서 지역주민의 인적 및 물적 자원을 적극 활용함으로써 지역경제 활성화에 기여하고 발전을 도모한다.

(3) 간접적 보상효과 극대화

① 국가예산 및 복지기금의 제한을 고려하여 간접적인 보수 인상 효과와 군인으로서의 자긍심을 동시에 향상시킬 수 있는 생활필수품 및 식료품의 면세혜택 부여, 문화·교통·오락 시설 할인제도 확대, 군복지시설 이용 여건 증진 및 이용 기회 확대방안 마련

② 경제 및 문화생활 여건향상에 역점을 두고 추진

(4) 정부 의존형 복지정책 탈피 및 복지 예산활용

① 정부예산에 의존하는 복지정책에서 탈피하여 군인 복지기금의 확충을 통한 자구적인 복지정책 추진

② 군복지의 자생능력을 향상시키는 법규 및 제도의 개선 노력

③ 복지기금 사용내역의 투명화, 구체화(일반회계 지원사업 계정과 구분)
④ 복지시설의 공공요금 국고지원을 통한 수익구조 개선
⑤ 기업과 연계한 기부 및 지원 제도 장려
⑥ 부가세 영세율 적용 및 면세품 확대군의 직업적 특성 고려

5) 군의 분야별 복지 추진정책

(1) 보수정책

군의 보수체계는 군인복지기본법이 제정된 이후 군 직무의 특수성을 반영하기 어렵다는 측면과 군 복무에 대한 특수성에 대한 보상 및 장기복무자의 혜택의 미흡은 물론 수당체계에 대한 불균형에 대한 문제를 해결하는 방향으로 다음과 같이 정책을 추진하고 있다.

가. 복무의 특수성을 고려한 봉급 및 수당체계 정립

군 복무의 특수성이 반영된 봉급 및 수당을 보장하기 위한 대책으로 「군인보수법」을 근간으로 하여 봉급 및 수당체계를 정립하도록 하고 군 복무의 특수성이 반영된 군인보수를 보장하기 위한 대책으로 「군인보수법 시행령」을 제정하여 독자적인 보수체계를 구축하고자 노력하고 있다.

나. 복무 구분별 보수체계 차등화

임용 시부터 장기복무와 의무복무자의 보수를 연차별로 차등화하고 장기복무 시점을 기준으로 하여 장·단기복무자의 이원화 보수체계를 통하여 장기복무자의 처우를 개선함으로써 우수자원의 유입 및 장기근속으로 유도하는 보수체계의 방향으로 추진하고 있다.

다. 군 직무 특수성의 반영과 실종사자 중심의 수당체계 마련

핵심 전투인력의 수당 인상과 함께 별거가족의 수당 신설, 대학생 자녀 학비보조수당 신설, 토요 근무 보상비, 위험근무수당, 연구업무수당, 군인장려 수당

의 현실화를 추진하기 위한 정책을 마련하고 있다.

라. 필수 기본경비 지급

헌신과 희생이라는 군인의 특수성으로 인해 미지급 및 당연시 되어 왔던 임상직 군의관 특별 진료업무비, 군 당직근무비, 직책별 특정업무비 지급에 대한 정책을 마련하고 있다.

(2) 주거복지정책

가. 군 숙소 정책

기혼간부 숙소의 주거환경은 국민평균 주거수준인 85㎡ 이상으로 개선하고 건립위주의 주거확보 정책에서 민간 아파트 매입과 전세자금 지원을 확대해 나가고 있다.

나. 군 숙소 소요 산출기준 재검토 및 군 숙소 관리 전산시스템 구축

군 숙소 소요산정 기준을 '국방개혁 2020'과 연계하여 인력구조의 변화, 지역별 특성, 기혼별거 간부 증가율 등이 반영되도록 정책적 방향을 마련해 나가고 있다.

다. 군 숙소 건립 최소화 및 전세, 매입 위주의 군 숙소 확보정책 추진

군 숙소용 아파트 매입과 전세자금 지원제도를 확대해 나간다.

라. BTL 건립 및 경상사업에 의한 균형된 군 숙소 개선 추진

25년 이상 노후 및 15평 이하의 협소 숙소를 우선적으로 BTL사업으로 추진한다.

마. 군 숙소 권역별 단지화 조성확대

국방개혁 2020과 연계하여 지작사 지역은 사여단급 단위로, 2작전사 지역은 연대급 단위로 단지화를 추진하고 있다.

바. 내 집 마련 지원

내 집 마련을 위한 정책은 군인공제회 택지공급 확대, 주택마련을 위한 군 숙소 및 전세자금, 주택수당 등 다양한 주거선택 옵션 선택제와 주택자금 대출지원 및 주택 청약에 따른 거주지 요건을 완화하는 정책을 추진하고 있다.

(3) 가족복지정책

가. 가족공동체 기반조성

가족공동체 기반조성을 위하여 간부들의 지역현황에 대한 제반 궁금증 해소를 위한 안내 및 상담 기능을 강화하고 군인가족의 행복지원 서비스의 확대와 군인가족 집단 거주 지방자치단체 및 사회단체와 협력을 강화하고 군인가족의 참여기반을 마련하도록 추진하고 있다.

나. 자녀교육 및 양육정책

자녀 교육지원 정책은 대학생자녀 학비보조수당 지급, 직업군인자녀 대학 특별전형 입학 확대, 군 자녀 기숙사 신·증축 등을 추진하고 있다.

자녀 양육지원 정책은 여성가족부와 국방부 간에 협약한 '국방부 영·유아보육시설 설치 운영 협약서'에 따라 BTL 관사 내 보육시설을 직장시설로 전환하여 양질의 보육서비스 제공과 아이돌봄 서비스를 확대해 나가고 있다.

다. 아동 · 청소년 프로그램 개발

아동 및 청소년기 필요한 다양한 프로그램 지원과 복지기금 및 민간자원의 적극적인 활용과 군 자원을 활용한 방과 후 학교를 추진해 나가고 있다.

라. 특별가족지원 정책

군 장애가족지원 프로그램과 노인대상 서비스 제공을 위하여 군인 노인 가족 및 지역사회 노인지원 프로그램을 개발하고 자원봉사활성화 정책을 추진해 나가고 있다.

(4) 사병복지정책

가. 병 봉급 현실화

사병의 한 달 동안 평균적으로 사용하는 지출현황을 기준으로 기본경비의 현실화를 위해 지속적으로 사병 봉급을 인상해 나간다.

나. 병영생활관 개선

신세대 장병의 욕구 수준을 반영하여 쾌적한 병영생활 여건보장을 위하여 개·보수공사 및 소대단위에서 분대단위 침대형 생활관으로 개선해 나간다.

다. 보급품 및 급식수준의 개선

미래 개인전투체계 발전방향과 연계한 품목을 개발하여 고품질 다기능성 피복류로 개선하며, 장병 기본급식비는 국민평균 급식비 수준으로 향상해 나간다.

라. 건강지원

장병들의 건강진료기본권을 보장하고 격오지 근무 장병들의 진료접근성 보장을 강화하며 장병들의 건강 권리를 증진시켜나간다.

마. 사병 자기계발 지원

1인 1자격증을 취득하도록 제도를 마련하고 군에서의 교육훈련을 학점으로 인정 받을 수 있도록 과정을 확대해 나간다. 또한, 병영에 도서관과 사이버 지식정보방을 운영하고 동아리 활동이 활성화되도록 지원한다.

(5) 문화복지정책

가. 영내 체력관리 지원

군 부대 내의 표준화된 전천후 실내체육 시설을 육군 기준 2016년까지 1단계로 대대급(99개소)과 연대급(47개소)으로 구분하여 확보하고 점진적으로 확대해 나간다.

나. 체력단련장 건립

체력단련장은 예산 소요를 최소화하는 체력간련장을 건립하고 군숙소 BTL 사업등을 고려하여 복지타운과 연계한 시설을 확충해 나가고 있다.

다. 휴양 및 문화활동 지원

휴양 및 문화활동 분야는 휴양시설의 통합 및 운영의 효율성을 증대하고, 다양한 여가 및 문화 프로그램의 지원 정책을 지속적으로 추진한다.

(6) 자질개발 교육 정책

가. 간부 자기개발 지원

간부의 교육지원 정책은 간부 자기개발 지원, 자기 주도적 학습과 자질향상을 위한 능력개발 기회 확대 및 격오지 근무 간부들의 교육 접근성 향상 정책을 추진한다.

나. 산 · 학 · 군 교류

학군 제휴 협약 대학과의 연계를 통하여 산·학·군 교류 확대와 사회평생교육 시스템을 적용해 나간다.

(7) 복지인프라 구축 정책

가. 복지시설 개선

장병휴양시설 개선 및 복지회관 추가 확보, 충성클럽 환경개선, 민간시설 활성화 및 민군 통합복지타운 건립 추진 등의 정책을 추진한다.

나. 기금운용 개선

급호 기준에 의한 장병격려금 편성, 일반회계 사업가 구분한 기급운용, 복지지원요소 세분화 및 민간자원 유입금(현물포함)을 고려한 기금 운용의 개선 정책을 추진한다.

〈표 6-2〉 한국과 외국의 군사회복지정책 및 제도 비교

구분	미군	독일군	영국군	대만군	일본군	한국군
정책 기조	경제적 복지와 문화복지(MWR)로 구분, 포괄적 복지정책 수립	사회보험과 공적부조의 2개의 축으로 구성 복지·오락서비스(welfare and recreation service)	해외파병 장병 및 가족을 고려한 복지정책, 가족의 복지향상을 통한 우수인력 유지 및 전투력 유지정책	여생복지제도에 초점을 두어 군 복무에 전념하도록 유도	군의 위상 발전에 기여하는 복지정책, 공제조합을 통한 조직원의 복지 향상 추구	직업군인 위주의 간접 보상효과 극대화
주관 기구	군사회가족지원본부	연방 군사회 서비스국	해외파병 지원국	연합근무총사령부 관병 보도회	방위청 산하 공제조합	복지보건국 각 군복지단 군인공제회
생활 지원	별거 수당, 가족 수당	별거 수당	X-factor제도 실시, 별거 수당	별거 수당, 가족 수당, 공공요금감면	별거 수당, 아동 수당	가족 수당
주거 지원	관사 입주, 일정금 지원(미입주자)	관사제도 없음, 일반주택 알선	일반주택 알선	관사제도 없음, 주택구매자금 지원(80%)	관사 입주, 일정금 지원(미입주자)	관사 입주, 일반주택 알선
교육 지원	유치원~고등학교 국방성 운용(해외주둔) SOC 운용	연방군사학교 전문직업학교 자녀교육 장려금 지원	자녀학자금 지원(초~고교), 대학학자금 무이자 융자	대학생 학자금 지원, 대학학자금 무이자 융자	자녀학자금 지원(초~고교) 대학학자금, 무이자 융자	자녀학자금 지원(초~고교) 대학학자금, 무이자 융자
의료 보험	군병원 이용, 민간병원 이(진료비 25%)	군병원 이용	군병원 이용	군병원 이용, 군인보험, 전역 직업군인 무료진료	의료보험 가입, 민간병원 이용(군인가족)	군병원 이용, 의료보험(가족)
직업 보도	직업교육 없음	군 직업학교, 직업보도	직업보도	전역 직업군인 재취업 보장	직업교육 없음	군직업 교육 직업보도
여가 오락	MWR(사기복지오락)	복지오락(welfare & recreation program)	가족중심 휴양, 여행 오락 제도	복지시설 민영화	MWR개념 도입	복지단 운영 복지시설
군인 연금	국고지원 50~75%	국고지원 71~75%	국고지원 57%	국고지원 80~90%	개인 7.6% 국고지원 40~70.5%	개인/국가 각각 8.5%,법정부담 50~76%

출처: 유홍위(2008).

2 군사회복지정책 보완 방향[2)]

1) 복지예산 편성

한국군은 예산편성 면에서 군이 국가의 타 기관과 비교했을 때 사회보장에 대한 차이도 문제이지만 전체 예산구조 속에서 세부적인 예산 항목이나 국가예산의 의존도가 높다는 문제점을 가지고 있다. 따라서 신세대 장병의 욕구를 충족시킬 수 있는 군사회복지 계획을 마련하고 전문 군사회복지 프로그램 및 서비스를 뒷받침할 수 있는 예산 항목을 신설하여 실질적인 군사회복지의 청사진이 구현되도록 해야 할 것이다. 또한, 군인과 군인가족에게 필요한 사회수준의 문화적 욕구를 충족시킬 수 있는 방법을 강구해야 할 것이다.

이러한 군의 사기와 복지 증진에 필요한 비용은 국가 예산만으로는 해결하기 곤란함으로 비예산 기금을 조성해야 할 것으로 판단되는데 이는 미군이 각 군별로 전체 복지예산의 1/2~2/3를 비예산 기금(NAF, non appropriated fund)으로 충당하고 있는 반면, 한국군은 6.6%에 그치고 있다는 문제점에서 그 필요성이 시급하다고 할 수 있을 것이다.

2) 심리 · 문화적 분야

(1) 병영문화의 선진화

가. 병영개방 및 교류

군대 조직도 사회의 하위 조직이라는 생각 아래 사회의 일원으로서 조직을 운영해 나가야 함은 물론 병사의 자율성을 군이 허용하는 범위 내에서 최대한 보장함으로써 스스로 참여하는 조직 문화를 만들어 나가야 한다. 반면에 지역경제 활동을 하는 주민과 지역사회가 관심을 가지고 있는 훈련 및 병영 활동 등의 대외

2) 본 내용은 2007 유홍위의 박사학위 논문을 요약 수정하였음.

적인 공개를 확대해 나감으로써 주민들로부터 신뢰감을 형성해 나가야 할 것이다. 따라서 과거에 임무 및 훈련 진행을 원활하게 하기 위한 편이성에서 벗어나 보안개념을 재정립하고, 국민의 알 권리 해소와 적극적인 개방의 차원에서 국민들이 가지고 있는 불신을 불식시켜 나가야 할 것이다.

또한, 민과 군이 세미나 및 공청회 등을 통하여 군이 주둔하고 있는 지역사회의와 군의 공통의 관심사를 해결해 나가는 연계 방안이 필요하다. 군은 과거의 폐쇄적인 부대 운용방식에서 벗어나 신세대 장병의 부대적응 및 일탈 예방 방안 등 전문 집단과 상호 의견 및 학술 교류를 활성화하고 지역주민을 대상으로 한 대민 지원과 지자체와의 교류를 활성화해 나가야 한다. 따라서 다양한 지역사회 친화 프로그램 개발 및 추진하고, 지자체와 연계하여 각종 행사 시 장병의 전문 능력을 투입하는 행사 도우미로 참여하며 지역의 복지시설 봉사활동, 독거노인 가정 연결 및 전적지, 문화재 정화활동 등도 전향적으로 실시함으로써 지역사회의 발전에 기여해야 할 것이다.

나. 병영문화와 인권개선

병영문화는 인권을 존중하고 국민의 신뢰를 바탕으로 싸워서 이길 수 있는 기반이 조성된, 합리적이고 민주적인 병영생활의 총체로서 국민이 사랑하고 신뢰할 수 있도록 선진화시켜야 할 것이다. 이를 위해 가고 싶은 군대, 인권존중의 신바람 나는 군대, 임무에 전념할 수 있도록 개인 고충을 해결해 주며 안심하고 자식을 맡길 수 있는 편안한 군대로 만들어 나가야 할 것이다. 즉 군의 절대적 고객인 국민과 장병들의 가치관 변화를 관찰하고 예측하며 고객에게 군을 적극 홍보하고 핵심가치를 요구할 수 있도록 정보교환을 활성화해 나가야 한다.

일시적으로 군대의 조직문화 속에서 생활하다가 사회라는 대문화로 재사회화된다는 인식 아래 '제복 입은 시민'으로서 필요한 문화를 습득하도록 해야 한다. 따라서 병사들의 내무생활을 '통제형에서 자율형으로', '지시와 강압에서 존중과 배려'의 생활환경으로 전환해 나가야 할 것이다. 장병들의 인권을 개선하기 위하여 병영생활 간 언어폭력, 구타 및 가혹행위 근절은 물론 성폭력 예방활동을 강화하고, 인권 및 고충 처리제도를 선진화하며, 인권 관련 민·군간 대립을 해소해 나가야 한다. 또한, 인권과 관련된 개선과제를 선정하여 추진해 나가는 것이 바람직할 것이다.

〈표 6-3〉 **인권 개선과제**

추진과제	추진방안	추진단계	
		단기	중기
인권의식 고양 및 생활화	· '군 인권지침서' 개발	●	
	· 계층별 인권교육의 추진		●
인권정책체계 정립	· 국방부, 각군 본부 인권담당 임명	●	
	· 인권담당 부서 설치		●
고충처리 전문화 및 활성화	· 인권·고충 상담센터 개선 시범운용	●	
	· 인권 중심 상담센터 설치		●
	· 상담관제도 확대(시범→제도화)		●
법·제도 개선	· 병사의 고충심사청구권 명문화	●	
	· 성폭력 사고처리 구정 제정	●	
	· 군인복무 기본법 제정		●
민·군 관계개선	· 병영생활 개선 노력	지속	

출처: 유홍위(2008).

다. 장병 자기계발

의무적으로 군에 입대하는 병사들은 군 복무를 잃어버린 시간으로 간주하고, 군 복무기간 중에는 부대적응에 대한 문제와 전역 후에는 진로 및 취업에 대한 고민을 하고 있는 실정으로서 장병들에 대한 자기계발 여건을 조성해 나가야 할 것이다. 군 생활 기간에 인터넷 교육 프로그램(e-러닝시스템)을 구축하여 어학, 취업, 전공, 대학진학 정보 등 개인별 희망하는 분야를 선정하여 군 복무 중에 중단 없는 학습여건이 제공되도록 하고, 군에서 배운 기술이 사회에서 활용되도록 노동부와 공동 연구 및 군 관련 자격의 국가 공인을 추진해 나갈 필요가 있다.

라. 생활환경 개선

경직된 내무생활에서 자유로운 분위기로 전환시키고, 개인생활 보장이 가능한 일과표로 개선해 나가야 할 것이다. 국방부에서 현재 진행 중인 병영문화 개선 연구가 조기에 완료되어 자율 활동 시간의 과업형 통제가 최소화되어 자유 시간을 부여하고, 부대활동과 개인시간을 명확히 구분하여, '폐쇄의 문화'에서 '개방의 문화'로 내무실의 '수용'의 개념에서 생활관으로 퇴근하는 '주거' 개념의 생활환경으로 개선하고, 인간 중심, 사회와 함께하는 사랑이 넘치고 임무에 전념할 수 있는 생활환경을 만들어 가야 할 것이다.

(2) 전문복지인력 및 조직 운영체계 구축

장병들의 심리·문화적 욕구를 파악하고 해결하기 위한 군사회복지 전문 인력 체계의 구축은 제도적인 자격 공인과 함께 군사회복지제도를 발전시키는 제도적 보장이라 할 수 있다. 현재 군에서 현역(인사, 감찰, 헌병, 법무, 군종, 군의관, 주임원사)으로 장병들의 고충을 해결하는 제도를 시행하고 있다. 그러나 그 효과를 극대화하기 위해서는 군사회복지사를 각급 제대별로 적정하게 배치해 나가야 할 것이다.

인권 관련 사고를 예방하고 군사회복지 발전을 위한 노력이 결실을 맺기 위한 방법 중 하나로서 군에 군사회복지 전문인력을 다음과 같이 배치할 필요가 있는데 일반부대는 연대급까지 군사회복지사를 보직하고, 대대급 이하 부대에는 기존의 편제된 간부의 업무 통제하에 사회복지 및 상담을 전공한 사병을 배치하는 방법이다. 또한, 제대별로 장병들의 소원과 마음 놓고 고충을 상담할 수 있는 '장병기본권 상담실'을 설치하여 장병들의 기본권 보장을 위한 노력과 예방 중심의 상담 및 복지 서비스를 실시하고, 야전병원 이상의 군병원에서는 의료 및 정신보건에 대한 치료중심의 군사회복지사를 배치하는 방안을 고려해 볼 수 있을 것이다.

또한, 군사회복지제도가 전군에 본격적으로 시행되기 전에 민간 사회복지 전문기관과 연계하여 제대별, 유형별로 특성에 맞는 시범사업을 실시할 필요가 있다.

(3) 군사회복지 관련 군사특기 신설 및 양성

1977년부터 의정병과에서는 대학에서 사회사업을 전공자를 대상으로 의정장교를 선발하여 사회사업 부특기(764)를 부여하여 운용하고 있으며, 2005년부터는 상담심리 부특기(789)를 새롭게 신설하였다. 그러나 의료 및 상담 등 군사회복지 관련 군사특기에 대한 관심부족으로 인하여 신청하지 않을 뿐만 아니라 특기를 부여 받은 간부의 경우도 전문적인 임무를 수행하지 못하고 형식적으로 특기관리만 하고 있다.

따라서 군사회복지사와는 별도로 현역 신분으로서 각급 부대에서 장병들을 대상으로 사고예방과 개인 및 조직의 욕구를 파악하고 해결하는 전문적인 상담과 사회복지 임무를 수행할 수 있는 군사특기를 신설하고 미국, 영국, 캐나다와 같이 전문 군사회복지 수행 인력을 양성하여 군에서 활용할 필요가 있다.

(4) 민·관·군복지행정 네트워크 구축

군사회복지제도화를 위해서는 공공 행정체계의 구축과 함께 민간 지원체계가 구축되도록 법적 장치가 마련되어야 한다.

첫째, 군사회복지사를 배치하는 데 소요되는 예산은 원칙적으로 정부의 복지예산에서 지원받도록 한다. 그 방법으로는 보건복지부 예산 부담원칙에 국방부에 배정된 복지예산을 더하여 공동 부담하도록 해야 한다. 군사회복지의 대상자들이 원만하게 복지혜택을 받지 못하면, 전직 및 사회화로 인한 사회문제가 될 수 있으며, 향후 사회의 복지에 부담으로 다가올 수 있다. 따라서 보건복지부가 사회의 복지문제 예방에 대한 투자로 군사회복지에 대한 예산지원을 담당해야 한다.

둘째, 보건복지부의 사회복지사업법에 사회복지사업의 내용으로 군사회복지를 추가해야 한다. 군복지의 대상은 아동, 청소년, 여성, 노인, 장애인 등 모든 복지대상이 포함되며 국가 인구의 50분의 1이라는 현역과 제대군인들과 그 가족 등 다수의 국민들이 포함된다는 점에서 군사회복지 사업이 하나의 보건복지부 및 국방부의 협력 사업으로 선정하여 추진해 나가야 한다.

셋째, 각 지방자치단체는 조례 제정을 통하여 지방자치 예산편성 과정에서부터 지역사회와 군이 함께 발전할 수 있도록 단순 위문차원이 아닌 군사회복지의 발전을 위한 지방재정지원의 근거를 마련한다.

넷째, 각 군별, 제대별로 부대 내규에 군사회복지제도 조항을 삽입해야 하며, 군사회복지에의 지원, 군사회복지사의 장병에 대한 전문 활동과 부대 운영과 평가에 참여할 수 있는 근거 조항을 마련하여야 한다.

다섯째, 민간 복지재단이나 기관의 후원금과 군사회복지를 위한 프로젝트를 공동으로 수행할 수 있도록 한다.

여섯째, 민간 지원체계의 구축을 위해서 사회복지계는 장병과 군인가족을 군사회복지 프로그램 진행과정에 참여시키는 장치를 구축하는 것이 필요하다. 가족들이 참여하는 자원봉사제도를 수립하며, 기존의 군 기본권 상담관과 지역사회의 성직자 및 상담전문가 외에 군사회복지에 도움을 줄 수 있는 복지관을 포함한 다양한 민간 지원체계의 인적 자원을 확보한다.

또한, 학계, 군 정책부서, 민간전문 기관과의 가칭 '군사회복지 협의체'를 구성하여 학·군 연계, 민·군 연계, 민·학·군 간의 연계를 통한 군사회복지 발전방안을 강구하고 협의체를 구성하여 학문적인 교류, 군사회복지 실천현장의 동향 및 과제에 대한 공동 참여 및 개선 노력 등을 통하여 장병들의 병영생활에서의 문제해결, 가족문제와 가정의 문제에 대한 문제를 해결하는 방안이 필요할 것이다. 또한, 군사회복지 협의체를 통하여 지역사회의 사회복지사들과 네트워크 망을 구축하여 군사회복지에 대한 전문적인 참여를 유도해 나가도록 정책적으로 뒷받침이 되어야 한다.

(5) 생산적 공동체 가족지원

한국군은 군조직에 공동체와 가족을 지원하는 부서가 따로 편제되어 있지 못하며 군인가족지원에 대한 종합적인 연구조사 역시 미미한 실정이다. 따라서 부대 특성 및 지역적으로 모여 사는 군인가족을 대상으로 가족친화적인 직장문화를 만들어가고, 지역사회와 연계하여 각종 세미나, 행사 및 평생교육 프로그램을 운용하여 군인가족에 대한 복지적 관심을 유도해 나가야 한다.

또한, 미군의 MWR과 공동체 가족지원 프로그램을 벤치마킹하여 문화부문에서는 미술, 음악, 공예, 연극, 영화, 야외오락, 청소년, 아동 업무를 지원하고 생활부문에서는 고용, 재정 관리, 여가 등 생활전반과 관련된 개인의 필요 정보를 제공하며, 파병 등으로 별거하는 가족지원, 평생 교육, 가정 폭력 관리 업무 등을 지원하여 생활 안정뿐 아니라 우수한 군인가족이 그 역량을 발휘할 수 있는 기회를 마련해 나가야 할 것이다. 따라서 여성가족부, 행자부, 보건복지부, 지자체 등 관련기관과의 협력을 증대하고 가칭 '군인가족지원센터'를 설립하여 군인가족의 문화 수준과 복지 수준을 높이고, 자녀 보육 및 교육수준 향상을 위한 프로그램을 제공하며 전문적 능력을 지닌 군인가족의 인력 인프라를 활용해 나갈 필요가 있다.

(6) 의료지원 체계 개선

군인과 제대군인 및 그 가족에 대한 의료지원을 개선하기 위해서는 진료기본권과 진료접근성을 보장하고, 주 전투수행 단위에 대한 의무능력을 보장하며, 군생활 간에 정신보건 및 육체적 질병이 발생하지 않도록 예방하며, 제대 후에는 사회생활에 지장을 받지 않도록 주기적인 건강 검진을 현 간부 중심에서 병사까지 확대하고 정례화해 나가야 한다. 또한, 응급환자 지원센터를 전군으로 확대하고 환자의 병력 및 진료에 대한 정보를 공유함으로써 진료의 효율성을 높이고, 부족한 군 의료 인력을 대신하여 지역사회의 유휴 민간전문의가 군에서 진료하는 등 충원방법을 다원화할 필요가 있다. 또한, 군 의료 체계 및 수준에 대한 신뢰확보와 의료서비스 질을 향상시킬 수 있도록 3차 진료병원 설립과 군 의무 지휘체계 및 의무 군수지원체계를 선진화해야 할 것이다.

(7) 복지 및 교육 프로그램 연계

군에는 신세대와 구세대, 장교와 병사, 직업군인과 의무근무 장병, 지휘관과 참모, 남군과 여군 등 다양한 신분과 세대가 공존하며 부여된 목표 완수를 위해 임무를 수행하고 있다. 따라서 그들의 욕구가 획일적일 수는 없기 때문에 세대별, 신분별, 제대별, 부대별, 지역별로 욕구 수준에 적합한 맞춤식복지 및 교육 프로그램을 개발하고 적극 도입하여 운용해 나가야 할 것이다. 군 내부에 복지전문 인력을 배치하고 장병들의 욕구 및 고충을 해결함으로써 병영생활에 적응하도록 하고 사기 및 복지를 증진시킴으로써 궁극적으로 전투력을 향상시켜야 한다.

제대별로 군사회복지 전문가가 중심이 되고 군 내부 및 지자체를 포함한 외부의 전문가들과 연계를 통한 군사회복지 및 교육 프로그램을 개발하고 적용해 나가야 할 것이다.

(8) 사회적응 교육과 제대군인 지원 인프라 구축

전역을 앞둔 장병이 전직을 위한 직업설계를 할 수 있는 국방취업 전산망, 노동부의 WORK-NET 등 다양한 정보망을 활용할 수 있도록 홍보하고 지원하며, 현행과 같은 단순화된 사회적응 능력 프로그램을 연령별, 계급별로 다양하게 개발하고 전역예정자가 희망하는 프로그램을 선택하여 수강할 수 있는 체계를 갖추어 나가야 할 것이다. 제대군인에 대한 인적자료를 공동으로 활용하기 위한 데이터 베이스를 구축하여 관계기관과 취업에 활용 가능한 연계 시스템을 구축하고, 미국의 군인 정보제공시스템(COOL)[3]과 군 경력 및 교육 인증서(VMET)[4]와 같은 군 교육 및 경력의 사회인증과 정보 공유를 제도화 해 나갈 필요가 있다.

---

3) COOL(Credentialing Opportunities On-Line): 군인들의 주특기와 관련되는 민간의 직종과 민간 자격증 취득을 위해 필요한 요건을 알게해 주는 온라인 시스템. COOL 시스템은 군의 주특기에 적합한 민간의 직업에 대한 정보와 군 자격증이 민간자격증으로 인증되는지 여부에 대한 정보 제공.

4) VMET(Verification of Military Experience and Training, 군 경력 및 교육인증서): 미국의 군 경력을 사회에 연계시키기 위한 제도로서 1999년부터 시행. 군 복무 기간 동안의 경력 및 훈련과정이 상세하게 기록된 이 VMET를 전역 이후 취업기관 또는 교육 기관에 제출하면 그 경력과 훈련내용은 공식적으로 인정.

07

CHAPTER

군사회복지 관련 법

우리 군은 창군 이후 지속적으로 군인과 그 가족에 대한 복지정책의 발전과 행정적인 노력을 경주해 오고 있다. 그러나 아직까지 우리 군에서는 외국의 군에서 도입 운용하고 있는 군사회복지제도가 마련되어 있지 않다. 2009년부터는 「군인복지기본법」이 제정되어 군인과 가족들의 생활 안정과 삶의 질이 향상되는 제도와 병사들의 복지 향상에 대한 법적인 근거가 마련되었다. 현재 군인 및 가족과 제대군인에 적용되는 복지정책과 법령을 살펴보면 「헌법」부터 「군인복지기본법」을 포함한 13개의 법률이 제정되어 있다. 또한, 「군인복지기본법시행령」을 포함하여 16개의 대통령령 및 부령과 군인복지시설 및 복지기금관리운용 훈령 등 18개의 국방부 훈령이 있다.

〈표 7-1〉 **군사회복지 관련 법령**

구분	대상	법령	
헌법 및 법률	공통	· 대한민국 헌법 · 군인공제회법 · 체육시설의 설치·이용에 관한 법률	· 조세특례 제한법 · 주세법 · 부가가치세법 · 영유아보육법
	군인	· 국가공무원법 · 군인복지기본법	· 군인보수법 · 군인의 지위 및 복무에 관한 기본법
	제대군인 및 보훈	· 국가보훈기본법	
대통령령 및 부령	공통	· 군인복지기본법 시행령 · 군인복지기금법 시행령 · 군인 및 군무원의 해외 파견근무수당 지급규정	· 부가가치세법 시행령 · 조세특례제한법 시행령 · 체육시설의 설치·이용에 관한 법률 시행령
	군인	· 공무원 보수규정 · 공무원수당 등에 관한 규정 · 공무원 여비규정 · 공무원 후생복지에 관한 규정 · 국가공무원 복무규정 · 재외 공무원 수당지급 규칙	· 단기복무부사관 장려수당 지급규정 · 군인 등의 특수근무수당에 관한 규칙 · 영유아보육법 시행령 · 영유아보육법 시행규칙
국방부 훈령	공통	· 군 체력단련장 운영통제 훈령 · 국군복지단 조직 및 운영에 관한 훈령	· 군복지시설 및 복지기금 관리·운용 훈령
	군인	· 군 보육시설 관리·운영훈령 · 군간부 전세금 대부운영 훈령 · 군관사 확보 및 관리훈령 · 군 매점 면세품 운영 훈령 · 군인 등의 장려수당 및 유급지원병보수 훈령 · 군 주택공급 입주자 선정 훈령 · 보험업무 관리 훈령	· 군무원 위험수당 및 항공수당지급 훈령 · 군인·군무원 관리업무수당 지급훈령 · 군 출산장려 조성 훈령 · 군인복지운영위원회 구성 및 운영에 관한 훈령
	제대군인 및 보훈	· 산하기관 보수 등에 관한 훈령, · 공무원의 임시직 경력환산율 적용 등에 관한 훈령	

출처: 국방부(2010c).

〈표 7-1〉에서 살펴본 군의 다양한 군사회복지 관련 법령 중에서 실제적으로 군인 및 가족과 관련된 법률을 중점적으로 살펴보면 다음과 같다.

1 군인복지기본법

「군인복지기본법」은 2007년 12월 21일 제정되어 군인의 생활안정과 삶의 질을 향상하며, 군인의 사기를 드높이고 이를 통해 임무수행에 전념할 수 있는 환경을 만들 수 있는 계기가 마련되었다. 2009년 3월 1일 시행된 「군인복지기본법」에 따라 매 5년마다 기본계획을 새롭게 수립하여 달라진 복지환경에 부응하고, 군인의 다양한 요구를 수용고 있다. 또한, 군인가족까지 더 좋아진 복지혜택을 누릴 수 있게 되었다. 「군인복지기본법」이 제정됨으로써 단순한 군의 복지제도 그 이상의 역할을 하게 된 것이다. 대상은 장교, 준, 부사관, 병사 등 현역군인은 물론 장기복무를 하는 장교, 준 · 부사관의 가족까지 군인복지와 혜택을 누릴 수 있으며, 10년 이상 복무한 후 전역한 예비역 군인도 포함된다. 주요내용을 살펴보면 다음과 같다.

첫째, 국가는 군인에게 관사 또는 독신자숙소를 제공하고 10년 이상 복무한 군인 중 무주택 세대주에 대해서는 주택을 우선적으로 공급한다.

둘째, 군인의 생활안정과 복지증진을 도모할 목적으로 설립된 법인이 무주택 군인을 대상으로 주택을 공급하고자 하는 경우 택지를 우선하여 공급할 수 있는 근거를 마련한다.

셋째, 농어촌지역 등 취약지역의 군인 밀집지역에 국·공입 보육시설을 우선 설치하도록 근거를 마련한다.

넷째, 군인의 전투력을 유지하기 위하여 정기적인 검진과 진료 등의 의료지원을 하고 「국민건강보험법」 제47조의 적용대상이 아닌 병사들에 대하여 건강검진을 실시할 수 있는 근거를 마련한다.

다섯째, 현재 각 군에서 별도로 운영하고 있는 복지시설 등을 국방부가 통합하여 관리 · 운영하고 회계처리는 「군인복지기금법」의 규정에 따르도록 한다는 데 있다. 군인의 복지증진을 위하여 군인복지 기본계획을 수립 · 시행하고, 주택 우선공급, 복무상 상해 · 질병 치료비용 지원 등 각종지원을 실시한다.

군인복지기본법의 제정배경은 군인과 그 가족의 삶의 질 향상이며 세부내용은 다음과 같다.

〈표 7-2〉 **군인복지기본법의 제정배경**

구분	내용
복지 지원 근거 마련	· 군인을 위한 복지정책 지원근거 마련 · 군인과 그 가족이 일상생활에서 겪고 있는 고충을 해소하고 군인 본연의 전투력 향상에 전념토록 함
열악한 근무환경 개선	· 급속한 경제발전과 복지수요의 다양화 추세 속에서 군인에 대한 복지 수준 향상 · 군의 열악한 근무환경 개선과 군의 사기 증진
국민적 복지관심 부각	· 징병제가 엄존하는 우리 현실에서 군인복지는 특정그룹의 문제가 아니라 총체적인 국민복지적 관심 제고
우수인력 확보의 토대 마련	· 인구감소에 따른 병력충원과 국방개혁 2020의 실현을 위한 우수인력 확보에 군인복지의 향상이 요구

1) 군인복지기본법 제정과정

(1) 군사회복지제도화를 위한 노력

군사회복지의 제도화를 위한 노력은 2000년대 중반 이후 지속적으로 발생한 훈련소 인분 사건, GP 총기난사 사건 등 장병들의 인권과 복지적인 문제가 발생하면서 군사회복지 단체와 민간 전문가들로부터 시작되었다고 볼 수가 있다. 군사회복지제도화를 위하여 민간차원의 군사회복지 전문가들은 2005년 6월 '군복지체계 정립을 위한 법, 제도개선 방안'에 대한 국회 국방정책 토론회로부터 시작하여 군사회복지제도 도입의 필요성에 대한 대 · 내외적으로 활발한 활동을 전개하였다. 또한, 군에서도 제도화되기 전단계로 군사회복지 관련 인력을 배치하게 됨으로써 제도화에 대한 준비가 진행되었다. 군사회복지제도 도입의 배경으로부터 제정까지의 과정을 살펴보면 다음과 같다.

가. 배경

① 군에서 발생한 일련의 사건은 군 내부에서 인권의 문제로 대두

- 2003년 8월 군 폭력 및 가혹행위 발생에 대한 문제로 인식의 변화 조짐
- 2005년 2월 육군훈련소 인분 사건 발생
- 2005년 6월 19일 총기난동사고, 이후 알몸 신고식, 총기피탈사고 발상
- 2005년 10월 광주 통합병원 노충국, 12월 윤여주 간암 의료사고
- 2005년 10월 군 간부의 사병화에 대한 보도(인권문제 제기)
- 2006년 2월 15일 동성애 사병–성관계 사진요구 물의
- 2006년 3월 11일 성폭력 경험자 15.4% 보도(인권위원회, 2004년도 현황)

② 신세대 병사의 사회생활환경, 자율적 태도 등은 군 내부의 통제는 자체적 노력으로는 한계 노정

③ 군사회복지제도의 도입을 위한 활동 활발: 국회 공청회, '군사회복지 관련법' 발의(2006년)

④ 군 내부에 전문인력 배치의 긍정적 인식(군 기본권 상담관 시범운용)

나. 군사회복지제도 도입 필요성에 대한 대내·외적 활동

① 2005년 6월 8일 군복지체계 정립을 위한 법, 제도개선방안 토론회 실시

② 2005년 6월 29일 국회 간담회 실시(고경화 의원 주관)

- 송영선, 황진하 의원과 군사회복지사 도입의 필요성 토의

③ 2005년 7월 22일 청소년 문화, 병영문화 대토론회 실시(청소년위원회)

- 현역장교, 사병, 시민단체, 학생, 예비역 참석
- 군사회복지 관점에서 병영문화 정착에 군사회복지사 도입 요청

④ 2005년 7월 27일 군사회복지사 도입을 위한 공청회 실시(국회 도서관 대강당)

⑤ 2005년 11월 15일 정신보건임상심리사 선발, 2007년 시행(병무청 발표)

⑥ 2005년 12월 8일 국방부 인사국에 '여성정책팀', '병영문화팀', '법무인권팀' 설치 발표(2006년 1월 여성정책실 가동)

⑦ 2006년 2월 임시국회에 군사회복지제도 도입을 위한 '군인사법 개정안' 발의

다. 군의 군사회복지 관련 인력배치준비

① 2005년 3월 국방부에 군사회복지사 배치 요구

② 2005년 5월 9일 육군의 군 기본권 상담관 모집개요 발표

③ 2005년 5월 12일 한국사회복지사협회에서 교육협의회, 학회장과 간담회 실시

④ 2006년 군 기본권 상담관 배치, 시험운영(9명): 육군(7), 해병대(2)

⑤ 2007년 군 기본권 상담관 추가선발(14명): 육군(12), 해병대(2)

라. 법안제정을 위한 관련기관 협의 과정

「군인복지기본법」 제정은 군인의 생활안정과 삶의 질 향상을 도모하고 군의 사기를 높이며 나아가 군인으로 하여금 임무수행에 전념할 수 있도록 하기 위하여 군인에 대한 복지정책의 수립 및 복지사업의 수행에 필요한 사항을 규정함을 목적으로 하고 있다. 이를 위한 정부의 각 부처의 입장을 살펴보면 군인의 복지증진을 위한 복지 지원의 근거를 마련하고, 열악한 근무환경을 개선하며 국민적 복지관심의 부각과 함께 우수인력 확보의 토대를 만든다는 의미에서 국방부는 군인 복지증진을 위해 필요하다고 찬성하였다. 반면에 법무부는 일반 국민과 비교하여 과도한 특혜라는 측면과 형평성이 맞지 않는다고 반대하였고, 건설교통부는 주택 우선공급 등은 주택 관계법령에서 규정할 일부 사항에 대하여 반대의견을 제시하였다. 또한, 기획예산처는 특례조항에 대한 국민적 공감대 필요하다고 반대했다. 이에 정부 각 부처 간 협의를 통해서 군 숙소용 주택우선공급 규정을 제외하는 등 일부 부처 간 의견이 상충하는 내용을 수정하여 「군인복지기본법」이 마련되었다.

2) 군인복지기본법의 제정

(1) 의제설정 및 국회의 법안 발의

가. 법안 발의

2007년 6월 25일 군인의 생활환경에 부합하는 주거, 교육, 의료 등에 관한 복지정책 지원 근거를 마련하기 위한 취지로 '군인복지기본법 제정 법률안'을 김명자 의원(141인 공동)이 대표 발의했으며 법안의 주요내용은 다음과 같다.

첫째, 국가는 군인에게 관사 또는 독신자숙소를 제공하고 10년 이상 복무한 군인 중 무주택 세대주에 대해서는 주택을 우선적으로 공급한다.

둘째, 군인의 생활안정과 복지증진을 도모할 목적으로 설립된 법인이 무주택 군인을 대상으로 주택을 공급하고자 하는 경우 택지를 우선하여 공급할 수 있는 근거 마련한다.

셋째, 농어촌지역 등 취약지역의 군인밀집지역에 국·공립 보육시설을 우선 설치하도록 근거를 마련한다.

넷째, 군인의 전투력을 유지하기 위하여 정기적인 검진과 진료 등의 의료지원을 하고 「국민건강보험법」 제47조의 적용대상이 아닌 병사들에 대하여 건강검진을 실시할 수 있는 근거를 마련한다.

다섯째, 현재 각 군에서 별도로 운영하고 있는 복지시설 등을 국방부가 통합하여 관리·운영하고 회계처리는 「군인복지기금법」의 규정에 따르도록 한다는 데 있다.

나. 법안 통과

2007년 11월 23일 국회 제269회 11차 본회의에서 '군인복지기본법'이 통과되었다.

다. 법 시행

2008년 3월 1일 부

3) 군인복지기본법의 내용

「군인복지기본법」은 총15조로 구성되어 있으며 주요 내용은 다음과 같다.

제3조	① 국가는 국토방위의 의무를 수행하는 군인이 복무 중에는 그 임무 수행에만 전념하고, 전역 후에는 안정된 생활을 할 수 있도록 여건을 조성하여야 한다. ② 국가는 군인복지에 관하여 필요한 시책을 수립 · 시행하여야 한다.
제5조	군인의 복지사업에 사용되는 재원은 「군인복지기금법」에 따른 군인복지기금과 「기부금품의 모집 및 사용에 관한 법률」에 따라 접수된 기부금품으로 충당한다.
제6조	군인복지기본계획에는 군인복지정책의 기본목표 및 추진방향, 군인의 복지시설 및 체육시설(이하 "복지시설 등"이라 한다)의 설치 · 운영에 관한 사항, 군인의 복지사업에 사용되는 재원조달 및 운용에 관한 사항, 그 밖에 군인의 복지증진을 위하여 필요하다고 인정하는 사항이 포함되어야 한다.
제7조	국방부장관은 5년마다 군인의 복지실태에 관한 조사를 실시하고 그 결과를 기본계획에 반영하여야 한다.
제8조	군인에 대한 복지정책의 수립 및 그 시행 등에 관한 사항을 심의하기 위하여 국방부에 군인복지위원회(이하 "위원회"라 한다)를 둔다.
제11조	① 국가는 군인의 근무지 이동 또는 근무형편상 같이 생활할 수 없는 사유로 그 자녀가 「초 · 중등교육법」에 따른 학교의 전학이나 편입학이 필요한 경우에는 군인의 특수성을 고려하여 전학이나 편입학을 지원한다. [개정 2012. 1. 26.] ② 국가 및 지방자치단체가 「영유아보육법」 제12조에 따라 군인 밀집지역에 국공립 어린이집을 설치하는 경우 국방부장관은 어린이집 설치에 필요한 시설을 지방자치단체에 무상으로 사용 · 수익하게 할 수 있다.

4) 군인복지기본법 후속조치 조항

제6조(군인복지 기본계획 수립, 시행)	기본계획 수립 절차 등
제7조(실태조사)	실태조사사항 및 방법 등
제8조(군인복지위원회)	위원회 구성 및 운영
제10조(주택의 우선공급 등)	무주택 입주자의 기준 등
제11조(보육 및 교육지원)	기숙사 입주 요건 및 비용
제13조(건강검진 등)	건강검진 필요사항(대상 및 횟수)
제14조(군인복지시설의 설치 운영)	복지시설 관리 및 운영

2 군인사법

2007년 「군인복지기본법」이 제정되기 전까지 군에서 현역의 복지와 관련된 법으로는 「군인사법」이 유일한 법이라 말할 수 있다. 「군인사법」은 1962년 1월 20일 법률 제1006호로 제정되었으며 지속적으로 개정되어 2016년 말 법률 제14189호로 11장 66조와 부칙으로 구성되었다. 「군인사법」 중에서 군사회복지와 관련된 부분을 중심으로 살펴보면 다음과 같다.

1) 제1장 총칙

(1) 제2조의 2(기본원칙)

군인은 이 법을 적용할 때에 평등하게 대우받아야 하며 합리적인 사유 없이 차별받지 아니한다.

2) 제3장 복무

(1) 제6조(복무의 구분)

① 장교는 장기복무와 단기복무로 구분하여 복무한다.

② 부사관은 장기복무와 단기복무로 구분하여 복무한다.

(2) 제7조(의무복무기간)

① 장교, 준사관 및 부사관(지원에 의하지 아니하고 임용된 하사는 제외한다)의 의무복무기간은 다음 각 호와 같다. 다만, 전시·사변 등의 국가비상시에는 예외로 한다.

1. 장기복무 장교의 의무복무기간은 10년으로 한다. 다만, 장기복무 장교로 임용된 날부터 5년이 되는 해에 한 차례 전역(轉役)을 지원할 수 있다.
2. 단기복무 장교의 의무복무기간은 3년으로 한다.

3. 준사관의 의무복무기간은 5년으로 한다.
4. 단기복무 부사관의 의무복무기간은 4년으로 하되, 다음 각 목의 어느 하나에 해당하는 단기복무 부사관의 의무복무기간은 다음 각 목의 구분에 따른다.

(3) 현역정년

① 현역에서 복무할 정년(停年)은 다음 각 호와 같다. 다만, 전시·사변 등의 국가비상시에는 예외로 한다.

구분	정년	
연령	장군	대장: 63세, 중장: 61세, 소장: 59세, 준장: 58세
	영관 및 위관장교	대령: 56세, 중령: 53세, 소령: 45세, 대위·중위·소위: 43세
	준사관	준위: 55세
	부사관	원사: 55세, 상사: 53세, 중사: 45세, 하사: 40세
근속	영관장교	대령: 35년, 중령: 32년, 소령: 24년,
	위관장교	대위, 중위, 소위: 15년
	준사관	준위: 32년
계급	중장: 4년, 소장: 6년, 준장: 6년	

3) 제5장 능률

(1) 제22조(능률 증진)

① 군인의 직무수행 능률은 충분히 증진될 수 있도록 하여야 한다.

② 제1항의 능률 증진을 위하여 교육과 훈련을 실시하고 정기적으로 근무성적을 평정하여야 한다.

③ 참모총장은 소속 군인에 대한 근무성적을 평정하고 그 결과에 대한 적당한 조치를 마련하여야 한다.

④ 능률 증진과 근무성적의 평정의 방법 등에 관한 사항은 대통령령으로 정한다.

(2) 제23조(공정한 교육기회의 부여)

군인에게는 기본교육, 보수교육(補修教育), 전문교육 등의 교육훈련을 받기 위하여 교육시설에 참가할 기회가 공정하게 주어져야 한다.

(3) 제23조의 2(상훈)

군인의 상훈 관한 사항은 법률에서 정한 것을 제외하고는 대통령령으로 정한다.

4) 제6장 진급

(1) 제24조(진급)

(2) 제24조의 2(임기제 진급)

(3) 제24조의 3(근속진급)

(4) 제24조의 4(명예진급)

5) 제8장 권리 및 의무

(1) 제44조(신분보장)

(2) 제46조의 2(전직지원교육)

(3) 제46조의 4(군 특수기술 직무분야에 대한 국가자격 운영)

(4) 제48조(휴직), 49조(휴직기간)

(5) 제51조(인사소청심사위원회)

6) 제9장 보수

(1) 제52조(보수)

군인의 보수는 계급과 복무연한에 걸맞도록 법률로 정한다.

(2) 제53조(실비변상)

군인은 보수를 받는 것 외에 법령에서 정하는 바에 따라 직무 수행에 드는 실비(實費)에 대한 변상을 받는다.

(3) 제53조의 2(명예전역)

군인으로서 20년 이상 근속한 사람이 정년 전에 스스로 명예롭게 전역하는 경우에는 예산의 범위에서 명예전역수당을 지급할 수 있다.

(4) 제54조(보상)

군인이 다음 각 호의 어느 하나에 해당하게 되면 법률에서 정하는 바에 따라 본인이나 그 유족은 그에 대한 상당한 보상을 받는다.

① 전사 또는 전상

② 공무(公務)로 인한 질병·부상 또는 사망

(5) 제54조의 3(전공사상심사위원회)

전사자 등의 사망 또는 상이에 관한 사항을 심사하기 위하여 각군 본부에 보통전공사상심사위원회를 둔다.

(6) 제55조(연금)

장교, 준사관 및 부사관으로서 상당한 기간 성실히 근무하고 전역되었거나 제54조 각 호에 해당하는 사유로 전역되거나 제적되었을 때에는 법률에서 정하는 바에 따라 본인이나 그 유족에게 연금을 지급한다.

7) 제11장 보칙

(1) 제62조(장학금의 지급)

① 국방부장관은 우수한 군인을 확보하기 위하여 필요하다고 인정하면「초·

중등교육법」 및 「고등교육법」이나 그 밖의 다른 법률에 따라 설치된 각급 학교(기능대학과 학위과정이 설치된 교육 기관을 포함한다)의 재학생으로서 장교나 부사관으로 임용되기를 원하는 사람을 군 장학생으로 선발하여 장학금을 지급하고 졸업 후 장교나 부사관으로 복무하게 할 수 있다.

(2) 제62조의 2(장려금의 지급)

① 각군은 우수한 인력을 확보하기 위하여 다음 각 호의 어느 하나에 해당하는 사람에게 장려금을 지급할 수 있다. 다만, 제62조에 따라 장학금을 지급받은 경우에는 그러하지 아니하다.

3 군인공제회법

군인공제회법은 군인공제회를 설립하여 군인 및 군무원에 대한 효율적인 공제(共濟)제도를 확립함으로써 군인 및 군무원의 생활안정과 복지증진을 도모하고 국군의 전력(戰力) 향상에 이바지함을 목적으로 1983년 12월 31일 법률 제3698호로 제정되었다. 군인공제회의 사업은 회원에 대한 급여의 지급, 회원을 위한 복지 · 후생 시설의 운영, 회원을 위한 복지 · 후생 사업을 실시하며 공제회의 자본금은 회원의 부담금과 정부보조금으로 출발하였다.

군인공제회법의 주요 내용으로는 정치활동의 금지(제5조), 회원의 자격 및 권리 · 의무(제7조), 임원의 선출 및 임기 등(제12조), 예산 및 결산(제17조), 이익금의 처리(제17조의 3) 등 전문 19조와 부칙으로 이루어져 있다. 1983년 12월 31일 법률 제3698호로 제정된 이후 일부 내용이 개정되었다.

군인공제회는 법인으로 하며(제2조), 공제회의 주된 사무소는 서울특별시에 둔다(제3조). 공제회는 정치활동을 할 수 없다(제5조). 「군인사법」에 따른 하사 이상의 군인, 「군무원인사법」에 따른 군무원, 그밖에 정관으로 정하는 사람은 공제회의 회원이 될 수 있다(제7조).

공제회에는 의결기관으로서 대의원회와 운영위원회를 두고, 집행기관으로서 이사장과 이사를 두며, 감사기관으로서 감사를 둔다(제8조). 이사장과 감사는 대의원회에서 선출하되 국방부장관의 승인을 받아 취임하며(제12조), 이사장은 공제회를 대표하고 공제회의 운영과 사무를 총괄한다(제13조). 공제회는 그 목적을 달성하기 위해 회원에 대한 급여의 지급, 회원을 위한 복지 · 후생 시설의 운영, 그밖에 회원을 위한 복지 · 후생 사업 등을 하며(제14조), 자본금은 회원의 부담금과 정부보조금으로 한다(제15조).

공제회는 다음 회계연도의 총수입과 총지출을 예산으로 편성하여 다음 회계연도가 시작되기 1개월 전에 대의원회의 의결을 거쳐 국방부장관의 승인을 받아야 하며(제17조), 정관으로 정하는 바에 따라 결산기마다 공제사업의 종류별로 장래에 지급할 급여에 충당하기 위한 준비금을 계상하고, 이를 따로 회계처리해야 한다(제17조의 2). 회원의 급여를 받을 권리와 부담금의 반환을 청구할 권리는 그 사유가 발생한 날부터 5년간 행사하지 않으면 시효로 인하여 소멸한다(제18조).

※ 군인공제회 복지 세부사업: chapter 8 참조

4 군인복지기금법

군의 복지사업을 효율적으로 수행하기 위하여 군인복지기금을 설치 · 운용함으로써 군인 등의 생활안정과 국군의 전력 향상에 이바지함을 목적으로 1995년 12월 29일 법률 제5062호로 제정되었다. 군인복지기금법은 군인복지기금의 설치(제3조), 복지계정의 재원과 용도(제4조), 군인복지기금의 관리 및 운용(제7조), 군인복지기금계정의 설치(제10조) 등 전문 11조와 부칙으로 이루어져 있다.

1995년 12월 29일 법률 제5062호로 제정된 이후 일부 내용이 개정되었다. 이 법에서 군복지시설 및 체육시설이란 국방부 본부 및 각 군에서 운영하는 9홀 이상의 골프장, 복지회관, 휴양소 및 콘도미니엄과 각 군에서 운영하는 면세점, 그 밖에 국방부장관이 지정하는 시설을 말한다(제2조). 정부는 이 법의 목적을 달성하기 위해 군인복지기금을 설치하는데(제3조), 군인복지기금은 복지계정·학자금대부계정 및 전세대부계정으로 구분한다(제3조의 2).

복지계정의 재원은 복지시설 및 체육시설 운영으로 생긴 수입금, 국가 외의 자가 복지시설 등의 사용허가를 받아 납부한 사용료, 군인복지기금 증식 사업으로 생긴 수입금 등이다(제4조). 학자금대부계정의 재원은 다른 회계 또는 기금으로부터의 전입금과 차입금, 군인복지기금의 다른 계정으로부터의 예수금 등이다(제5조). 국방부장관은 군인복지기금의 재원을 마련하기 위해 필요한 경우 군인복지기금의 부담으로 다른 회계 또는 기금을 차입할 수 있다(제5조).

국방부장관은 소속 공무원 중에서 군인복지기금의 수입과 지출에 관한 사무를 수행할 기금수입징수관·기금재무관·기금지출관 및 기금출납공무원을 임명한다(제9조). 이 법에 따른 국방부장관의 군인복지기금 관리·운용에 관한 사무는 대통령령으로 정하는 바에 따라 그 일부를 각 군 참모총장 및 국방부 직할부대장에게 위임할 수 있다(제11조).

5 국가보훈기본법

국가보훈기본법은 국가보훈에 관한 기본적인 사항을 정함으로써 국가를 위하여 희생하거나 공헌한 사람의 숭고한 정신을 선양(宣揚)하고 그와 그 유족 또는 가족의 영예로운 삶과 복지향상을 목적으로 하고 있다. 본 법은 제1장 총칙, 제2장 국가보훈발전 기본계획 및 추진체계, 제3장 예우 및 지원, 제4장 보훈문화의 창달 등 전문 30조와 부칙으로 이루어져 있다. 2005년 5월 31일 법률 제7572호로 제정된 이후 내용이 일부 개정되었다.

이 법에서 사용하는 '희생 · 공헌자'란 일제로부터 조국의 자주독립, 국가의 수호 또는 안전보장, 대한민국 자유민주주의의 발전 등을 위해 특별히 희생하거나 공헌한 사람으로서 국가보훈 관계 법령에서 정하는 적용대상 요건에 해당하는 사람을 말한다. 또한, '국가보훈대상자'란 희생 · 공헌자와 유족 또는 가족으로서 국가보훈관계 법령의 적용대상자가 되어 예우 및 지원을 받는 사람을 말한다(제3조).

국가보훈처장은 관계 중앙행정기관 장과의 협의와 국가보훈위원회의 심의를 거쳐 국가보훈발전 기본계획을 5년마다 수립해야 한다(제8조). 국가보훈에 관한 주요 시책을 심의하기 위해 국가보훈처장 소속으로 국가보훈위원회를 둔다(제11조). 국가는 국가보훈대상자에게 관계 법령에서 정하는 바에 따라 보상금 등을 지급한다. 이 경우 지급의 수준은 전국 가구의 가계 소비지출액 등을 고려해 결정해야 한다(제19조).

국가와 지방자치단체는 희생·공헌자의 공훈과 나라사랑 정신을 선양하기 위해 추모사업 및 선양하기 위한 시설의 설치·관리, 국민의 나라사랑정신 함양교육 등을 추진해야 한다(제23조). 또한, 희생·공헌자와 관련된 특정 지역·시기·사건 등과 연계하여 기념일 또는 추모일을 지정하고 희생 · 공헌자를 기리는 각종 관련 행사를 실시할 수 있으며(제25조), 희생·공헌자가 사망하였을 때에는 관계 법령에서 정하는 바에 따라 국립묘지 등에 안장하거나 안치할 수 있다(제27조).

6 군인보수법 및 군인연금법

1) 군인보수법

1963년 5월 1일 법률 제1338호로 군인의 보수에 관한 사항을 규정함을 목적으로 제정된 이후 일부 개정되었다. 「군인보수법」은 총칙을 포함한 3장 23조와 부칙으로 구성되어 있다. 이 법은 현역이나 소집되어 복무하는 군인(병력동원훈련소집 및 군사교육소집된 자는 제외한다) 및 입영훈련 중인 학군사관후보생(「병역법」 제57조 제2항에 따른 학생군사교육단 사관후보생을 말한다. 이하 같다.)에게 적용한다(제2조). 보수는 기본급여와 특별급여로 구분한다. '기본급여'란 군 복무에 대한 대가로 지급되는 봉급과 제13조 및 제14조에 따른 급여를, '특별급여'란 특수한 근무에 대하여 지급되거나 사기를 높이기 위하여 지급되는 제16조, 제17조 및 제17조의 2에 따른 급여를 말한다(제6조). 장교·준사관 및 부사관으로서 부양가족이 있는 경우에는 가족수당을 지급한다(제13조). 부대 밖에 거주하는 자에게는 대통령령으로 정하는 바에 따라 주택수당을 지급할 수 있다(제14조). 대통령령으로 정하는 바에 따라 업무수행상 생명의 직접적인 위험이 따르는 업무에 종사하는 자, 특수기술자, 특수한 지역에 근무하는 자, 항공기 및 함정에 근무하는 자, 그 밖에 특수한 훈련 등에 종사하는 자에게는 특수근무수당을 지급한다(제16조). 전시·사변 또는 이에 준하는 국가비상사태시 전투에 종사하는 자에게는 대통령령으로 정하는 바에 따라 전투근무수당을 지급한다(제17조). 군인의 사기를 높이기 위하여 필요한 경우에는 대통령령으로 정하는 바에 따라 상여금(賞與金)과 그 밖의 수당을 지급한다(제17조).

2) 군인연금법

「군인연금법」은 군인이 상당 연한 성실히 복무하고 퇴직하였거나, 심신의 장애로 인하여 퇴직 또는 사망한 때에 본인이나 그 유족에게 적절한 급여를 지급함으로써 본인 및 그 유족의 생활안정과 복리향상에 기여함을 목적으로 하는 법이다. 1963년 1월 28일 제정되어 여러 차례 개정을 거쳐 오늘에 이르고 있으며, 총 43개 조로 구성되어 있다. 이 법의 적용을 받는 자는 현역 또는 소집되어 군에 복무하는 군인이다. 다만 지원하지 않고 임용된 부사관 및 사병에게는 재해보상금에 한하여 적용한다.

「군인연금법」에 의한 급여의 종류는 다음과 같다.

① 군인이 20년 이상 복무하고 퇴직한 때에 본인이 사망할 때까지 지급하는 퇴직연금.

② 본인의 요구에 의하여 퇴역연금을 일시불로 지급받는 퇴역일시금.

③ 20년을 초과하는 복무기간 중 본인이 원하는 기간에 대하여 그 기간에 해당하는 퇴직연금을 일시불로 지급받는 퇴역연금 공제일시금.

④ 군인이 1개월 이상 20년 미만 복무하고 퇴직한 경우에 지급하는 퇴직일시금.

⑤ 군인이 공무상 질병 또는 부상 등으로 인하여 폐인이 되어 퇴직한 경우에 본인의 사망 시까지 지급하는 상이연금.

⑥ 군인이 20년 이상 복무 중 사망한 경우에 유족에게 지급되는 유족연금부과금.

⑦ 퇴직연금·상이연금을 받을 권리가 있는 군인 또는 군인이었던 자가 사망한 경우, 또는 공무상 질병이나 부상으로 복무 중에 사망한 경우에 그 유족에게 지급되는 유족연금부가금.

⑧ 퇴역연금 또는 상이연금을 받을 권리가 있는 자가 20년 이상 복무한 경우에 한하여, 퇴직한 날의 다음 달로부터 3년 이내에 사망한 경우에 지급하는 유족연금특별부가금.

⑨ 퇴역연금을 받을 권리가 있는 자가 군 복무 중 사망한 경우에 유족의 요구에 의하여 그 유족에게 지급될 유족연금과 유족연금부가금에 갈음하여 지급하는 유족연금 일시금.

⑩ 군인이 5년 이상 20년 미만 복무하고 공무 외로 사망한 경우에 그 유족에게 지급하는 재해보상금.

⑪ 군인이 질병에 걸리거나 부상 또는 사망한 경우에 지급하는 재해보상금.

⑫ 군인의 배우자 또는 직계존속이 사망한 경우에 해당 군인에게 지급하는 사망조위금.

⑬ 군인이 수재·화재 및 기타 재해로 인해 재산에 손해를 입은 경우에 보수월액의 6배에 상당하는 금액의 범위 안에서 지급하는 재해부조금.

⑭ 군인이 1년 이상 복무하고 퇴직 또는 사망한 경우에 지급하는 퇴직수당 등이 있다.

08
CHAPTER

군사회복지행정과 전달체계

1 군사회복지행정

1) 군사회복지행정의 개념

군사회복지의 행정은 군대의 인적·물적 자원을 효과적으로 관리하는 방법 및 수단에 대한 것으로 오늘날 군 행정 및 관리는 관리방법의 과학화, 관리수단의 자동화 등을 특징으로 하고 있는 군 행정의 하나의 분야이다.

군사회복지제도가 시행되고 있지 않는 한국군에서 군사회복지행정은 군의 정책의 일부분으로서 군의 복지정책과정의 특성을 강조하는 경우와 각급 제대 및 복지전달체계에 실시하고 있는 실천 활동으로 구분해 볼 수가 있다. 따라서 국방부와 각군 본부의 복지정책을 군복지서비스로 전환하는 것과 군사회복지 전달체계에서의 군복지서비스의 관리운영으로 볼 수 있다.

또한, 군사회복지에서의 행정의 의미는 군에서 사회복지정책을 구현하기 위한 국방부 또는 각 군 본부의 공적인 군복지행정과 복지관련 기그 및 지자체에 설립된 사회복지법인 및 시설이 군사회복지업무를 수행함에 있어서 효율적으로 운영하기 위한 행정기술로서의 사적인 행정을 포함해서 군사회복지행정이라고 할 수 있다.

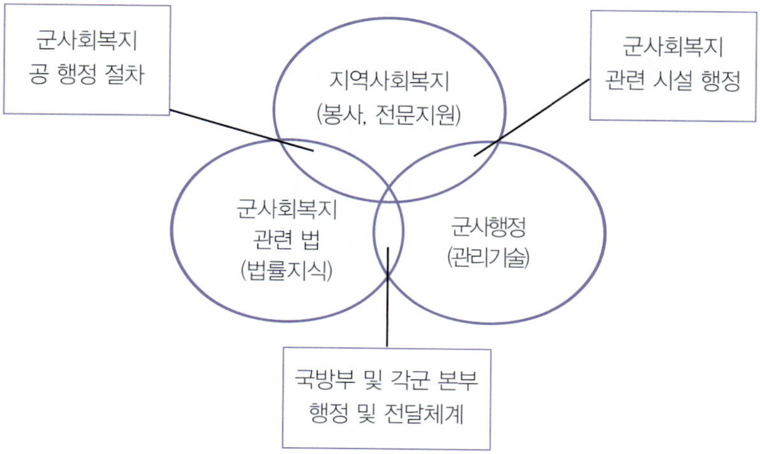

[그림 8-1] **군사회복지 공·사 행정의 관계**

군사회복지에 있어서는 다른 전문 분야의 사회복지와 마찬가지로 인적 및 물적 자원의 적절한 획득과 그 활용이 매우 중요하게 작용한다. 인적 및 물적 자원이 풍부하다면 문제가 없으나 군사회복지 대상들의 욕구에 비하여 언제나 부족할 수밖에 없는 실정이다. 따라서 제한된 국방예산과 다른 분야에 비해 상대적으로 미미한 군사회복지 예산과 인력을 가지고 효과적이고 효율적으로 활용해야 하는 행정적 과정과 기술이 요구된다. 작은 조직이든 큰 조직이든 간에 조직의 존재 목적을 달성하기 위해서는 행정기술이 요구된다. 군사회복지에서의 행정이란 군과 군사회복지 대상이 욕구를 해결하는 데 있어서 공익을 목적으로 하는 합리적이고 협동적인 활동이 보장되어야 한다. 군사회복지행정은 국가 안보에 기여하고, 사회통합에 기여하며, 국가 경쟁력 강화에 도움을 주는 가운데 군인과 군인가족의 고충처리와 고민거리를 잘 해소시켜 주기 위한 군사회복지정책을 군과 관련 현장에서 실현하는 작업이며 이를 위해 인적·물적 자원을 활용하고 효율화하는 과정이다. 즉, 군사회복지행정이란 군의 복지정책에서 표현된 추상적인 것을 군사회복지 대상이 필요한 구체적인 유·무형의 사회적서비스로 전환하여 수혜자에게 공적 및 사적으로 전달하는 과정이라고 할 수 있다.

2) 군사회복지행정의 특징

첫째, 군사회복지행정은 군의 복지에 대한 국가의 책무(군인복지기본법 제3조)에 따라 군사회복지의 대상의 복지적 욕구 충족을 목적으로 군의 복지정책에서 설정된 목표를 이용 가능한 자원을 동원 가능하게 하는 수단과 방법이다. 따라서 군사회복지행정은 군의 행정 이념에 따라 결정되며 군인사법 및 군인복지법 등의 관련 법규를 근거로 실행된다.

둘째, 군사회복지행정은 군의 복지정책의 목표를 설정하고 이를 달성하기 위한 수단과 방법의 선택과 관련된 총체적인 과정으로서 군의 복지정책을 준비하고 운영하는 관련 제대와 기관의 운영에 영향을 미친다.

셋째, 군사회복지행정은 군사회복지 대상에 대한 서비스 행정이라 할 수 있기 때문에 최종적으로 서비스가 클라이언트에게 직접 전달됨으로써 그 효과가 나타난다. 휴먼서비스의 중요성이 강조되고 투입과 산출이 모두 인간이라는 점에서 군사회복지의 전문가가 요구된다.

넷째, 사회복지행정에 의한 서비스는 궁극적으로 개별화해야 한다. 그러나 군에서의 복지행정에 의한 서비스는 조직의 특성상 대인 서비스의 영역이 주요한 기능이지만 제대별 조직과 단체를 대상이 되는 경우가 되는 특징을 가지고 있다.

2 군사회복지행정의 전달체계

군사회복지의 발전을 위해서는 인력과 예산을 기반으로 하는 군과 민간의 조직이 필요하다. 국방부를 비롯한 군의 조직은 민간조직에 비하여 공공성이 강하고, 군과 관련된 군인공제회 등 법인 형태의 조직은 공공성과 함께 전문성을 공유하고 있다. 반면에 민간복지 조직은 개인이나 법인의 성격을 지니고 있어 사적인 이윤추구나 사회적인 책무의 양면적인 목표를 추구하기도 한다. 특히 국가방위를 책임지는 대상의 복지에 대한 국가적인 책임이 군의 복지행정 조직의 주요한 역할이 되고 있다. 군의 복지행정을 담당하는 조직은 중앙정부(국방부)의 조직과 각 군 본부의 조직으로 나눌 수 있다. 중앙정부의 행정조직은 주로 정책입안과 결정에 관한 업무를 담당하고 각 군 본부의 행정 조직은 군복지의 정책 결정 후에 정책의 집행을 담당한다. 중앙정부와 각 군 본부는 이와 같이 군사회복지에 관한 영역, 기능, 권한 등을 배분, 협동, 분담한다. 중앙정부 수준에서의 군사회복지행정조직은 국방부를 중심으로 보건복지부와 여성가족부가 일부 관련되어 있다. 여기에 노동부, 교육부, 보훈처 등이 관련되어 군사회복지행정을 직·간접적으로 담당하고 있다.

1) 국방부

국방부는 외부의 군사적 위협과 침략으로부터 국가를 보위하고, 평화통일을 뒷받침하며, 지역안정과 세계평화에 기여하는 것을 목적으로 하는 정부행정기관이다. 국방부는 국방에 관련된 군정 및 군령과 그 밖에 군사에 관한 사무를 관장하며, 국방 분야에 대해 군통수권자인 대통령을 보좌하는 것이다.

(1) 주요 업무

국방관계 내·외 귀빈의 초청과 국방부의 의식행사 및 의전, 국방관련 정보, 국방정책 등을 담당한다. 국군조직 및 정원관리, 국방조직의 진단 및 평가, 군사법제도, 국방예산, 세출예산 결산, 전군주요지휘관회의의 운영, 국방기본정책서 및 국방백서의 작성·발간, 한미안보협의회(SCM) 운영, 군수품조달정책, 군수지원계획 등을 담당한다.

(2) 산하기관

국방부에는 장·차관 예하에 기획조정실, 국방정책실, 인사복지실, 전략자원관리실의 4개실이 있다. 이 가운데에서 군의 복지를 담당하는 부서는 인사복지실로서 인사기획관, 동원기획관, 보건복지관, 군종정책관을 두고 있다.

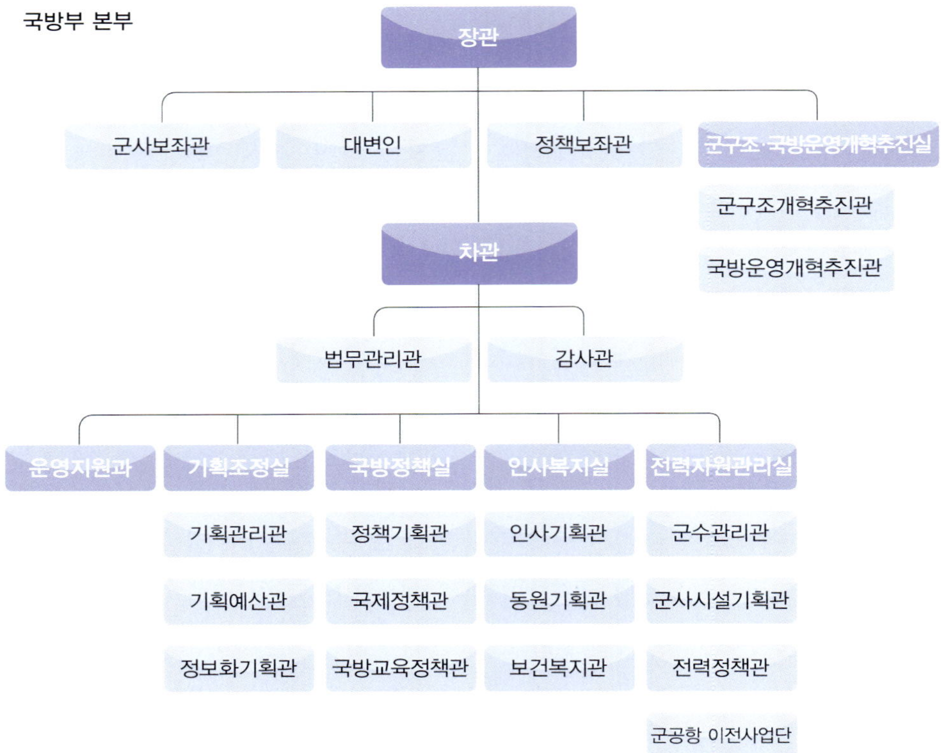

[그림 8-2] 국방부의 조직도

출처: 대한민국 국방부 홈페이지(www.mnd.go.kr).

(3) 보건복지관의 세부업무

국방부 예하부서 가운데 보건복지관이 직접적으로 군복지정책을 담당하며, 예하에는 복지정책과, 전직지원정책과, 보건정책과, 군인연금과의 4개 과가 있다. 각각 맡은 업무는 다음과 같다.

가. 복지정책과의 업무

· 군복지정책 및 제도 발전 · 군복지 관련 법령 제·개정안 검토 및 조정 · 군복지 분야 사업계획수립 및 조정 · 군인, 군무원 보수정책 수립 및 연구 발전 · 군인, 군무원 보수기준 검토 및 조정, 통제 · 보수 관계 법령 제·개정안 검토 및 조정 · 군 보육시설 관련 업무 · 정부업무 평가, 성과관리, 개혁과제 업무 · 저출산 및 고령화 관련 업무 · 가족지원 서비스 활성화 검토 및 추진 종합 · 군 체력단련장 운영정책 수립 및 관련 업무 · 군인공제회 및 호국장학재단 업무의 조정 및 통제	· 군 자녀 학사지원 업무 조정 및 통제(특례입학, 호국장학금 등) · 군 관사 및 복지시설 확보정책 수립 · 각 군복지시설(복지회관, 휴양소, 콘도) 통제 및 운영 · 내 집 마련 지원 및 특별분양 업무 · 군 자녀 기숙사 건립 및 운영 업무 · 군 간부 전세대부 지원 업무 · 군 면세품·매점 운영에 관한 사항 · 무료 군사우편 및 전·평시 군사우체국 운영에 관한 사항 · 군인복지기금 운용, 채권결산 및 관리 · 군인 학자금 대부금 관리

나. 전직지원정책과의 업무

· 직업보도 교육을 통한 취업 경쟁력 강화 · 군 관련 및 민간 분야 직위에 제한된 취업 지원	· 취업 정보 안내 등 취업여건 지원

다. 보건정책과의 업무

· 군 의무 및 보건 정책의 수립 및 조정 · 전시 및 평시 의무부대의 편성 및 관리에 관한 사항 · 군 의무 분야 사업 및 교육계획의 수립 및 시행 · 의무부대의 현대화 및 예산편성 등 병원관리 업무 · 군의 의료인력 수급판단과 획득계획 수립 및 조정 · 장병 신체검사 규칙 및 제도의 연구 및 발전 · 장병 건강증진 업무의 총괄 · 군 전염병 예방 · 식품, 수질검사 및 동물 진료 등에 관한 정책의 수립 및 통제	· 군진의학의 연구 발전과 대외 보건 관련 단체와의 업무 협조 · 전시 의무지원과 혈액수급 계획 수립 및 조정 · 국가보상청구 등의 의무 관련 분야에 대한 자문과 관련 기관과의 업무 협조 · 국방부 특별배상심의회, 전공상심의회, 군인연금급여심의회 등 국방부 내 관련 위원회의 의무분야에 대한 심의 · 국군의무사령부 및 국군서울지구병원 업무의 지도 및 감독

라. 군인연금과의 업무

· 군인연금정책의 수립 및 제도 발전 ·「군인연금법」에 따른 군인연금기금의 관리 및 운용	·「군인연금법」상 제 급여의 지급 및 관리 ·「군인연금법」에 의한 세입의 징수 및 관리 · 군인연금급여재심위원회의 운영

2) 육 · 해 · 공군본부

육군본부에서 군복지를 담당하고 있는 부서는 인사참모부와 인사사령부이다. 인사참모부 인사근무처의 복지정책과와 인사사령부 제대군인지원처의 전직지원계획과, 전직지원교육과, 예비역협력과가 복지 분야를 관장하고 있다. 해군본부 및 공군본부에서 군복지를 담당하고 있는 부서는 인사참모부이다. 인사참모부는 인사기획처, 인사근무처, 교육처로 구성된다. 이 가운데 인사근무처의 복지정책과와 제대군인정책과가 해군과 공군의 복지분야의 업무를 관장하고 있으며, 업무 내용은 육군과 비슷하다.

(1) 복지정책과 업무

· 육군복지정책 방향수립 · 복지정책 및 제도 발전 · 복지법령 및 규정 검토 및 발전 · 복지기금 증기계획 및 사업추진계획 작성 · 중앙복지이사회 개최	· 장병 욕구조사 및 이에 부합하는 복지제도 개선 및 개발 · 군 숙소 및 독신숙소 확보계획수립, 소요 제기, 예산편성, 제도개선 · 복지기금 확보계획수립, 소요 제기 등의 복지 관련 업무

(2) 전직기원계획과 업무

· 제대군인 목표설정 및 복지정책 방향, 개념 발전 · 제대군인 복지 중장기 종합발전계획수립 · 제대군인 취업지원정책 연구개발 · 제대군인지원 관련 법령 및 제도 연구	· 제대군인 삶의 실태분석 및 정책소요 발굴 · 취업직위개발 및 취업정책 연구발전 · 국방부, 보훈처 등 정부기관과의 복지와 관련된 협조된 업무

(3) 전직지원교육과 업무

· 직업보도교육을 통한 직업능력개발 강화 · 제대군인 취업지원 및 취업 추천, 선발 · 사회적응교육 계획수립 및 시행 확인 · 직업보도교육계획 시행, 제도연구 발전	· 군 내·외 취업추천 및 선발 · 기타 취업지원 업무(취업, 창업, 박람회 등) · 국방부, 보훈처 등 정부기관과의 복지와 관련된 협조된 업무

(4) 예비역협력과 업무

· 제대군인 복지 지원 계획수립 · 제대군인, 가족, 자녀 관련 복지발전 · 예비역단체와 교류협력 업무	· 제대군인 관련 대외협력 업무 · 예비역 관계기관과의 업무협조 든 복지와 관련된 업무

3) 국가보훈처

국가보훈처에는 처장과 차장이 있고, 처장 밑에 대국민 홍보를 담당하는 대변인이 있다. 차장 밑에 법제처의 주요업무계획을 수립하고 종합·조정하고 예산을 집행하는 기획조정관, 공직기강 확립과 소속 공무원의 반부패·청렴성을 관리하며 국가보훈처와 소속기관의 감사를 맡은 감사담당관이 있다. 하부 실무조직으로 관인 및 관인대장 관리와 문서 관련 작업 등 국가보훈처 내 행정지원을 맡는 운영지원과, 국가유공자 등의 대상범위 결정과 국가유공자 등에 대한 심사결정 등을 맡는 보상정책국, 국가유공자의 공훈선양 등을 통한 민족정기선양사업 및 각종 기념사업을 담당하는 보훈선양국, 국가유공자복지계획을 맡는 복지증진국, 제대군인지원을 맡는 제대군인국이 있다.

(1) 산하기관

국립묘지를 관리하는 국립대전현충원, 국립4·19민주묘지관리소, 국립3·15민주묘지관리소, 국립5·18민주묘지관리소, 국립영천호국원, 국립임실호국원, 국립이천호국원, 국립산청호국원이 있다. 또한, 각 지방의 각종 보훈행사 및 기념사업, 국가유공자단체, 재향군인회 등의 단체를 지원하는 5개 지방보훈청과 19개

보훈지청, 국가유공자 등의 요건 및 보상 심사와 상이 정도를 판정하는 보훈심사위원회가 있다.

(2) 주요업무

국가보훈처의 주요 업무는 국가유공자를 심사하고, 보상의 종류와 적용 대상 배제에 대한 사항, 독립유공자에 대한 포상 등을 관리하며 독립운동관련 문헌을 발간하고 보급한다. 국가유공자 단체를 관리하고 지원하기도 하며 보훈회관 건립에 대한 사항도 관리한다. 국가유공자의 공훈을 선양하고 각종 기념사업을 계획하고 집행하며 호국보훈의 달 관련 행사, 독립·호국 및 민주화관련 기념사업에 대한 해외교류사업 관리, 국립묘지와 현충시설, 독립기념관 관리도 국가보훈처의 주요 임무이다. 보훈복지사업으로 국가유공자 의료지원, 상이군경 재활지원, 보훈병원 운영 등을 관리한다. 제대군인의 지원대상을 선정하고 지원 수준을 조정하고 제대군인의 사회복귀를 위한 재취업교육, 국군장병위문, 유엔참전국과 교류협력, 참전용사 예우 등도 관리한다.

가. 기획조정관의 업무

· 각종 정책과 계획의 수립, 종합 및 조정 · 예산의 편성 및 집행의 조정 · 각종 기금운용계획 및 결산의 종합 및 조정 · 세입징수 · 보훈정책 등의 연구 · 민원 관련 제도의 개선	· 행정제도 개선 계획의 수립 및 진행 · 법규집의 편찬 및 발간 · 국가보훈처 소관 법령안의 입안 및 심사 · 행정심판 및 소송사무 총괄 · 보훈행정 통계의 작성 및 유지, 관리 · 보훈업무의 정보화 및 전산화계획의 수립 및 개발

나.보상정책국의 업무

· 국가유공자 등의 대상 범위 결정 · 국가유공자 등에 대한 심사 결정, 대상별 보상종류의 결정, 보상의 정지와 적용대상으로부터의 배제에 관한 사항 · 상이분류기준 및 제도에 관한 사항 · 각종 신체검사계획의 수립 및 시행 · 국가유공자 등의 등록 및 기록 유지	· 각종 보훈급여금의 수준 결정 · 보훈급여금 급여제도의 연구 · 발전 · 국가유공자 등 단체의 관리 및 지원 · 국가유공자 등 단체운영사업에 관한 사항 · 국가 유공자 등 단체회원의 선도 및 자활의식 함양 · 보훈회관 등의 건립지원 및 관리 등

다. 보훈선양국의 업무

· 국가유공자의 공훈선양 등을 통한 민족정기선양사업 및 각종 기념사업의 종합기획 및 집행 · 호국·보훈행사의 종합계획의 수립 및 조정, 평가 · 국가유공자 등 예우시책의 총괄 및 조정 · 독립유공자 포상기록의 보존 및 관리 · 각종 기념행사계획의 수립 및 시행 · 호국보훈의 달 관련 행사에 관한 사항 · 독립유공자의 포상 및 공적심사위원회의 운영 · 순국선열 · 애국지사사업기금의 관리 · 국가유공자연수교육에 관한 사항	· 독립·호국 및 민주화 관련 기념사업에 관한 해외교류업무의 종합, 조정 · 국가보훈처 소속의 국립묘지관리소의 지도 및 감독 · 국립묘지와 관련된 정책의 수립 및 종합, 조정 · 독립운동 관련 사료·전기 등 문헌의 발간 및 보급, 지원 · 현충시설에 대한 총괄적인 관리 및 감독, 지원 · 현충시설과 관련된 정책의 수립 및 종합, 조정 · 독립기념관에 대한 지도 및 감독 및 지원 · 국립묘지안장대상심의위원회 운영 등

라. 복지증진국의 업무

· 국가유공자복지계획의 수립 및 총괄, 조정 · 보훈복지사업의 총괄 및 조정 · 복지시설투자에 관한 사항 · 보훈기금운용 및 증식사업에 관한 사항 · 국가유공자 등에 대한 의료지원 시책 및 제도의 연구 · 진료 및 정양에 관한 사항 · 보철구에 관한 연구와 지급계획 수립 및 시행 · 의학적 재활에 관한 연구 및 발전 · 보훈기금으로 설립한 법인의 운영지원	· 국가유공자 등에 대한 대부 및 주택지원에 관한 사항 · 직업훈련, 취업알선 및 취업자 사후관리 · 보훈병원의 운영지원 및 지도 및 감독 · 국가유공자 등의 등록에 관련된 질병 및 부상에 관한 의학적 연구 · 한국보훈복지의료공단 및 국가유공자 조합 지원 등에 관한 사항 · 국가유공자 자활용사촌의 운영지원 양로 및 양육보호에 관한 사항

마. 제대군인지원국의 업무

· 제대군인지원기본계획의 수립 및 지원에 관한 사항의 총괄 및 조정 · 제대군인 지원대상 범위 및 지원수준의 결정 · 제대군인 지원정책의 연구·개발 · 제대군인 지원대상자 등록 및 인적자료의 데이터베이스 구축 · 제대군인 생활실태조사 및 사회지표의 유지·관리 · 제대군인의 사회복귀를 위한 직업교육훈련·취업·창업 지원 등 정책의 수립 및 총괄, 조정	· 제대군인의 생활안정을 위한 교육, 의료, 대부, 주택 등 지원계획 수립과 그 집행의 지도 및 감독 · 정부 및 공공기관의 국군장병위문계획의 수립 및 집행 · 국제 제대군인단체 등과의 교류협력 등 보훈관련 국제협력에 관한 사항의 추진 및 지원 · 대한민국 재향군인회에 관한 사항 · 제대군인 등 관련단체 및 비영리법인의 운영지원 · 국내·외 참전 제대군인 관련 기념행사 계획 수립 및 시행

바. 보훈심사위원회의 업무

· 독립유공자 및 유족 해당요건 · 전공사상군경 · 공무원 및 유족 해당요건 · 6 · 25 참전 재일학도의용군인 해당요건 · 4 · 19혁명 부상자, 사망자, 건국포장자 및 유족 해당요건 · 광주 민주유공자 및 유족 해당요건 · 사실상 법 적용대상 인정 여부 · 출가녀의 친가무후 여부	· 6급 상이사망자 사망원인 판단 · 품위손상자 보상정지 · 법적용 배제 및 재등록 · 환수불능 보상금 결손처분 · 보상금 반환의무 면제 · 반공귀순상이자 해당요건 · 보훈단체장 선임승인 · 기타 처장이 심의 요청한 사항

4) 국군복지단

2008년까지는 육 · 해 · 공군마다 복지근무지원단이 따로 있어서 각각 자군 만의 업무를 담당하고 있었다. 그러던 중 2008년 9월 1일 지금의 명칭인 국군복지단이 창설되었고 2010년 1월에는 육 · 해 · 공군복지단을 통합해서 운영하게 됐다. 이렇게 국군복지단으로 합쳐졌지만 각 군의 원래 복지단은 재경근무지원단으로 명칭을 변경하고 각 군이 가지고 있는 회관을 비롯한 복지시설의 관리를 담당하고 있다.

전군의 복리후생 업무가 중점으로 가장 중요한 업무는 역시 PX 운영 이외에도 각종 민간사업의 군 내 영업, 각종 복지시설(체력단련장, '용사의 집' 군인가족, 군 관련 국가유공자를 위한 호텔 등) 운영을 관장하고 있다.

(1) 지역 지원본부

국군복지단 예하에는 각 지역을 담당하는 지원본부가 있다. 지역의 지원본부는 담당하고 있는 영역 내의 충성클럽(PX)을 관리하고 있다. 또한, 지원본부에서는 충성클럽의 재정과 충성클럽에 있는 냉장고 및 전자레인지 등을 관리하며 충성클럽에서 판매하는 면세주류의 보급도 담당하고 있다.

(2) 휴양시설

휴양시설은 전국 각지에 있으며 제주특별자치도 서귀포시에 위치한 서귀포호텔과 성남시에 위치한 밀리토피아 호텔이 대표적이다. 총 64객실로 이루어져 있으며 식당, 노래방, 수영장, 매점 등 각 종 부대시설을 갖추고 있다.

(3) 복지단의 임무 및 기능

① 군복지시설 및 체육시설의 운영제도 개선
② 복지단에 배정된 군인복지기금의 운용
③ 군복지증진을 위한 중·장기 복지 추진계획수립 및 시행
④ 군복지증진을 위한 복지사업계획의 수립 및 집행
⑤ 복지사업에 사용되는 재원조달 및 운용
⑥ 복지시설 운영예산의 편성, 집행 및 결산
⑦ 그 밖의 국방장관으로부터 위임받은 군복지관련 업무의 수행

(4) 복지단 운영 기숙사

군자녀 기숙사는 군인자녀 교육정책의 일환으로 부모와 따로 떨어져 타 지역에서 취학하는 군자녀들을 위해 건립되었다. 군자녀 기숙사는 국군복지단에서 운영하고 있으며, 현재 전국에 12개의 기숙사가 설립되어 있다.

〈표 8-1〉 기숙사 현황

구분	수용인원	소재지	전화번호
도봉학사	490명	경기도 의정부시 호원동 247-26번지	군)842-6981, 031)878-2093
창공학사	304명	서울시 영등포구 신길7동 1178번지	군)923-8210, 02)847-0981
근학사	186명	서울시 영등포구 신길1동 123-1번지	군)927-2218, 02)810-2218
송파학사	220명	경기도 성남시 수정구 창곡동 137번지	군)984-6355, 02)810-6355
칠보학사	60명	경기도 화성시 매송면 원평리 1-1번지	군)851-6982, 031)293-3574

소양학사	196명	강원도 춘천시 우두동 416-1번지	군)982-7631, 033)242-6284
치악학사	98명	강원도 원주시 단구동 483-4번지	군)971-6958, 033)763-0575
계룡학사	104명	충남 계룡시 신도안면 남선리 신도안2길 41-1번지	군)960-6891, 042)551-0787, 550-6891
자운학사	100명	대전시 유성구 신봉동 167번지	군)975-5850, 042)864-4555
무열학사	100명	대구시 달서구 죽전동 396번지	군)972-6917, 053)750-6917
해운학사	200명	부산시 수영구 수영동 352-5번지	군)977-6583, 051)750-4000
무등학사	94명	광주시 동구 소태동 501-15번지	군)831-6121, 062)226-6961

서울(재경 지역)에는 창공학사, 송파학사 등 4개의 기숙사가 운영 중이고 서울 및 수도권뿐만 아니라 경기도, 강원도, 충청도, 경상남도, 경상북도 지역에 기숙사가 분포해 있으며, 기숙사 내부에는 사실, 독서실, 식당, 휴게실, 샤워실, 헬스장 등이 갖춰져 있다.

(5) 체력단련장 및 쇼핑타운

체력단련장(골프장)은 국방부 및 각 군별로 설치 운영하고 있다. 쇼핑타운 역시 군별로 부대 규모가 큰 지역에 설치 운영하면서 군인 및 가족들의 복지 욕구와 여가를 보장해 주고 있다.

〈표 8-2〉 **체력단련장 및 쇼핑타운(각군 운영시설 포함)**

구분		장소
체력단련장	국방부	국군복지단: 태릉, 남성대, 남수원
	육군	계룡, 구룡, 선봉대, 무열대, 비승대, 자운대
	해군	평택, 진해, 포항, 동해, 덕산대, 만포대,
	공군	수원, 중원, 원주(신·구), 강릉, 예천, 성남, 해미, 공사, 광주, 충주, 김해, 대구, 청주, 장성, 영천
쇼핑타운		계룡대쇼핑타운, 자운대쇼핑타운, 상무대쇼핑타운, 평택쇼핑타운, 덕산쇼핑센터, 두미르쇼핑센터, 창원쇼핑타운

5) 한국군사문제연구원

한국군사문제연구원은 국방, 군사에 관한 제 분야를 연구·분석, 국방정책 수립 및 군사발전에 기여하며, 예비역 지원 사업을 통하여 국군의 전력향상을 위하여 1994년 1월 1일 설립되었다.

(1) 조직의 기능

연구분야	· 국방·군사 분야에 대한 연구조사 · 국방정책부서 및 연구기관에 자문 · 학술연구발표 및 유관기관과 교류 · 학술서지 발간
취업지원	· 현역 및 예비역 활동지원 · 취업지원 · 창업 및 사회적응교육
사업분야	· 사업목적달성을 위하여 필요하다고 인정되는 수익사업 및 부대사업

(2) 군사연구위원 제도

군 실무경험이 풍부한 예비역 고급두뇌를 국방·군사발전을 도모함과 동시에 미취업 전역 장군 및 대령의 전역 후 생활안정을 지원하기 위해 관계규정에 정하는 바에 따라 현역 복무기간 중 일정한 기부금을 납부한 자는 전·퇴역 후 군사연구위원으로 위촉, 군 관련 연구기관에 배정하여 연구자문활동에 참여케 함과 동시에 일정액의 연구자문 활동비를 지원하는 제도이다.

6) 군인공제회

군인 및 군무원에 대한 효율적인 공제제도를 확립함으로써 군인 및 군무원의 생활안정과 복지증진을 도모하고 국군의 전력향상에 이바지함을 목적으로 1984년 2월 1일부로 설립되었다. 2016년 현재 17만여 명의 회원과 6조 원의 자산에 이르는 핵심적인 군인의 복지전달체계로서의 기관으로 자리 잡았다.

(1) 설립배경

① 직업군인의 전역 후 대한 생활안정대책 마련의 필요성 대두

② 생애지출 최대기에 전역함으로써 연금만으로는 생계가 어려운 문제 해결의 필요성 대두

③ 이에 직업군인들 스스로가 복무기간 중에 전역 후 생활안정을 위한 목돈과 내 집 마련 등 공제조합의 필요성과 공감대를 형성

(2) 회원자격

① 「군인사법」에 의한 하사 이상의 군인

② 「군무원인사법」에 의한 군무원

③ 국방부본부와 국방부 소속기관인 국립서울현충원, 국방홍보원, 국방전산정보원의 공무원. 다만, 국방부 일반직 공무원 중 정부시책에 의하여 타 행정부처에 교류 근무하는 자(단, 교류 근무기간 중에도 회원자격 유지)

④ 「한국국방연구원법」에 의하여 설립된 한국국방연구원의 직원

⑤ 「국방대학교 설치법」에 의하여 설립된 국방대학교의 교수, 부교수, 조교수 및 전임강사

⑥ 군인공제회의 임·직원(다만, 임시직 또는 조건부로 채용된 자는 제외)

(3) 가입구좌

최소 1~150구좌(1구좌 당 5,000원, 단, 10구좌 이상 가입 시 개인금융신용보험 대여, 재해위로금, 성년축하금, 출산보조금 등 복지수혜자격 부여)

(4) 무상복지 종류 및 지급대상

구분	지급대상
회원 자녀 성년축하금	· 공제회 회원(회원퇴직급여 가입자) · 자녀의 성년일(주민등록상 만 19세 생일 전날) 기준 · 회원퇴직급여를 매월 10구좌 이상 가입하고 6년(72회) 이상 납입한 자 ※ 부부 모두가 회원인 경우는 1인에게만 지급 ※ 회원 자녀 1인에 한하여 지급 ※ 성년축하금은 종전의 회원 자녀 대학입학 축하금을 대체한 제도로 대학입학 축하금을 수령한 회원은 지급대상에서 제외
회원 자녀 출산보조금	· 공제회 회원(회원퇴직급여 가입자) 또는 회원 배우자의 자녀 출산일 기준 · 회원퇴직급여를 10구좌 이상 가입하고 1회 이상 납입한 자 · 회원퇴직급여 가입기간이 2년 미만일 경우는 2년간 회원급여 · 저축 10구좌 이상 유지(단, 전역 및 퇴직 시는 제외) ※ 부부 모두가 회원인 경우는 1인에게만 지급 ※ 유산 및 사산인 경우에는 지급하지 않음
재해위로금	· 공제회 회원(회원퇴직급여 가입자)으로서 지급사유 발생일 기준 · 회원퇴직급여를 매월 10구좌 이상 가입하고 1년(12회) 이상 납입한 아래와 같은 자 - 사망(전사, 순직, 일반사망)자 - 심신장애 전역(퇴직)자 - 일반전역 후 각 군 심신장애 및 중앙전공상심사 심의의결자 또는 심신장애 전역자로 보상 통보된 자 - 유공전투장애 현역복무 후 전역자 ※ 단, 전사자의 경우는 10구좌 이상 1회 이상 납입한 회원 ※ 지급제외: 명예퇴직자, 본인 고의·과실(예: 전공상 분류 기준 3-1, 3-2, 3-6) 또는 전쟁·사변으로 인한 사망자 및 심신장애자
기념품	· 회원퇴직급여 장기(20년 이상/240회 납입)간 가입 후 전역(퇴직) 시 · 회원퇴직급여 가입(이자포함) 금액 고액(1억, 2억, 3억) 달성 시

※ 탈퇴 후 재가입 시는 재가입일부터 기간적용.

(5) 복지시설

가. 회원콘도

- 이용대상: 회원퇴직급여 가입자 및 배우자
  군인공제회원 가입기간 20년 이상 전역(퇴직)자 및 배우자
  연금수급권자 및 배우자
- 복지 및 휴양시설 현황(군별 운영 시설 포함)

지역	현황(개소)
수도권	가평(5), 고양(5), 광명(1), 구리(1), 김포(1), 남양주(4), 성남(2), 수원(2), 안양(1), 양주(5), 양평(7), 여주(1), 연천(2), 용인(5), 이천(3), 인천(9), 이동(1), 파주(8), 평택(3), 포천(9), 화성(3), 금천(1), 노원(2), 동작(2), 송파(2), 영등포(1), 용산(2)
강원도	강릉(3), 고성(14), 동해(2), 삼척(1), 속초(12), 양구(1), 양양(6), 원주(6), 인제(5), 철원(2), 춘천(1), 토성(1), 평창(4), 홍천(5), 화천(7), 횡성(4)
대전/충남	대전(4), 태안(3), 예산(3), 연기(2), 아산(3), 서산(2), 보령(5), 논산(2), 광주(1), 계룡(2)
충북	충주(10), 청원(4), 증평(1), 음성(2), 단양(2)
대구/경북	경주(12), 대구(8), 안동(1), 영천(1), 예천(2), 울릉(1), 울진(3) 포항(3)
부산/경남	부산(10), 사천(3), 진주(1), 진해(3), 창녕(1), 창원(1), 통영(5), 마산(1)
광주/전남·북	광주(3), 구례(2), 목포(2), 신안(2), 여수(1), 창성(1), 화순(3), 군산(1), 남원(2), 무주(5), 완주(1), 익산(3), 전주(1)
제주	남제주군(3), 북제주군(2), 서귀포시(7), 제주시(6)

7) 복지단 예하 직영사업체

(1) 군인공제회 C&C

군인공제회 C&C는 국방 M&S 개발 전문기업으로 군 전력증강에 기여하고 있으며, 사이버지식정보방, 맞춤형복지시스템, 국방전자카드, 나라사랑카드 등의 운영으로 군복지업무의 지원과 군이러닝, 사이버학위, 장병포털, 복지매장운영 등 군 장병복지 온라인 서비스를 제공하는 유일한 국방 IT 전문기업이다.

가. 맞춤형복지제도 대행

군인들이 사전에 설계하여 제공하는 다양한 복지혜택 중에서 자신의 선호와 필요에 따라 자신에게 필요한 복지혜택을 스스로 선택할 수 있도록 맞춤형 복지자금 배정, 실시간 결제지원, 결산, 통합관리시스템 관리 운영 등의 업무를 수행하며, 국방복지포털사이트(www.imnd.or.kr)를 운영 및 관리하고 맞춤형복지 기본항목(단체보험) 업무를 지원하고 있다.

나. 국방전자카드

2005년부터는 국방부 맞춤형복지자금 결제전용카드로 선택되어 간편한 복지자금 사용지원 및 특화된 카드서비스 제공으로 회원 복지향상에 기여하고 있다.

다. 사이버지식정보방

사이버지식정보방은 군인공제회 C&C 자본에 의한 민간투자사업(BTO)으로 전국 군부대 3,300여 개소에 3만 5천여 대의 PC를 구축하여 2007년 1월 8일부터 관리·운영하고 있다. 사이버지식정보방은 군 복무 중인 병사의 자격증 취득, 소속대학 학점 이수, e-mail 송·수신, 가족, 친지와의 SNS 소통 등 군 여가생활 선용 및 복지공간으로 활용되고 있다.

(2) MF&C

MF&C는 장병의 의식주 중에서 장병의 욕구에 맞도록 먹을거리와 입는 문제에 대한 제공을 위하여 설립되어 운영되고 있으며 주요사업은 다음과 같다.

가. 두채(두부류, 콩나물) 사업

최첨단 시설을 갖춘 원주공장과 밀양공장을 통해 콩나물 및 두부류 제품을 생산하고, 전국에 산재한 납품부대에 최적화된 배송 시스템으로 군의 전투력 향상에 기여하고 있다.

나. 제화사업

신세대 장병의 기호에 맞는 제품을 지속적으로 개발하여 장병들의 만족도를 높이고, 눈높이에 맞춘 전투화의 착용감을 높여 전투력 강화에 기여하고 있다.

다. 피복사업

양질의 전투복, 침낭, 전투배낭 등을 생산하고 수요부대에 납품하며, 기아자동차㈜와 제휴하여 모든 군용 차량 카바류를 개발 및 공급하고 있다.

이와 더불어 일반 군수품 및 민수용 대형텐트 개발에도 적극 참여하여 수요자 욕구를 충족시키기 위한 맞춤형 서비스도 제공하고 있다.

(3) 공우이엔씨

효율적인 국방시설물 관리를 위해 92년 국방부 감사처분 요구에 의거하여 군시설, 조경, 군아파트 등의 시설관리 업무를 수행하고 있다.

구분	사업
복지사업	· 군인연금자산 및 일반시설 관리 · 일반사업 관리(민간시설, 공동주택) · 수탁자산 관리(군인공제회) · 직영자산 관리(신길프라자)
군 환경시설관리	· 군 환경시설 위탁관리 사업

8) 재향군인회(단체)

재향군인회는 병역의무를 마친 전역군인들의 친목도모 및 권익신장, 사회공익 증진에 이바지하기 위해 「대한민국 재향군인회법(법률 제617호)」에 의해 설립되었다. 조직은 전국 행정구역별로 설치되어 13개 시·도회, 221개 시·군·구회, 3,302개 읍·면·동회가 설치되어 있다. 또한, 7개의 직장연합분회와 미국 등 13개국 22개 지회가 설치되어 있으며 산하업체로는 중앙고속, 향우산업 등 10개 업체와 69개 향군친목단체로 구성되어 있다.

재향군인회의 복지 혜택은 다음과 같다.

① 향군 각급회 및 산하단체 임직원 우선 채용

② 향군회원 및 자녀 장학금 지원

③ 6·25 참전자 중 생계곤란회원 생계보조금 지원

④ 향군 우대 가맹점 및 산하업체 할인

- 향군 우대 가맹점: 10~30% 할인(경희의료원 등 1,500개소)
- 국립현충원 및 호국원 안장지원
- 법률구조활동 무료 지원

PART 4

군사회복지의 실천

09 CHAPTER

군사회복지 실천과 사례관리

사회복지 실천은 사회복지제도 안에서 이루어짐으로써 정당성을 확보한다. 예를 들면 군을 위한 정부와 군사회복지 서비스는 「군인복지기본법」, 「제대군인지원에 관한 법률」 등 군인복지와 관련된 법이 규정하는 범위 안에서 주어진다. 군사회복지 실천은 사회복지 서비스를 담당하는 사회복지사가 관련 지식과 기술을 적용하여 군 관련 클라이언트나 집단성원과 그를 둘러싼 환경 및 지역사회의 변화를 꾀하는 공공의 계획된 과정이다. 여기서 활동하는 사회복지사는 군사회복지 실천을 위한 지식과 기술을 익혀야 하고 군의 환경을 이해하고 조정하며 개인을 파악할 수 있는 다양한 관점과 접근, 중립적이고 인본주의적인 가치관을 갖추어야 한다. 군사회복지 실천은 여러 가지 접근으로 군에서 다양하게 활용될 수 있지만 군의 특수성 때문에 여러 개입과 접근 방법들이 한계를 가질 수밖에 없었다. 사회복지 실천 중 개인 서비스로서 근래 가장 많이 활용되는 사례관리는 군의 1차적인 목적을 달성하기 위해 의무적으로 군에 들어온 구성원의 심리적 안정을 책임지고, 사회에서는 보호받아야 할 국민을 관리해 주는 사회복지의 1차적 목적을 수행할 수 있기 때문에 그 의의는 매우 중요하다.

사회복지 실천이 군의 1차적 목적을 지원해 주기 위함으로 필요성이 제기되었지만 사례관리 체계가 구성되면 결국 2차적 기능과 사회복지의 1차적 기능까지 수행하게 되는 것이다. 일정 기간 복무하고 다시 사회로 돌아가는 병사들의 청소년 시기의 여러 어려움과 가족 문제, 물질적, 심리적 지원을 다각적으로 지원할 수 있으며 결국 군과 사회복지가 윈-윈할 수 있기 때문이다. 현재 많은 사례가 의뢰된 것은 아니지만 지역사회의 전문기관과 연결하여 지속적으로 군인의 정서적, 물질적 지원에 관심을 갖기 시작한 것은 분명 군의 변화이고 군사회복지 실천의 역사적인 도약이라 할 수 있다.

1 사회복지 실천의 기본이 되는 모델

1) 생태학적 관점

오늘날 사회복지 실천은 개인과 환경 간의 상호 증진을 통해서 사회구성원 모두의 삶의 질을 향상시키는 것을 목적으로 한다. 사회복지 실천에서 개인에게 초점을 맞추는 것은 개인-환경 간의 상호 증진의 책임을 개인에게 둔다는 것을 의미하고, 실천의 초점을 환경에 맞춘다는 것은 개인-환경 간 상호 증진을 위해 환경을 변화시킴을 의미한다. 사회복지 실천의 중요한 초점은 이러한 양자를 모두 포괄하는 '환경 속의 인간'에 두고 있다. 이 개념은 개인-환경 간 상호 증진의 책임을 개인과 환경 모두에게 두는 것을 의미한다. 즉, 인간이 경험하는 각종 문제의 원인을 개인 또는 환경 중 어느 한쪽의 결함으로 보기보다는 양자의 요소가 서로 어우러져서 나타난 결과로 보는 것이다.

2) 위기 및 레질리언스

(1) 위기의 개념

위기란 개인의 현재 자원과 대처 기제로는 어려운 사건이나 상황을 지각하거나 경험하는 것을 말한다. 개인의 고통이 사라지지 않는다면 위기는 심각한 정서적, 행동적, 인지적 역기능을 일으킨다.

(2) 위기의 유형

위기의 유형은 대체로 발달과정상의 위기와 상황적 위기, 실존적 위기 및 환경적 위기로 나누어 볼 수 있다. 특히 상황적 위기상태 중에서도 병리적 특성을 갖는 후유증은 급성 스트레스 질환 및 외상 후 스트레스 장애(PTSD, post-traumatic stress disorder)라는 명칭으로 분류된다. 개인은 이러한 위기를 타인과는 별개로 겪을 수도 있으며 가족, 조직체, 지역사회 안에서 집단적으로 겪을 수도 있다.

가. 발달적 위기

모든 인간은 정상적인 성장과정에서 경험하는 뚜렷한 사회적 · 신체적 · 심리적 변화 기간에 위기를 경험한다. 이러한 변화들은 출생, 사춘기, 성인초기, 결혼, 가족구성원의 질병이나 사망, 갱년기나 노년기와 같은 생물학적 측면과 사회적 역할의 측면에서의 변화가 수반되는 동안에 일어날 수 있다.

나. 상황적 위기

상황적 위기는 우발적 위기라고도 하며 욕구충족의 본질적인 자원이라고 믿고 있는 것을 비정상적으로 혹은 예기치 않게 상실됨으로써 유발된다. 예를 들어 교통사고나 유괴, 강간, 실직, 금전상실, 도움 받는 사람의 상실, 지위와 존경의 상실, 질병 혹은 외과적 수술, 자녀 사망, 결혼생활에서의 부정과 이혼, 정신병, 알코올중독, 신체장애, 원하지 않는 임신, 안정된 장소로부터의 이동, 전쟁과 불경기와 같은 거대한 재난을 겪을 때 나타난다.

다. 실존적 위기

실존적 위기는 목적이나 책임감, 독립성, 자유, 책임 이해와 같은 중요한 인간적 이슈에 동반되는 갈등과 불안을 포함한다. 예를 들어 40세에 자신이 어떤 특정 전문직이나 조직에 중요한 영향력이 없을 때, 결혼을 하지 않고 부모와 함께 사는 것을 선택한 사람이 독립적인 삶을 꾸리지 못한 것에 대한 후회와 삶의 허

무함을 느끼게 되는 경우가 해당된다.

라. 환경적 위기

환경적 위기는 개인이나 집단에 자연이나 인간이 일으킨 재해(홍수, 지진, 기름유출 등)가 갑자기 덮쳤을 때 발생하고 상황적 위기에도 포함된다. 이러한 환경적 위기는 자신들에게 책임이 없는 잘못이나 행동으로 인하여 같은 환경에 사는 사람들에게 사건의 여파가 미친다.

(3) 레질리언스 위협사건

레질리언스는 생활사건의 현상으로 Berden(1992)은 자기 레질리언스에 대한 한 개인의 기본 전체를 위협할 수 있는 불리한 다음의 사건들로 분류했다.

① 사망이나 퇴직과 같은 생물학적이고 사회적 규범에 의해 형성되는 규범적이고 연령별로 나타나는 사건들

② 경기침체, 전쟁, 정치적 변동처럼 동년배 구성원이 경험하는 규범적이고 역사적인 사건들

③ 질병과 장애와 같이 소수의 사람들에게 한정되거나 특유한 비규범적인 사건들

3) 임파워먼트 모델

임파워먼트는 개인이 지니는 고통을 사회경제적 지위, 성역할, 연령, 성 정체성, 신체 혹은 정신적 기능 등의 차별성으로 인한 장벽들에 개인이 직면하도록 하는 데 초점을 둔다. 이러한 점에서 임파워먼트 모델은 개인의 잠재력 발현과 관련한 개인의 변화인 내적 차원과 정치 및 사회적 측면에서의 변화를 추구하는 외적 차원 두 가지 차원이 서로 이어져야 더 큰 힘을 가질 수 있는 이중 초점적 특징을 가진다. 이를 위해 개인 차원의 임파워먼트를 정치·사회적 수준과 연계시키기 위한 광범위한 이론 및 기술의 종합이 필요하며 다양한 관점을 포괄하는 개념적 틀을 제공한다.

4) 해결중심 모델

해결중심 모델은 클라이언트의 잠재력과 문제해결능력 그리고 그 가능성에 초점을 두고 클라이언트와의 협력적 관계를 중요시한다. 사회복지사의 개입은 단지 클라이언트의 문제해결 과정에서 자문가 역할을 하는 것이다. 해결중심 모델의 주요 원칙은 다음과 같다.

(1) 병리적인 것 대신 건강한 것에 초점을 둔다

클라이언트 실패보다 성공 경험 및 방법에 초점을 두고 이를 상담에 활용한다.

(2) 클라이언트의 강점, 자원, 건강한 특성을 발견하여 상담에 활용한다

클라이언트가 원하는 결과를 성취하기 위해 자신이 이미 가지고 있는 자원, 기술, 지식, 믿음, 동기, 행동, 증상, 사회관계망, 환경, 개인적인 특성 등을 활용할 수 있도록 돕는 것을 의미한다.

(3) 클라이언트 입장에서 시작하고 클라이언트의 견해를 존중한다

클라이언트가 표현하는 견해와 불평 방법을 그대로 수용하며, 개별성을 최대한 존중한다.

(4) 변화는 항상 일어나며 불가피한 것으로 본다

어떠한 문제라도 문제가 발생할 때가 있고, 문제가 발생하지 않을 때가 있다. 해결중심 모델의 매우 중요한 부분은 문제가 발생하지 않은 예외적인 상황이 발생하는 이유를 파악함으로써 클라이언트가 갖고 있는 장점을 파악하는 것이다.

(5) 현재와 미래를 지향한다

해결중심 모델에서는 현재와 미래에 적응하는 것을 돕는 데 관심을 둔다. 과거에 대한 이해는 현재 문제를 이해하는 데 도움이 될 경우에 매우 제한적으로 시

도한다.

(6) 클라이언트의 협력을 중시한다

클라이언트의 목표 성취를 위해 협력이 중요하며 이는 사회복지사와 클라이언트가 함께 해결방안을 발견하고 구축하는 과정에서 특히 중요시된다. 이러한 이유로 비자발적 클라이언트와 함께 협력하는 것이 어려운 과제가 된다.

2 지역사회복지 네트워크 구축

지역사회는 생산, 분배, 소비, 사회화, 사회통합, 사회참여, 상부상조 등의 기능을 지니고 있다. 군대는 지역사회에 위치하고 있고 군인과 군인가족 역시 지역사회의 주민이지만 군이라는 특수성과 지역사회 주민들과 직업 및 직종의 이질성 등으로 교류가 제한되어 왔다. 군인과 군인가족 및 제대군인은 지역사회와 이격되어 별도의 생활을 하는 것이 아니라 지역사회와의 긴밀한 관계를 맺으면서 생활하고 있다. 따라서 지역사회의 발전적인 측면에서 지역사회 복지기관 및 복지전문가와 자원을 잘 활용하고 군사회복지 수준에 개입하는 노력이 요구된다. 또한, 군과 군인들의 복지제도에 영향을 주고 군과 군인 가정의 문제를 예방하고 해결하고자 하는 일체의 사회적 노력을 위한 네트워크 구축이 필요하다. 따라서 지역의 복지네트워크 구축과 사례관리는 군인들의 개인적 복지나 가정복지보다 넓은 차원의 개념이며 복지의 대상층 중심의 복지활동보다 지역의 연계성이 두드러진다는 특징을 가지고 있다. 지역사회복지 네트워크와 개입방법은 다음과 같다.

1) 지역사회 지지체계의 개발

군인이나 군인가족은 지역사회의 지지가 부족한 상황에서는 지역사회 및 지역주민과 여러 가지 신체적, 심리적, 사회적으로 문제가 발생하게 된다. 따라서 군 관련 클라이언트의 욕구 및 문제 해결을 위해서는 적극적인 지역사회수준에서의 개입이 요구된다. 따라서 지자체나 복지기관 및 전문가는 군 관련 클라이언트에게 기존의 사회적 지지체계를 보완하거나 새로운 지지체계를 다음과 같이 개발해 주는 것이 필요하다.

(1) 공식적 지지체계의 개발

공식적 지지체계의 활용은 군의 대상별 클라이언트의 욕구에 환경이 반응할 수 있도록 지역이 다양한 사회복지기관 및 프로그램을 활용하도록 돕는 것이다.

즉, 건강가정지원센터, 여성인력개발센터, 지역문화센터, 주민센터, YWCA, YMCA 등을 활용하여 클라이언트들의 자기개발, 레크리에이션, 교육, 사교의 욕구를 해결하거나 개인 및 가정의 위기에 대응하는 능력을 강화시키도록 하는 것이다.

미국의 육군기지 내 커뮤니티센터의 전문 군사회복지사는 군인과 그 가족을 지원할 수 있는 지역사회의 다양한 서비스를 개발하고, 그들이 지역사회에 잘 적응할 수 있도록 돕는 활동을 한다.

(2) 자원봉사자의 활용

지역사회의 자원봉사자의 활용은 클라이언트의 욕구를 만족시키기 위해 사회복지사가 활용하는 지지체계의 한 형태이다. 지역사회에는 군의 대상별 클라이언트에게 상담 및 욕구해결 등을 위한 맞춤식 자원봉사자 및 자원들이 존재하고 있다. 따라서 군에 우호적이고 자발적이며 비공식적인 자원봉사자의 활용은 민·군 유대관계의 강화 및 군의 복지발전을 위해서도 매우 필요한 지지체계라고 할 수 있다.

2) 서비스 조정

군사회복지 대상의 클라이언트들은 다양하고 복합적 서비스가 요구되는 경우가 많기 때문에 이에 대한 서비스의 조정이 필요하다. 군복지 클라이언트의 욕구는 공통의 욕구와 개별적인 욕구가 존재하는데 이러한 욕구를 해결하기 위해서는 서비스들이 적절한 시기에 적절한 방법으로 클라이언트를 도울 수 있도록 조정하는 것이 필요하다. 서비스 조정에는 다음과 같이 세 가지 형태가 있다.

(1) 서비스 연결

클라이언트는 한 가지 욕구가 있는 경우도 있지만 교육, 상담, 진로, 심리문제 등의 문제를 지닌 경우가 존재한다. 이러한 클라이언트의 경우 여러 전문가들이 특정한 클라이언트에게 관심을 가지고 일반적으로 하나의 기관에서 복합서비스를 제공하도록 서로 연결되는 것이다.

(2) 의뢰와 조정

서비스 연결과 달리 서로 다른 기관의 전문가가 연결되어 서비스를 제공하는 형태의 조정이 있다. '의뢰'가 다른 기관이나 전문가에 대한 정보를 제공하고 서비스를 받을 수 있도록 연결해 주는 것이라면 '조정'은 그러한 의뢰를 넘어서 의뢰한 서비스가 제대로 전달되고 있는지 그리고 그 결과가 어떤지를 평가하는 것까지를 모두 포함한다.

(3) 사례관리

사례관리는 군의 다양한 클라이언트의 문제와 욕구를 평가하여 필요로 하는 서비스를 찾아서 필요한 서비스를 맞춤식으로 연결해 주는 책임을 사회복지사가 맡는 것을 말한다.

3) 프로그램 개발

군 관련 클라이언트의 욕구와 문제는 일반적으로 지역사회의 클라이언트의 욕구와 문제를 해결하기 위한 서비스가 지역사회 내에 없을 경우가 많다. 따라서 지역의 사회복지사는 클라이언트의 욕구를 만족시킬 수 있는 프로그램 및 자원을 개발해야 한다. 지역사회 내에서 프로그램을 개발하기 위해서는 지역의 지지가 필요하므로 사회복지사는 지역 내에 영향력을 가진 사람이 문제를 인식하도록 정보와 자문을 제공하고 프로그램이 필요한 대상의 욕구조사를 실시하여 프로그램을 개발해 나간다.

4) 클라이언트 집단을 위한 옹호활동

지역사회에서는 민과 군의 상대적으로 불평등한 사회적·법률적·제도적 기능 및 지역의 복지기관의 기능으로 인해 욕구를 충족할 수 없는 군 관련 클라이언트나 집단을 위해 옹호(advocacy)활동을 하게 된다. 클라이언트 개인에 대한 옹호는 군 관련 개인에게 서비스와 사회복지혜택이 제공되도록 노력하는 것이고, 집단 옹호는 지역사회와 이질감을 가진 군 집단을 위해 제도적, 법률적 체계를 변화시키도록 노력하는 것이다.

3 지역사회복지 실천사례

2000년대 중반부터 여러 사회복지관 및 사회복지 및 사단법인 등에서 지역사회복지 수준에서 군사회복지 실천에 대한 접근이 시작되었다. 민간기관에 의해 실시되고 있는 군사회복지 실천 사례를 살펴보면 다음과 같다.

1) 대구 신당종합사회복지관(2006): 민간기업 지원사업

대구 신당종합사회복지관은 2006년에 삼성복지재단의 지원을 받아 '군부대 내 부적응 병사의 역량강화 프로그램'을 진행하였다. 대상은 지역사단의 복무 부적응 병사를 대상으로 지역사회 서비스 기관과 연계하여 프로그램을 실시하였다.

(1) 지역사회서비스 연계기관

① 전문 상담기관, 위기가정지원센터, 요양원

② 미군 제4지원단(가정지원 프로그램 전담 사회복지사를 자문위원)

(2) 프로그램

기관	내용
신당복지관	역량강화 프로그램 총괄
대구 위기가정 지원센터	장병 인성검사 및 결과분석
선명요양원	인성교육 캠프
대구 정신장애인 종합재활센터	복무부적응 교육 및 치료

출처: 대구 신당종합사회복지관(2006).

2) 사단법인 예성(2009~계속): 민·관·군 협력사업

사단법인 예성은 2009년도부터 경기도 및 육군 제3야전군사령부와 협약을 맺고 군인가족의 삶의 질 및 '행복지수' 향상과 경기도민으로서의 정체성 및 제2의 고향화 유도를 목적으로 군인가족 맞춤형취업교육을 진행하고 있다. 이 사업은 지역사회에서 군사회복지 실천에 대한 모델과 과정의 모듈을 구성하여 민관군의 협조체계 하에서 진행되고 있는 모범사례로서 차후 지역사회에서의 군사회복지 실천의 발전을 위한 방향을 제시한다고 할 수 있다.

(1) 사업 추진배경

① 군인가족을 대상으로 맞춤형 자격증 취득 및 취업과정 교육

② 건강가정교육과정 운영을 통하여 자기계발 기회제공과 취·창업 지원

③ 군인가족의 사회참여 유도로 지역사회 발전에 기여

(2) 민·관·군의 역할

경기도	제30야전군사령부	사단법인 예성
지방보조금 지원	대상자 선발	교육 진행

(3) 주요교육 내용

① 보육교사 양성교육, 지역사회참여교육, 건강가족 교육, 군인가족 선호 자격과정

〈표 9-1〉 **프로그램 및 실적**

구분	주요사업	예산
2009년	• 지역사회 참여를 위한 군인가족교육 - 대상: 1·5·6군단(총 186명) - 내용: 여성정책의 방향 건강가정교육 프로그램 지역사랑 자원봉사단 발족	21,925천 원
2010년	• 민관군 연합 군인가족지원 세미나 - 대상: 1·5군단 장병 및 군인가족(총 300명) - 내용: 군인가족 복지정책발전방안(보건복지장관, 3군인사처장 외)	5,000천 원
2011년	• 건강가정을 위한 맞춤식 교육(총 77명) - 1군단: 보육교사양성과정(22명) - 5군단: 방과 후 아동지도사(27명) - 6군단: 미술심리지도사(28명) • 건강가정프로그램(행복한 가정 만들기)	73,951천 원
2012년	• 건강가정을 위한 맞춤식 교육(총 83명) - 30사단: 자기주도학습코치(21명) - 8사단: 방과 후 아동지도사(29명) - 28사단: 미술심리지도사(33명) • 건강가정교육(행복한 가정 만들기)	26,760천 원
2013년	• 건강가정을 위한 맞춤식 교육(총 74명) - 1군단: 보육교사(20명) - 5군단직할: 웃음치료사(22명) - 8사단: 미술심리지도사(32명) • 행복한 가정 만들기	73,249천 원

2014년	• 군인가족 맞춤형 자격증 취득과정(총 88명) - 1군단: 보육교사(29명) - 7군단: 방과 후 아동지도사(35명) - 7군단: 미술심리지도사(24명) • 행복한 가정 만들기	78,168천 원
2015년	• 군인가족 맞춤형 취업교육(총 105명) - 1군단: 보육교사(20명) - 5군단: 방과 후 아동지도사(20명) - 3군사령부: 방과 후 아동지도사(26명) - 55사단: 예쁜 글씨 팝아트지도사(14명) - 6포병여단: 아동상담사(25명)	78,025천 원
2016년	• 군인가족 맞춤형 취업교육(총 129명) - 보육교사(9명, 정원 외 2명) - 방과 후 아동지도사(57명) - 미술심리지도사(24명) - 아동상담사(14명) - 예쁜 글씨 팝아트지도사(23명)	64,114천 원

3) 서울 대방종합사회복지관(2006): 사회복지공동모금회 공모사업

서울 대방종합복지관은 사회복지공동모금회의 공모사업으로 동작구 동작경찰서 중대 의무경찰을 대상으로 '지역사회 의무경찰의 군 생활 적응력 향상을 위한 군사회복지 모델개발 프로젝트'를 실시하였다. 프로젝트의 주요 내용으로는 지역사회 내 지원체계조직, 상담을 통한 심리정서적 지지체계 형성, 집단 프로그램을 통한 적응능력 향상, 인성개발을 통한 문제예방 프로그램 등으로 편성되었다.

〈표 9-2〉 **세부 프로그램**

배경		프로그램		목표
의무경찰의 군생활 부적응	➡	불안 및 스트레스 대처능력 강화 자기통제능력 향상 구성원 간 의사소통 능력 증진 긍정적 자아상 형성 심리적·정서적 문제 지원 및 해소	➡	군생활 적응력 행상

출처: 서울 대방종합사회복지관(2006).

4) 부산 사직종합사회복지관(2007): 사회복지공동모금회의 공모사업

부산 사직종합사회복지관은 사회복지공동모금회의 공모사업을 통하여 '병영생활적응력 및 전역예정자의 사회적응력 향상을 위한 군사회복지'라는 주제로 프로그램을 실시하였다. 군사회복지 프로그램을 통해 군 생활 적응력 및 문제해결능력을 향상하고, 전역 후 원만하게 사회에 적응하는 데 목적을 두고 군사회복지 지원네트워크 구축단계를 3단계로 구성하였다.

〈표 9-3〉 **군사회복지 네트워크 구축단계**

단계	내용	
1단계 민간기관과 네트워크 구축	군	협력체계 구축을 통한 군 내부적 창구 역할
	민	지역사회복지관과 협력체계 구축
2단계 군 내부 조직의 역량강화	군	민간 네트워크를 조정할 수 있는 군복지 전문가 배치
	민	장병 및 군인가족까지 복지서비스 확대
3단계 군사회복지 지원체계 구축	군	군 내부적으로 군사회복지 지원체계 제도화
	민	군사회복지 차원의 사회복지 서비스 체계의 제도화

출처: 부산 사직종합사회복지관(2007).

5) 대구위기가정지원센터(사회복지법인 가정복지회, 2003): 자체사업

대구위기가정지원센터는 지역 내 ㅇㅇ사단 장병을 대상으로 개별 및 집단상담을 실시하였다. 부적응 신병 및 장병을 대상으로 한 집단교육 프로그램과 의뢰받은 소수의 부적응 병사에 대한 개인상담을 주로 하였다.

6) 충청남도 교육청과 논산 YWCA(2004): 자체사업

지역 내 ㅇㅇ사단 장병을 대상으로 '행복한 군 생활을 위한 진로교육 프로그램'과 '행복한 군 생활을 위한 성의 이해'를 1회성으로 실시하였다.

4 군사례관리

1970년대 미국 정신보건사회사업에서 활용되기 시작한 사례관리 방법은 최근 한국 사회복지 실천의 민간과 공공의 다양한 영역에서 사회복지 서비스의 주요 전달방법으로 활용된다. 사례관리라는 용어는 매우 다양하게 사용되고 있으며, 사례관리의 정체성은 서비스 영역에 따라 달라지는 경향이 있다. 예를 들어 교정 분야에서 일하는 사례관리자는 클라이언트를 지도 · 감독하고, 약간의 상담을 제공하고 클라이언트와 그 가족에게 필요한 서비스를 연결한다. 또한, 클라이언트가 보호관찰 기간을 잘 마칠 수 있게 하는 기능을 수행한다. 반면 인지장애를 가진 클라이언트와 일하는 재활기간의 사례관리자는 일반적으로 수용되기 어려운 클라이언트의 행동을 지도하고 상담을 제공하며, 다양한 관련기관과 시설에 거주하고 있는 그들을 위해 연결자로서 역할과 직업훈련을 위한 다양한 서비스를 제공한다(권진숙 외, 2012).

따라서 사례관리란 보호서비스가 필요한 사람들의 다양한 욕구에 맞는 서비스를 개별적으로 맞추어 내는 것을 의미한다.

1) 군사례관리의 필요성

군사례관리는 군조직이라는 2차 현장(secondary setting)에서 군인과 그 가족들을 대상으로 하는 사례관리를 말한다. 군에는 20대 초반의 병사가 전체 군인의 비율에서 가장 많은 수를 차지하고 있다. 이들은 지금까지 생활하던 환경과 분리되어 제한된 공간에서 2년 정도의 긴 시간을 집단생활을 하며 지내야 한다. 특히 청소년 후기에 속하는 신체적, 정신적, 자아 정체성의 문제와 독립의 시기에 따른 여러 문제들, 자발적 선택이 아닌 징병으로 인한 구속과 긴장 등 여러 정서적 개입과 최선의 해결 방안이 필요하다. 군의 지휘 체계와 집단의 갈등과 명령체계, 전시 대비와 훈련으로 인한 위기상황에 대한 개입과 집단 역동으로 발생되는 갈등, 의사소통에 대한 이해가 필요하다. 반면에 군인가족은 잦은 이동, 정해진 범위 안의 가정생활, 위험한 직업 환경에 노출된 군인의 가족(아내 및 자녀)으로서 사회의 일반 가족의 역할이나 구조와 다를 수 있다. 군사례관리는 우선 병사와 그 가족을 대상으로 한 전문화되고 분절된 전달체계의 통합(integration)의 역할을 수행한다. 군조직 내 관련 부서, 지역사회의 서비스 기관뿐 아니라 병사와 가족의 사적 자원 및 네트워크도 파악하여 이들이 활용할 수 있는 자원으로 개발하고 연계하도록 한다. 사례관리는 서비스 연계에 중점을 두기 때문에 지역사회의 서비스 인프라 구축 및 자원의 수준이 사례관리서비스의 수준에 주요한 영향을 미친다.

(1) 국방부와 보건복지부의 정책 및 서비스 변화

시대의 흐름은 휴먼서비스 발달과 함께 여러 사회 변화를 가져왔는데 보건복지부의 중앙, 지방 통합적 사례관리체계가 네트워크와 함께 주목받게 되었고, 국방부 또한 전시체제가 아닌 평시에 징집되어 온 청년들의 개인 사정과 집단 문화, 가정과 사회의 급속한 변화를 고려해야 할 시점이 되었다. 이러한 흐름 속에서 사회복지 실천의 핵심인 사례관리의 활용은 정부는 물론 군과 민간기관 등 여러 이해관계 영역의 욕구 충족에 적합하다.

(2) 군조직 구성원의 다양화와 급변하는 사회 환경

복지를 둘러싼 사회 환경은 급변하고 있다. 노동시장의 변화에 따라 고용복지의 중요성이 증대되면서 전통적 의미의 복지정책은 다소 위축되고 있으며, 가족구조의 급격한 변화에 대응하기 위한 국가 차원의 가족복지정책은 확대되는 추세이다. 경제 성장에 따른 여가 문화사업 등이 활성화되는 한편 인구구조 변화로 인한 군 인력수급 문제의 어려움은 증대되어, 군복지 증진 요구는 더욱 높아지고 있다. 이에 따라 사회 발전에 부합하는 장병 생활 여건의 보장, 건강한 군 가족 공동체 형성을 위한 가족 복지, 사회와 병행·발전하는 문화 복지, 군 가족 및 제대군인의 실질적 복지를 위한 취업 지원이 더 비중 있게 다루어져야 한다(국방부, 2009a).

특히 장애나 질병을 가지고 있는 특수 군인가족과 노인이 가족 구성원일 때, 그리고 서비스를 받아야 하는 아동 및 청소년이 가족 구성원인 경우, 전몰 및 순직 군인가족 등은 군이 주체가 되고 민간의 지원이 뒷받침되는 사례관리가 필요하다. 그러나 이 부분은 앞으로 추진되어야 할 과제로 남겨 두고 군사례관리센터의 운영과 병사 중심의 사례관리에 대해 살펴보도록 하겠다.

2) 군사례관리의 사례

위에서 설명한 다양한 군인과 가족에게도 체계적인 사례관리 체계가 필요하지만 현재 군 사회복지사업은 부대에서 의뢰하는 위기가정 병사들을 대상으로 지역사회 전문기관과 연계 네트워크를 통한 통합적 사례관리를 지원하고 있다. 특히 위기가정 병사 사례관리는 가정의 어려움으로 부대 내 부적응을 겪고 있는 병사를 대상으로 스스로 해결하기 어려운 다양한 문제(경제적 어려움, 가족구성원이 알콜중독, 조손가정, 한부모 가정 등)나 욕구를 해소하는 데 필요한 자원을 전문 사회복지의 전문기관과 연계 네트워크를 통한 통합적 서비스를 제공한다. 서비스 제공을 통하여 복무적응력을 높이고 사회에 건강하게 복귀할 수 있도록 돕고 있다.

(1) 군사례관리 현황[1)]

현재 군에서의 사례관리 의뢰는 병사 위주로 이루어지고 있다. 의뢰 과정은 다음과 같이 이루어진다.① 담당 간부의 추천 및 의뢰(80%), ② 정기적인 상담 과정에서 다른 문제로 상담을 하다가 필요에 의한 사례, ③ 비전-그린캠프 입소 후 교육과정에서 발견 또는 캠프 퇴소심의를 위한 사례회의 과정에서 사례에 대한 정보공유 과정에서 필요, ④ 이등병 교육 등에서 사회복지사의 역할에 대한 설명을 듣고 난 후, 또는 다른 병사에게 이야기를 듣고 병사가 직접 신청, ⑤ 병사 스스로 신청(소대장, 중대장에게 상담을 받고 싶다고 신청, 해당 부대 인사과로 요청, 사회복지사에게 연락하여 상담 계획), ⑥ 인사과에 비치된 신청서(복지관용) 작성 후 제출로 이루어진다.

군에서 의뢰와 신청된 병사들에 대한 사례회의 및 개입과정에 대한 사례관리 내용은 다음과 같다.

〈표 9-4〉 ○○복지관 사례개요와 개입과정

문제 영역	내용	개입목표	서비스명	서비스 내용
기초생활 해결 -주거비 및 생활비 부족	군 복무로 인해 경제활동 중단과 수입 감소	일시 후원금 지급으로 당장의 생계비 부담 감소	후원금 지급	3월~5월까지 매월 10만 원씩 지급
경제-기초생활 해결 - 주거비 및 생활비 부족	복무기간 동안 장기적인 2인 가족의 생활 곤란	생계비 지원이 가능한 후원기관 및 후원자 연계	외부지원 연계	사랑의 리퀘스트 생활비 지원 사업 신청
		지역사회복지관사례 의뢰(의뢰 후 의뢰 회신과 1개월 모니터링 실시)	재가복지 서비스 제공	지역사회복지관으로 사례 의뢰
가족관계-가족 돌봄-보육 어려움	군 복무 근무 시간과 아들의 어린이 집 이용 시간이 맞지 않아 클라이언트 모가 아들을 돌보고 있음	향후 보육곤란 욕구가 증가할 경우 개입 필요	보육지원	가족지원이 가능한 상태이므로 향후 가족지원이 불가능한 상태일 때 지원여부 결정

1) 현재 사회복지공동모금회 2010 테마기획 '군 사기 무한충전 프로젝트'에 참여하고 있는 복지관 중 사례관리를 진행하고 있는 두 개의 복지관의 사례관리 과정과 사례들을 수정했다.

군사례관리 시행 과정에서의 장애요인을 살펴보면 첫째, 인테이크와 사정과정 및 사례관리 과정에서 부대 임무수행과 관련하여 사례관리 병사와의 정기적인 상담의 어려움이 발생된다. 둘째, 사례관리 개념에 대한 인식부족과 함께 단기간의 성과 보고가 이루어져야 하는 군조직의 기대와 행정 절차로 필요한 협조를 이끌어내는 데 어려움이 있다. 셋째, 부대에서 보유하고 있는 병사의 정보 공유가 곤란하여 병사 및 그의 가족이 같은 정보를 반복하여 제공해야 하는 번거로움이 존재한다.

다음으로 군사례관리에 참여한 병사들은 〈표 9-5〉와 같이 경제적 문제, 가족 및 가정상황에 대한 문제가 주 호소문제들이다.

〈표 9-5〉 ㅇㅇ복지관에 의뢰된 사례

경제사항	추천 및 신청의견
수급	· 내용: 조부 암, 조모 뇌경색, 부 지체장애 1급, 가정상황으로 복무 중 스트레스 겪음 · 신청인: 본인
저소득	· 부자가정의 상근예비역, 고퇴, 가정형편으로 인해 검정고시 학원비 요청 · 신청인: 본인
일반	· 내용: 모자가정, 경제적 어려움 호소 · 신청인: 본인
일반	· 내용: 성장기에 부의 잦은 이혼 및 재혼으로 두 동생을 스스로 돌봄. 입대 이후 동생들 걱정으로 복무에 영향 · 신청인: 본인
저소득	· 내용: 부자가정으로 본인의 입대 이후 부 혼자 생활, 부가 무직이며 고물수거로 생활 · 신청인: 대대장 의뢰
저소득	· 내용: 모자가정, 모가 공장에서 사고가 나서 현재는 일을 쉬고 있음. 상근예비역 · 신청인: 인사장교 의뢰
저소득	· 내용: 모자가정, 모가 일용직 식당일로 생활, 미성년의 여동생 있음. 상근예비역 · 신청인: 인사장교 의뢰
저소득	· 내용: 조손가정, 상근예비역, 고등학생 남동생 있음. 가족걱정으로 고민 중임 · 신청인: 인사장교 의뢰
저소득	· 내용: 조손가정, 현역 입대 이후 조모 혼자 거주, 조모 걱정 · 신청인: 비전캠프 교육대장
차상위	· 내용: 모자가정, 지적장애 여동생이 있음. 파산상태로 가족걱정이 큼 · 신청인: 인사과장 의뢰

사례관리를 진행하고 있는 병사의 세대 유형을 살펴보면 조손, 한부모, 소년소녀, 일반세대로 나눠 볼 수 있었다. 일반 세대 또한 여러 유형의 가족문제와 경제적 문제로 병사들의 부담을 가중시켰다.

〈표 9-6〉 ○○복지관 사례관리 세대 유형 및 주요 문제 정리

유형	주요 문제
조손가정	입대 후 할머니 홀로 미성년인 두 동생을 돌보심으로 인한 염려로 정기적으로 가족의 안부를 확인해 줄 것을 요청.
한부모가정 (이혼)	천식을 앓고 있는 어머니의 건강과 가족의 경제적 어려움으로 차비가 부족해 군에 출근하지 못하는 상황이 발생함으로 인해 경제적 지원 요청.
별거 중	결혼 후 입대한 병사로 입대 후 아내가 가출함으로 인한 혼란과 5세 된 딸을 돌보고 있는 부모님에 대한 걱정으로 군 생활의 어려움을 호소함.
일반 세대	카지노에 자주 출입하는 아버지로 인한 도박 빚으로 가족이 경제적 어려움을 겪고 있으며, 거주할 곳이 없음으로 인해 상근병임에도 군에서 현역들과 지내고 있어 경제적 지원 등을 요청.
소년·소녀 가장 가정	중졸이라는 학력과 상근 신분으로 인해 근로하지 못하는 상황으로 인하여 경제적 어려움을 겪고 있어 경제적 지원 및 상담적 지원을 요청.
한부모가정 (이혼)	아버지께서 일용직 근로를 하고 있으나 원룸의 월세가 밀려 경제적 어려움을 겪고 있으며 거주할 곳이 없음으로 인해 상근병임에도 군에서 현역들과 지내고 있어 경제적 지원 등을 요청.
일반 세대	음주문제로 근로를 하지 않는 아버지와 뇌출혈 수술을 받은 바 있는 어머니의 건강문제로 인한 염려로 정기적으로 가족의 안부를 확인하고 경제적 지원을 해 줄 것을 요청.
일반 세대	위암 말기 판정 및 뇌출혈 수술로 인해 건강이 매우 좋지 않은 아버지와 병간호에 치중하고 있는 어머니에 대한 염려로 가족의 안부확인 및 경제적 지원을 요청.
한부모가정	가장 역할을 했던 ○○병사는 입대 후 가족 생계유지 및 우울증이 심한 누나로 인한 염려로 가족 안부확인 및 경제적 지원을 요청 .
한부모가정 (이혼)	어머니께서 미용사 일을 하고 있으나 수입이 적어 경제적 어려움을 겪고 있으며 검정고시를 준비하는 여동생에 대한 걱정으로 가족 안부 확인 및 경제적 지원을 요청.

일반 사회복지 실천 및 개별상담과 달리 효과적인 군사례관리를 위해서는 군의 특수성을 고려하고 군이라는 제한된 범위와 지역사회와의 연계를 생각해야 한다. 사회에서 사회복지 서비스를 받고 있는 가정이었는지, 사각지대에 놓여 있

던 가정이었는지 먼저 살펴본 후에 군과 지역사회의 연계에 적절하고 유연한 전략이 이루어져야 한다. 군과 일반사회의 사례관리의 차이점을 비교하면 다음과 같다.

〈표 9-7〉 사회와 군의 사례관리 차이점

목적	사회	군
보호의 연속성	· 다양한 욕구를 충족하기 위해 서비스 개입과 환경 지지, 클라이언트와 가족과 관계 유지, 위기개입, 사회적 네트워킹 등 포괄적 서비스 및 시간의 경과에 따라 변화하는 개인의 욕구에 지속적인 서비스 제공.	· 지속적으로 보호를 받아야 하는 직업군인과 가족 및 병사들은 공간과 시간의 한정성을 갖게 되기 때문에 이동, 복귀 지역 사회복지기관과의 연계로 보호의 연속성 지속.
서비스의 통합성	· 복합적인 욕구를 해결하기 위해 많은 기관과 지역사회의 자원을 통합적으로 활용.	· 군 내의 제한된 자원과 군 지역 복지기관과 의뢰한 군인의 이동지, 복귀 지역의 자원을 통합적으로 연계.
서비스의 접근성	· 서비스 이용자의 적격성, 기준, 규정, 정책, 절차 등 서비스 접근에서 장애물을 극복하고 개인이 필요한 서비스에 접근할 수 있도록 함. · 인종, 종교, 성적 지향 사회경제적 계급, 장애 등과 상관없이 서비스에 접근 할 수 있는 평등한 기회.	· 현역 및 제대 군인, 보훈가족, 다문화가정의 자녀, 학교 및 군 내 폭력 가해자, 성적 지향, 종교 등 관계없이 서비스 신청을 할 수 있는 기회.
사회적 책임	· 클라이언트의 욕구에 서비스가 적합하고, 적당한 시기에 적절한 방식으로 제공, 중복되지 않도록 관리, 효율성과 효과성 반영, 높은 전문성, 지속적인 개선 필요 .	· 최대한 군조직의 일정과 낙인 방지, 여건을 존중하고 맞춤형 서비스 실시(우선은 사회에 있는 가족들에게 물질적, 심리적 지원).
클라이언트 역량강화	· 클라이언트가 사회복지기관이 도움 없이 스스로 사례관리를 할 수 있는 역량강화가 목표. · 사례관리 초기부터 클라이언트의 강점에 초점을 둠.	· 클라이언트뿐 아니라 군 내외에 있는 가족들까지 스스로의 힘으로 일어설 수 있는 역량강화.
평가	· 사례관리가 클라이언트에게 적절하게 제공되고 있는지, 클라이언트의 변화와 만족, 서비스의 통합, 서비스와 성과의 질에 집중.	· 군의 행정절차와 체계 내에서 클라이언트와 가족들에게 적절히 제공되었는지에 대한 만족도와 서비스 통합.

(2) 부산 사직복지관 위기가정 병사 사례관리(예)

복합적인 가정문제로 인해 복무부적응으로 부대 의뢰에 의한 발굴 사례	
인적사항	소속: 12*연대 계급 : 일병 성명 : 이병호(가명)

1. 문제 상황

1) 가정 수입원의 부재로 인한 경제적 어려움
2) 클라이언트 모의 문제
- 156cm 정도의 키에 43kg으로 영양상태가 좋지 않음.
- 평균 소주 2병 이상을 음주하며 강제퇴원 이력으로 재입원 곤란.
- 무임승차, 기물파손, 이성친구로부터 여동생 폭행 등 문제 발생.
- 단칸방에서 모가 이성친구와 혼숙하거나 술을 마시는 등 클라이언트의 여동생 생활 곤란.

2. 개입과정

1) 사례접수 후 클라이언트 가족과의 상담이 이루어지기 전 부의 심장마비 사망
- 친인척(고모, 큰아버지)의 개입으로 임시거처 마련.

2) 클라이언트의 정규휴가를 통해 초기면접 및 가정방문을 통한 기초 환경 조사
3) 모의 알코올 의존이 대한 개입방안 마련을 위한 기관 내부 슈퍼비전
- 병원 강제입원 방법에 대한 전문기관 슈퍼비전(부산알코올 상담센터 등).

4) 군사례관리 대상자 선정 및 서비스 제공
5) 클라이언트 모의 음주 및 문제행동에 대한 외부전문가 슈퍼비전(신라대 교수)
6) 개입점검 및 평가, 사례 종료

3. 개입내용

1) 클라이언트 모의 음주문제 해결
- 알코올 의존 인식을 위한 단주프로그램 연계 및 정기적 상담(정신건강증진센터).
- 알코올 의존 치료를 위한 알코올 전문병원 입원치료(상록병원).

2) 클라이언트 모의 경제활동을 통한 가계소득 향상
- 조건부 수급자 신청(남산동 주민센터, 금정구청).
- 취업에 대한 동기부여를 위한 상담 및 정보제공(금정구청, 군사회복지사).
- 취업성공패키지, 희망리본 프로젝트 참여(고용지원센터, 자활인력지원센터).
- 기초생활 유지를 위한 경제적 지원(사회복지공동모금회 등 다수 단체).

3) 클라이언트 동생의 심리정서적 문제 해결 및 학업 지원
- 우울–불안 스트레스 경감 및 학습 환경 조성을 위한 상담(군사회복지사).
- 교육비 지원(KT&G복지재단).

4. 변화

1) 클라이언트의 모는 주1회 소량으로 음주 자제 및 단주 프로그램 참여
2) 알코올 의존 치료를 위한 지역사회자원을 활용
- 병원입원 및 병원비 할인(사회복지공동모금회 병원비 지원).

3) 클라이언트의 모는 경제활동 및 취업지원 기관과 연계를 통해 정보제공
- 취업에 대한 동기부여를 통해 미용실에 취업하여 파트타임 근무.

4) 동생은 군사회복지사와의 주기적인 상담 및 클라이언트 모의 음주완화를 통해 우울–불안 스트레스 지수가 10% 정도 경감되었으나 클라이언트가 전역할 때까지 지속적 지원 필요
5) KT&G복지재단을 통해 꿈(유치원교사)에 대한 미래설계를 위한 지원
6) 경제적 지원과 생필품 등을 지원 및 기초생활 유지

5. 평가

군사례관리센터의 역할은 주사례관리 기관으로 클라이언트의 욕구 및 문제해결을 위한 개입 계획과 서비스 제공 기관을 조정하는 역할을 수행하였다.

1) 군부대(간부–병영생활 전문 상담관)와 협력체계 구축을 통한 클라이언트 및 가족에게 개입
- 클라이언트의 청원휴가 및 외박을 통한 클라이언트 모의 병원 입·퇴원 지원.
- 클라이언트 모의 문제행동 발생에 따른 비상연락체제 유지.
- 클라이언트 및 가족의 근황 확인을 통한 병역관리에 대한 기초정보 제공.
- 생계곤란으로 인한 후원물품 지원요청.

2) 개입계획에 따른 지역사회 자원발굴 연계
- 클라이언트의 가정에 대한 개입 목표에 따라 외부자원을 발굴하여 지원망을 구축.
- 약 20개의 자원과 연계.

3) 주 사례관리기관으로서의 서비스 제공기관을 조정
- 클라이언트 모의 알코올 의존 치료을 위한 병원과의 협력.
- 자활인력지원센터와 연계를 통한 취업교육 및 정보공유.
- 패밀리외과병원: 클라이언트 모의 종합건강검진 진행과정 및 결과 정보공유.

5 군사례관리 지원센터[2)]

2010년부터 3년간 실시된 부산 사직종합사회복지관을 포함한 4개 지역의 군사회복지 활성화지원 사업이 성공적으로 진행됨에 따라서 2014년부터 군사례관리 지원센터를 운영하게 되었다. 군사례관리지원센터는 2014년 공동모금회 제안형 기획사업인 '군 장병의 병영생활 적응력 향상 및 통합지원체계 구축을 위한 사례관리 엔커링(anchoring)' 사업의 일환으로 설치되었다. 군사례관리 지원센터는 상담 및 사례관리를 통하여 병사 및 초급간부의 병영생활 적응력 강화와 군인가족의 삶의 질 향상을 도모하고자 4개 지역 사회복지관 책임하에 설치되었다.

1) 운영기간

2014년 1월~2016년 12월(3년)

2) 운영목적

① 병사 및 초급간부의 병영생활 적응력 향상 및 역량강화.

② 위기 군인가족의 통합사례관리(군-가정-지역사회)를 통한 문제해결 능력 향상 및 지역사회자원에 대한 반응능력 강화.

③ 가족지원 프로그램을 통해 가족관계 증진 등.

2) 본 내용은 2016년 군사회복지 추계학회 군사회복지사업 4개 기관 성과발표 내용을 종합 정리하였음.

3) 사례관리 체계도

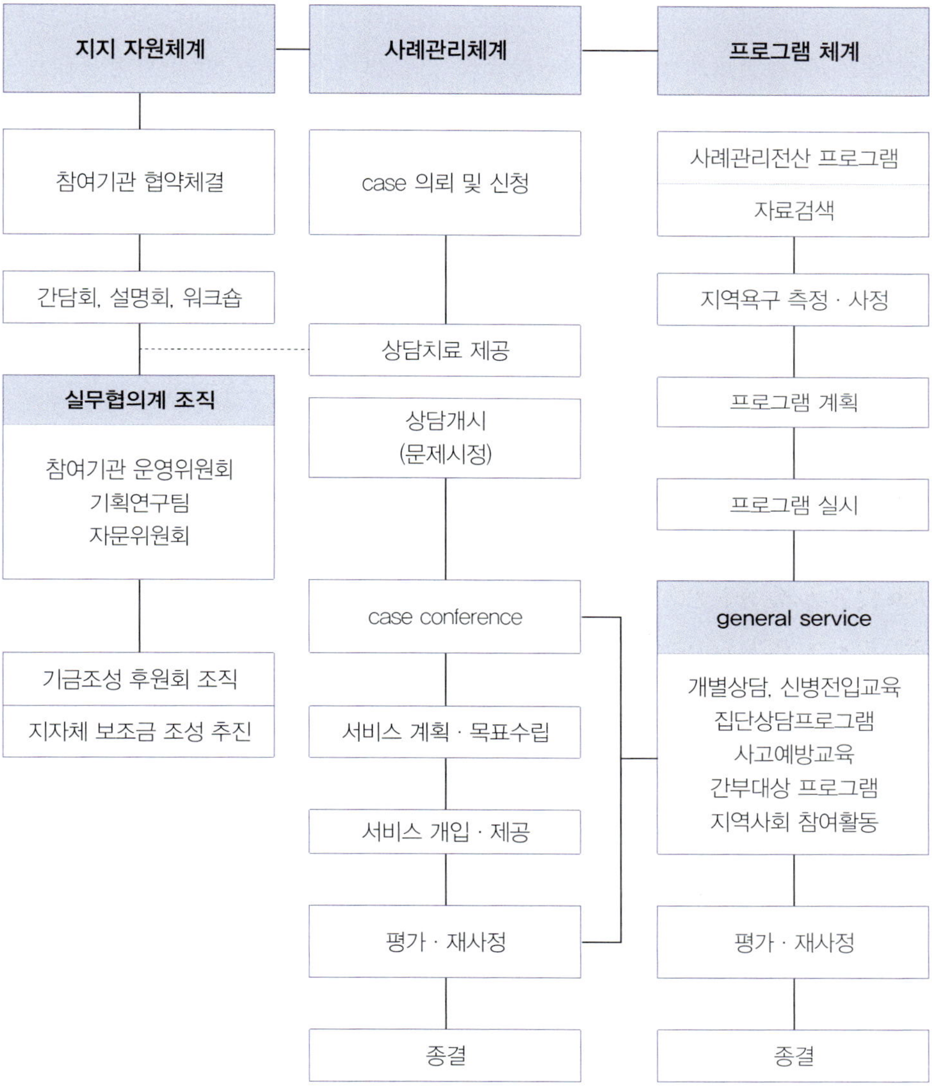

[그림 9-1] **군사례관리센터 사례관리 체계도**

출처: 대구 신당종합사회복지관(2006).

4) 사례관리 대상 및 프로그램

사례관리 대상 및 프로그램은 지역별로 특성에 맞게 계획하여 진행하였다. 부산·울산·경남지역은 육군 제53보병사단 소속 군인 및 가족, 강원도 영동지역은 강원 영동지역에서 복무하는 군인 중 복무부적응의 문제로 지속적이고 포괄적인 사례관리 서비스가 필요한 군인 및 가족이 대상이었다. 또한, 대구·경북은 육군 제50보병사단 군인 및 가족, 광주·전남은 육군 제31보병사단 군인 및 가족이다. 사업내용으로는 군(軍)과 민 네트워크, 군사례관리 지원센터운영, 그린캠프, 부대별 특화프로그램, 군인가족지원, 병영체험 등으로 군사회복지사 책임하에 실시되었다.

5) 사례관리센터「군사례관리 엔커링」컨소시엄 구성

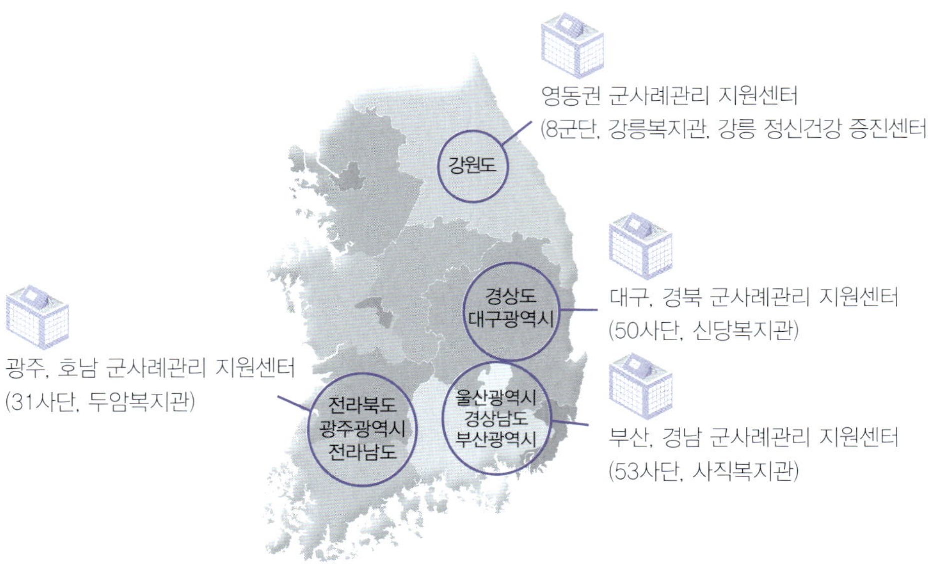

(1) 사직복지관(부산 · 울산 · 경남)

가. 대상: 육군 제53사단 소속 군인 및 군인가족

나. 주요 프로그램

① 사례관리(군사회복지사, 병영생활 전문 상담관)

• 초기면접, 위기가정 지원, 사례관리 자원 발굴.

② 상담 및 검사(군사회복지사, 병영생활 전문 상담관)

• 방문상담(개별상담, 인성 및 심리검사, 군인가족 전화 및 방문상담)

*병영생활 전문 상담관과 사례관리 정보 공유.

③ 그린캠프(군사회복지사, 전문강사)

• 복무부적응 병사에 대한 자아탐색, 자기이해, 타인이해와 관계개선, 진로 준비.

• 그림캠프 분대장 대상 리더십 교육

다. 외부자원 연계

프로그램 자문, 프로그램 강사지원, 자원봉사활동 연계, 사례관리대상자 자원 연계.

라. 사례관리 성과

구분	2014년	2015년	2016년
의뢰 대상	32명	12명	13명
선정 대상	10명	7명	7명
미 선정	22명	5명	6명

(2) 신당복지관(대구 · 경북)

가. 대상: 육군 제50사단 소속 군인 및 군인가족

나. 주요 프로그램

<table>
<tr><th>대상</th><th>프로그램</th><th>내용</th></tr>
<tr><td rowspan="4">장병</td><td>상담</td><td>· 신병교육생 개별상담(주 1회), 부대 장병상담(수시)</td></tr>
<tr><td>집단상담</td><td>· 그린캠프 도움병사 집단미술심리치료(월 4회)</td></tr>
<tr><td>사례관리</td><td>· 위기가정 사례관리
- 연 14명, 긴급구호금 40~50만 원 지원
- 선발인원 가정방문 및 상담, 지역사회복지 시설과 연계</td></tr>
<tr><td>교육</td><td>· 상담기법 교육: 신병교육대 분대장(월 1회)
· 초급간부 역량강화 교육(연 2회)
· 병사 집체교육(분기 1회)</td></tr>
<tr><td rowspan="4">군인
가족</td><td>상담 및 검사</td><td>· 부부상담, 가족상담, 양육상담</td></tr>
<tr><td>아동발달 상담 및 검사</td><td>· 아동 놀이 · 미술 · 언어치료</td></tr>
<tr><td>집단프로그램</td><td>· 아동자존감향상, 또래 관계 기술향상, 다중지능 진로학습</td></tr>
<tr><td>기타</td><td>· 장난감도서관 운영, 체험활동, 취미 · 문화교실, 자원봉사활동 등</td></tr>
</table>

다. 사업성과

사업	2014년	2015년
그린캠프	195명	215명
사랑의 캠프	48명	96명
인성검사	167명	34명
신병교육대 신병 상담	125명	96명
신병교육대 분대장 집체교육	41명	143명
위기가구 지원	12세대	14세대
군인가족(부모) 지원 프로그램	209명	137명
군인가족(아동) 지원 프로그램	216명	391명
초급간부 교육	74명	50명

(3) 두암복지관(광주 · 전남)

가. 대상: 육군 제31사단 소속 군인 및 군인가족

나. 주요 프로그램

- 그린캠프: 군부적응 병사
- 사례관리: 위기가정 병사
- 군인가족 관계증진 프로그램: 군인 및 군인가족(배우자)
- 병영생활체험 프로그램: 지역학생

다. 그린캠프 프로그램 실적

내용	2014년	2015년
현역복무 부적합 처리	25명	35명
보직 및 소속 변경	26명	16명
부대적응 유도	68명	70명
함평병원 정신건강의학과 입원	5명	12명

(4) 강릉종합사회복지관(강원도 · 영동)

가. 대상: 강원 · 영동지역 복무부적응 장병

지속적이고 포괄적인 사례관리서비스가 필요한 군인 및 가족

나. 주요 프로그램

개별상담, 미술심리치료, 음악심리치료, 치유 글쓰기, 어머니 멘토링, 대인관계 증진, 사회봉사

다. 그린캠프 프로그램 실적

내 용	2014년	비고
병역 심사대 입소	5명	· 자살우려자 및 시도자: 29명 · 우울증: 12명, 대인관계: 28명 · 정신 및 심리불안: 36명
재입소	43명	
자대 복귀	57명	

6) 군사례관리 지원센터 운영 성과

군사례관리센터는 군부대와 정기적이고 지속적인 협조체제를 구축한 가운데 센터의 조직을 구성하고 사례관리를 진행하였으며 군사례관리 엔커링사업 성과를 살펴보면 다음과 같다.

(1) 사례관리 체계 정립

가. 군사례관리지원의 공식화된 시스템 구축

부산·경남지역, 영동지역, 대구·경북지역, 광주·전남지역 등 전국 4개 권역에서 '군사례관리 지원센터'라는 군사회복지 전달체계를 구축하는 성과가 있었다.

나. 위기가정 병사 선정기준 마련 및 사례관리 서비스 업무처리과정 일원화

연대별로 병영생활 전문 상담관을 통해 위기가정 병사를 선별하고 분기별로 사례관리 특별대책위원회(task force)를 통해 대상자 선정 유무와 서비스제공 현황을 각 연대에 제공함으로써 업무처리를 일원화하였다.

(2) 병사 및 군인가족 측면

① 클라이언트 개인의 호소문제 해결 및 복무적응력 향상
② 군에 대한 위기관리병사와 가족의 긍정적 인식변화
③ 대상별 욕구에 기반한 다양한 프로그램 제공을 통한 군인가족 복지 증진

(3) 군부대와 지역사회의 연계를 통한 병영관리 긍정적 관리방안 마련

군 사례관리센터를 통하여 부대 중심의 병영관리에서 지역사회와 연계를 통한 복무부적응 장병관리가 가능하다.

(4) 군복지 실천현장에서 사회복지사의 역할 인식 증대

복무부적응, 위기가정 병사에 대한 장병 및 가족에 대한 사례관리에서 사회복

지사 역할의 중요성을 인식할 수 있다.

(5) 군인가족지원센터 모델화

장병 및 군인가족에 대한 복지 및 상담지원을 통하여 향후 군인가족지원센터 운영모델을 구축한다.

6 군사회복지 실천과 사례관리 발전방향

국가는 국가의 존립을 위해 국방의 의무를 다하는 청년의 복지욕구를 제한 된 범위 내에서 수용할 수 있어야 한다. 이러한 국가 수호를 위한 순수한 가치를 구현할 구체적인 방법 중의 하나가 사회복지 실천의 활용이다. 그중에서도 사례관리는 군과 사회복지의 발전에 윈-윈(win-win)할 수 있는 가장 기초적인 협력 방안이며 지역사회 자원을 연계할 수있다는 점에서 큰 의의를 둔다. 군과 지자체에서는 민간복지 전문기관에서 지속적인 군 협력 프로젝트와 시범사업을 계속 할 수 있도록 지원해 주어야 하며 군사회복지 실천이 가능한 시스템이 갖추어져야 한다. 군사회복지 실천과 사례관리에서의 과제를 살펴보면 다음과 같다.

1) 군사회복지 실천분야

군사회복지 실천분야는 지역사회와 연계하여 복지 및 교육 프로그램을 병행하여 추진해 나가야 한다. 그러나 군복지 대상의 욕구가 동일할 수는 없기 때문에 세대별, 신분별, 제대별, 부대별, 지역별로 욕구 수준에 적합한 맞춤식복지 및 교육 프로그램을 개발하고 운용해 나가야 할 것이다.

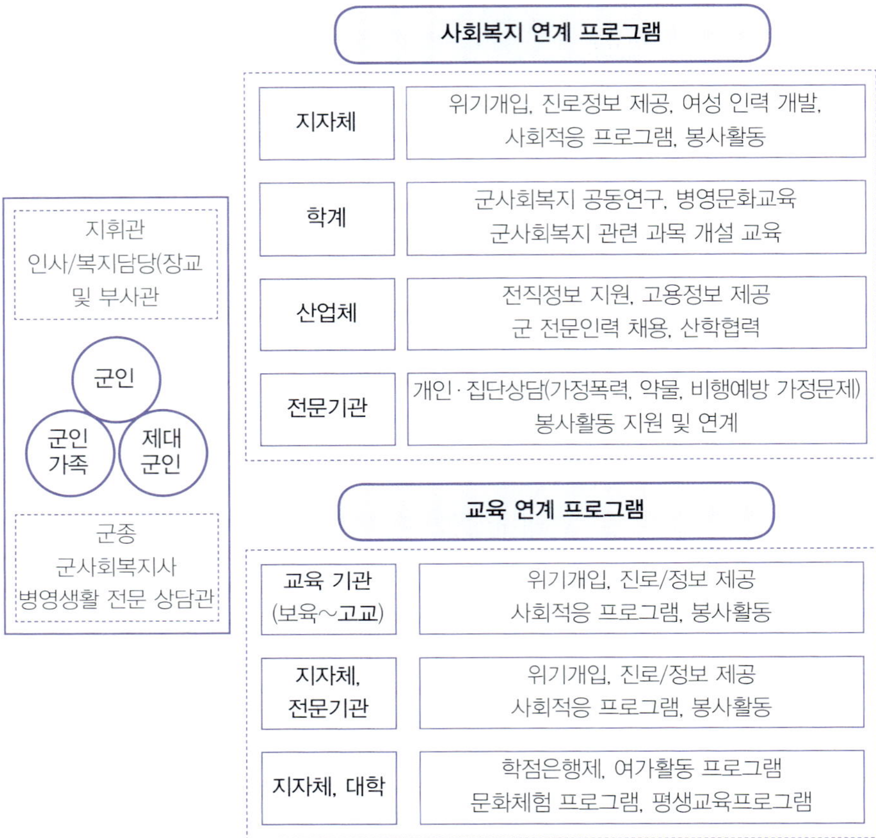

[그림 9-2] **민·군 연계분야(복지·교육)**

출처: 유홍위(2006b). 수정.

2) 군사례관리 분야

첫째, 병사들과 그 가족뿐 아니라 광범위하고 다양한 군조직 내 사회복지 실천과 사례관리가 필요한 병영 및 군병원 등에 대한 지원이 이루어질 수 있도록 대상자 영역을 넓혀 나가야 한다. 군조직의 여러 부서에서 비슷한 개념으로 일시적 또는 행정적 절차로 행해지고 있는 서비스를 사회복지 실천 영역으로 통합 시킬 필요가 있다. 이 과정에서 일반적인 개입으로 해결되는 것이 아닌 사례관리가 꼭 필요한 클라이언트 선정과 욕구조사가 뒷받침되어야 할 것이다.

둘째, 실천 현장의 안정화와 군조직 현장에 맞는 실천 및 사례관리의 접근 방안과 모델 연구가 필요하다. 군조직 구성원은 모두 사회와 연결되어 있지만 군인과 민간인은 여러 측면에서 구분되며 정치, 외교, 안보, 역사, 문화, 사회적 이슈 등에 민감한 영향을 주고받는 그 어떤 조직보다 특수한 조직적 성격을 지니고 있다. 이러한 성격을 반영한 군사례관리 체계와 내용, 활용, 접근 방법과 과정, 성과 등은 기록[3]으로 남아야 한다. 이 과정에서 논의되어야 할 점은 '비밀보장'과 '안보'라는 주관적 평가가 가미될 수 있는 상황이다. 어떤 범위 안에서 어떤 방법으로 컨소시엄 기관들과 사례를 함께 나누고 외부 자문을 받으며, 자체 평가와 외부 평가를 어떻게 조율할 것인지 군조직과 사회복지 실천의 구체적이고 문서화된 협의안이 만들어져야 할 것이다. 이 부분은 군의 보안적 측면과 휴먼서비스 고유의 한계와 역할, 평가와 조언 등에 대한 구체적인 협의가 공식적으로 이뤄져야 할 것이다.

셋째, 통합관리 시스템(국가, 지역사회, 군, 개인)의 구체화 작업이다. 군조직 내부의 가족 서비스를 지원하는 전담체계, 지역복지시스템을 연결하는 협력체계, 민간사례관리와 공공사례관리의 통합적인 연계가 현실화되어 다른 조직과의 중복을 막고 사례관리자의 위치와 역할을 분명히 해야 한다. 이를 위한 방안으로 군조직과 계속적인 논의를 해야 하며, 군사회복지 실천을 활성화해야 한다. 사회복지공동모금회뿐만 아니라 군복지기금을 군 가족에게 연결시키고 민간 차원의 비영리 사회단체, 기업의 민간 복지기금 활용 등 민간자원을 동원하여 군과 사회복지의 협력이 군인과 가족에게 인식되도록 해야 한다.

넷째, 군조직과 군인, 군 가족의 특수성을 이해하고 접근할 수 있는 전문가 양성이 필요하다. 군이라는 특수한 조직이 지니고 있는 다양성(대상, 문제, 욕구, 제한, 군부대의 성격 등)에 대해 ① 어떤 사회복지사를 어떤 직함으로 어떤 문제에 대해 배치시키고, ② 사례관리는 어떤 전달체계에 포함하여 관리할 것인지, ③ 제

3) 대외적으로 공개 여부와 공개 가능 범위는 대상자의 안전과 비밀보장을 먼저 보장해 주어야 하며, 국가 안보상 이상이 없는 범위 내에서 이루어져야 할 것이다.

한된 범위 내에서 자원동원, 욕구 충족, 네트워크 연계는 어떻게 이루어 나갈 것인지 다양한 분야에서 논의가 이루어져야 한다.

군에서의 사례관리가 사회복지 실천 개입과 다른 점은 조정과 점검, 지속적 보호와 관리이며 일반적인 사례관리와 다른 점은 지역사회 네트워크와 군의 행정절차, 민간 행정과 지역 연계가 잘 이루어지도록 지원을 해 주어야 한다는 점이다.

'사회복지 실천은 예술이다(Tuner, 1996)'라는 말은 어떠한 상황에서 어떤 개인을 만나도 개인의 성격과 환경, 집단, 지역사회, 정치적 힘 등 여러 자원과 기술을 동원하여 스스로 일어설 수 있도록 창의성에 기초한 사회복지사의 역량을 이야기하는 것이다. 사례관리는 오랜 기간의 보호와 관리가 필요한 클라이언트에서부터 시작되었지만 개인에 대한 맞춤형 서비스라는 사회복지 실천의 전통적인 실천 활동으로 활용되어 왔다. 클라이언트의 마지막까지 생존에 필요한 욕구를 지원해 주는 보건, 의료 분야와는 달리 그들이 자신의 정체성을 찾고 자신의 삶을 풍부하게 할 수 있도록 물질적, 심리 · 정서적 지원을 하는 것이 사회복지 실천에서 사례관리가 가지는 큰 의의가 될 것이다. 군에서의 사례관리는 이러한 사례관리의 기본 틀에 군조직의 특수성과 제한된 범위와 한계를 적용시켜야 한다.

10

CHAPTER

저출산과 군인가족복지

한국사회에서 가족에 대한 본격적 논의는 2002년의 출산율이 1.17로 떨어지면서 결혼에 대한 가치관의 변화, 만혼, 이혼의 증가 등 가족의 변화 현상이 전 국민에게 이슈화되면서 시작되었다. 낮은 출산율은 사회성장의 원동력을 떨어뜨리고 노동인구의 감소와 미래세대에게 고령자를 부양하게 하는 사회적 부담을 주게 되면서 국가경쟁력 약화를 가져온다. 이러한 심각성 때문에 정부에서는 2005년 「저출산 고령사회기본법」을 제정했다. 최근의 청년실업과 빈곤은 여성의 교육 수준 향상, 사회참여 증가와 결합하게 되면서 결혼의 불안정, 가족형성의 연기, 출산 포기 등에 따른 인구 및 가족구조 변화의 원인이 되었다. 특히 교육 수준이 높아진 여성들의 경제활동 참여가 증가하면서 1인 및 2인가구가 증가하게 되고, 빈부의 양극화도 더 빠르게 진행되었다. 이러한 사회적 현상에서 군인가족에 대하여 관심을 갖는 이유는 저출산 · 고령화사회에서의 군인가족의 복지문제는 군인의 업무수행과 전투준비, 사기앙양뿐 아니라 군인가족의 복지와 삶의 질에 직·간접적인 영향을 미치기 때문이다. 그리고 이와 같은 영향은 국가수호와 국민의 생명보호, 국방예산의 효율성과 밀접한 연관을 갖게 되기 때문이다.

1 저출산과 결혼 초기 군인가족

여성의 일, 그리고 여성이 일과 가족 사이에서 경험하는 상황들이 시대적으로 변화했을 뿐만 아니라 세대에 따른 차이도 존재함을 보여 주고 있다. 즉, 여성의 사회진출이 활발해진 1980년대 중반 이후 교육을 마치고 사회에 진출한 젊은 세대들은 여성도 대학에 진학해서 졸업과 동시에 직업을 갖는 것이 당연한 생애과정이라고 생각하게 되었다. 이는 실제 일·가정 양립 문제의 시대적 변화에 대한 고찰로 높은 경제활동 참가율로 이어지고 있다. 그러나 일에 대한 높은 열망과는 다르게 결혼·출산·육아 등 여성이 생애과정에서 경험하는 또 다른 부분들이 여성의 경력지속을 어렵게 하고 있는 현실은 여전히 지속되고 있다. 육아 문제와 같은 여성 경력단절 요인은 예전보다 더 심각하며 여성이 경험하는 이상과 현실 사이의 벽은 점점 더 커지고 있다. 이러한 사회문제는 모든 여성의 결혼과 출산으로부터 노년에 이르기까지 많은 영향을 미친다. 또한, 저출산·고령화 시대의 여러 문제들은 여군과 군인가족에게 군의 특수한 상황과 임무까지 더하여 일반 가족보다 더 많은 어려움을 줄 수 있다.

결혼 초기 군인의 배우자는 일반사회에서 배우자가 결혼 초기에 경험하는 스트레스 외에도 잦은 이사 등 군인인 배우자의 직업적 문제로 더 많은 어려움을 갖게 된다. 군인의 배우자는 기본적으로 경제적, 환경적, 육아와 교육여건에 대한 제약 등의 문제를 지니고 있다. 또한, 사회적 고립, 제한된 유대관계 기술, 이동의 제한과 군조직의 문화와 시스템에 친숙하지 못한 점들이 적응하는 데 어려움을 갖게 한다. 이럴 경우 결혼 초기 군인의 배우가가 효과적으로 대처하도록 도울 수 있는 방법으로는 스트레스에 대한 위기와 긴장을 완화시켜 결혼생활에 적응할 수 있도록 돕는 것이며 군인가족 모두와 삶의 주기에 따른 복지서비스를 제공하여 지지를 강화하는것이다.

군인의 직업적 직무요구는 다른 직업보다 가정생활을 원만하게 수행하는데 제약을 초래한다. 일직근무, 훈련, 작전 등으로 인해 이들의 출퇴근 시간은 명확하게 지켜지기 힘들며, 지휘관의 경우는 병들이 일과를 시작하고 취침할 때까지 병력관리 업무가 지속되기도 한다. 이외에도 군 업무의 특성상 불시에 발생하는 비상상황으로 주말이나 휴일을 보장받기 어려운 일이 빈번하다. 이러한 특성을 고려한 군인가족을 위한 복지서비스의 필요성은 다음과 같다.

첫째, 군인가족의 삶의 질 향상은 곧 군인의 사기를 향상시킨다.

국가 안보와 존립에 직접적인 영향을 주는 임무를 수행하는 군인에게 가족의 삶의 질 향상은 곧 군인의 사기를 향상시키는 것으로 볼 수 있다. 군인가족이 가정생활과 공동체 문화 등에서 겪게 되는 여러 어려움에 도움을 준다면 군인과 가족 모두의 심리적 지지와 안정뿐 아니라 생활만족과 삶의 질 향상에도 많은 도움이 될 것이다.

둘째, 군인가족의 복지는 우수인력 확보에 기여한다.

군에서 우수한 인력을 확보하기 위해서는 군인과 가족에 대한 복지정책과 서비스가 중요한 밑바탕이 된다. 저출산으로 인해 인구감소와 고령화 문제가 현재 우리사회에 큰 영향을 주고 있는 만큼 가정생활의 불만족 요인을 줄이고 가족 친화적이고 군인가족의 욕구에 맞는 서비스를 제공해야 현재 군 인력의 유지와 우수한 인력의 지속적인 확보가 가능하다.

셋째, 가정의 행복과 안녕을 위해 필요하다.

군조직의 특수성으로 인해 가정생활에 문제가 되고 위험요인이 될 수 있는 상황을 줄일 수 있다. 군인가족이 적절하게 기능하지 못하면 군인의 스트레스를 가중시킬 수 있으며 특히 알코올 문제, 정서적 문제, 가정폭력 등의 복합적인 어려움이 나타날 수 있다. 이러한 경우 부부간 관계 악화와 부모-자녀간의 부적절한 소통 등 가정 해체까지 이르게 할 수 있다.

2 군인가족의 심리사회적 욕구와 문제

1) 주거 및 지역사회와 단절

일반적으로 군인은 순환보직과 전투임무 수행 등으로 인해 잦은 이사와 격오지 근무를 하게 되며 그로 인해 군인가족은 가족, 친구 등 지인들과 단절이나 지역사회로부터 고립되는 등 사적 영역에서도 제한적인 부분들이 많다. 주택 구입에 대한 기회나 안정적인 주거여건이 어렵고 관사를 희망하더라도 관사 수가 부족하고, 노후되거나 시설의 편의성이 떨어지며, 일반 가정의 주거환경에 비하여 열악한 경우가 많다. 또한, 잦은 이동으로 새로운 지역사회 안에 친밀한 유대감이 생기기까지 일시적으로나 장기적으로 사회적 고립감을 가지게 된다. 고립된 환경만의 문제뿐 아니라 군인 직업의 특수성으로 인해 외부인과의 접촉이나 정보교환 등에 일부 제한이 있기 때문에 새로운 자원과 자녀의 교우관계에 어려움이 있다. 이에 따라 새로운 환경에 대한 적응문제 등이 나타나 안정된 가정생활에 대한 욕구가 높다. 이러한 이유로 군인에 대한 지역사회복지 서비스나 자원연계는 발굴도 어렵지만 지속되기도 힘들고 중간에 단절되는 경우가 많아 연속성과 안정성에 문제가 있다.

2) 자녀 양육 및 교육문제

자녀 양육 및 교육문제는 예전부터 직업군인가족의 가장 큰 고민으로 나타나고 있다. 격오지 근무와 잦은 근무지 이동으로 재정적 문제, 자녀의 환경 부적응뿐 아니라 교육열이 남다른 우리나라 정서에 학원 및 교육 여건이 갖춰지지 않은 곳에서의 생활은 자녀들이 경쟁에서 낙오되고 뒤처질까 우려되는 마음에 정서적 안정과 가정생활 전반적인 부분에 부정적인 영향을 줄 수 있다.

저출산 고령화 시대에 접어든 우리나라의 경우 자녀수는 점차 줄어들고 있지만 그에 따라 부모들은 유아기 때부터의 보육과 교육의 질에 대하여 많은 관심을 가지고 있다. 특히, 맞벌이 부부인 경우에는 업무와 보육의 문제에 더 어려움을 겪고 있다. 이러한 보육과 교육 관련 시설과 프로그램이 잘 갖춰지지 않은 격오지에서 주로 생활해야 하는 군인가족은 자녀교육에 부정적인 영향을 받을 수 있다. 이런 어려운 환경과 부족한 시간 속에서도 부모가 자녀에게 사랑을 어떻게 전해 주고 표현하는가에 따라 그리고 생활 속에서 느끼는 군인인 부모의 임무수행에 대한 긍정성은 국가에 대한 충성과 군인에 대한 자긍심을 줄 수도 있다. 그러므로 환경과 업무상의 어려운 부분에 대한 군과 사회에서 지원과 자원 동원을 최대한 해 줄 필요가 있고 자녀교육으로 별거해야 하는 경우 처해진 환경에서 가정생활을 잘 영위해 나갈 수 있는 다양한 서비스와 지원, 정보 제공을 할 수 있는 사회복지 지원이 필요하다.

3) 계급과 군 문화 적응

군인가족은 그 특수성으로 일반 지역사회와의 공동체 형성에 어려움이 있다. 군 공동체 형성은 보안상의 문제와 지역 공동체와의 삶의 방식이나 직업 및 직종 등에서 민간인과 거리를 두고 형성되기 때문에 이들과의 교류가 대체적으로 제한된다. 대신 군공동체의 문화는 계급과 선후배 간의 친밀성과 관계 형성이 다른 집단보다 밀접한 부분이 있다. 이러한 군 공동체 문화는 긍정적인 보호요인으로 활용될 수도 있지만 배우자의 선후배나 계급에 따른 가족의 공동체 문화에 적응을 못하고 관계를 원하지 않는 가족, 주말 부부나 떨어져 사는 가족에게는 인간관계에서 많은 스트레스를 가져올 수도 있다.

군인은 아니지만 가족이기 때문에 군조직 내에 함께 거주하고 생활하는 군인가족은 군인과 다를 바 없는 제약과 임무를 함께 수행하게 되는 것이므로 그들에 대한 희생과 공헌은 군인 못지않게 평가되어야 한다. 이러한 이유로 사회의 일반 가족보다 부모 및 배우자의 역할과 영향으로 정신적으로나 사회적으로 스트레스를 더 받게 될 수 있다.

이러한 관점에서 자녀의 보육, 교육, 문화 시설에 제약이 있게 되고 자녀 양육에 여러 어려움을 갖게 된다.

4) 건강 및 의료, 정서적 심리 지원

군인의 재해 위험은 민간인보다 높으며 뜻하지 않은 사고와 건강의 문제는 군인가족에게 많은 부담을 주게 된다. 군 의료체계의 혜택을 받고 있지만 간호와 돌봄 관련 의료적, 재정적 지원은 어려운 실정이다. 특히 훈련 중 심한 부상을 당하거나 가까운 동료와 병사의 죽음을 목격하거나 훈련과 임무 수행 중 힘든 상황을 경험한 경우 외상 후 스트레스 장애 등의 정신적 어려움을 겪게 될 수도 있다. 신체적 외상은 치료 도중 쉽게 발견되고 치료가 가능한 경우가 많으나 정신적, 심리적 외상은 구체적인 행동으로 나타나기 전에는 발견하기 어렵다. 또한, 알코올과 중독, 폭력 등 자신과 가족에게 부정적인 영향을 주는 상황에 노출되기 쉽고 이러한 현상이 가족에게 노출될 경우 낙인과 주위의 편견, 진급이나 사회생활, 인간관계의 악영향을 염려하여 숨기는 경우가 발생된다. 따라서 군인가족의 정서적·심리적 서비스와 정보 제공이 보편적 서비스로 이루어져 누구나 쉽게 정보를 접할 수 있도록 하고 상담과 치료, 프로그램 활용 등 전문가와 연계가 쉽게 이루어질 수 있도록 해야 한다.

3 외국의 군인가족지원

미국을 포함한 외국군은 자녀양육 및 별거가족에 대한 지원 대책을 포함하여 국가 차원에서 군인가족에 대한 지원과 관련하여 법적, 제도적 보장 대책을 마련하고 사회저변의 군에 대한 후원 및 지지기반이 마련되어 있다. 미군은 MWR제도의 전담수행기관으로 육군성 예하의 공동체·가족지원센터(USACFSC: united states army community and family support center)를 운영하고 있다. 미군은 1983년 '미 육군 군인가족백서(U.S army family white paper)'를 발표하면서 공동체·가족지원센터를 설치하게 되었다. 군인가족 백서는 월남전 이후 군인가족의 중요성을 부각하고자 연구조사 한 결과이며 군사력을 형성함에 있어서 필수적으로 작용하는 군인가족이 역동적인 역할을 인식하고자 하는 데 목적을 두고 발간하였다. 미군은 1984년을 '군인가족의 해'로 정하고 군인가족에 대한 관심을 불러일으켰으며 1년 단위로 '육군군인가족활동계획(AFAP; army family action plan)을 추진하여 군인가족의 관심사를 체계적으로 해결해 나가고 있다.

1) 가족프로그램 운영

또한, 미군은 인력유지와 전투태세를 향상시키는 수단으로 가족프로그램을 운영하고 있다. 가족지원센터(FSC)는 재정상담, 재배치 지원, 직무 후년과 직무 수행 지원, 위기 상담, 부모역할, 개인적 행복, 부대 배치와 관련된 상담 등의 예방적인 교육활동 분야의 확대된 사회복지 프로그램을 도입하여 적용하였다. 즉, 고용지원, 정보 빛 소개, 배치전환지원, 개인재정관리, 동원, 배치지원, 신입 별거가족지원, 가족평생교육, 비상사태지원, 가족위안협회, 자원봉사집단 등을 운영한다.

육군 상호보완 서비스 프로그램은 재정적 지원, 정보지원, 주택문제 효율성, 수송, 부양가족, 의료 및 치과 서비스 법률지원, 복잡한 가족과 개인 문제 등 군인의 여성배우자와 가족들, 사회복지사가 함께 파병과 전쟁에 대한 대비를 공동으로 함께 나누고 해결하고자 하는 의지가 담겨 있다.

해군 가족보호프로그램은 1979년 공식적으로 출범했고 가족보호 프로그램 분야와 약물 및 알코올재활 센터, 그룹 상담 분야, 위기개입, 가족 폭력, 학대, 방임, 전역계획 및 평가가 확실하게 진행되고 이루어졌으며 증대되기 시작했다.

공군은 1965년 이후 사회복지는 의료 근무단에서 BSC(biomedical sciences cops)이라는 생체의학 과학부대로 전환되었다. 그 후 CHAP의 군인과 가족들을 위한 의료 및 교육 서비스에 대한 프로그램을 전문화시켰다.

국방성에서 자체 가족 폭력이나 학대, 정신건강, 심리적 스트레스 등에 대한 조사를 하며 이를 위한 전문가 투입에 대해 당연한 서비스로 인식시키고 있다(Daley, 1999).

자원봉사 집단은 다른 군이나 민간기관에 대한 정확한 정보와 소개를 위해 군부대와 가족을 연계시켜 주는 프로그램으로 후원회, 부대환영행사, 신입자 연수 등을 제공한다. 이 프로그램은 부대 배치 전후 군인가족이 이동 및 정착을 준비하고 유지하는 데 중요한 역할을 한다. 이 자원봉사 집단은 군의 가장 큰 자원봉사집단이며, 비공식적으로 부대 기준의 인권옹호 및 지원을 하는 집단이다.

2) 의료지원

미군은 높은 수준의 군 의료진과 시설을 갖추고 있으며 직업 군인뿐만 아니라 예비역 및 군인가족에까지 적용하고 있다. 군 병원은 군인가족에게 무료 의료혜택의 제공을 원칙으로 하며, 전역 군인 및 그 가족에 대해서는 부분적인 제한규정을 두고 의료복지 지원을 하고 있다. 군인가족에 대한 진료의 종류는 정례신체검사로부터 낙태수술, 치과진료(보철을 비롯한 각종 무료진료) 등 모든 분야에 대하여 지원하고 있다.

3) 교육

국방성은 해외와 국내에 근무하는 군인자녀를 위해 유치원부터 고등학교까지의 학교를 군에서 운영하고 있다. 근무지에 국방성이 운영하는 학교가 없을 경우에는 정부가 학비부담을 하고 사립학교에 다닐 수 있도록 하고 있다.

4) 구매활동 지원

(1) 군 식료품점(commissary)

미군은 군인가족의 생활편의를 위해 육·공군에 생활필수품 판매점(AAFES:

air force exchange service)과 군 식료품점(commissary) 등을 통해 각종 판매활동을 실시하고 있다. 이러한 판매기능을 통해 시중보다 20~25% 저렴한 가격으로 군인가족에게 혜택을 주고 있다. 또한, 일정자격을 지닌 예비역 군인과 그 가족까지 이용할 수 있도록 하여 전역 후 생활안정에 직접적인 도움을 주고 있다. 군 식료품점의 고용인원 임금, 용역비, 물류비 등은 국가 예산으로 지원하고 있으며 수익금은 매장운영 경비와 시설 보수 및 건축, 장비구입 및 정비에 쓰인다.

〈표 10-1〉 **군 식료품점의 운영예산**

국가예산	수익금
· 고용인원 임금 · 용역비 · 수송(물류)비 · 출장 등 공무비용 · 군 기지 사용에 있어서의 혜택 수익금	· 매장 운영 경비 · 장비 구입 및 정비 · 시설 · 건축

출처: 한국국방연구원(2004).

(2) 군매점(AAFES)

육군과 공군 판매점은 현역군인과 유자격 전역군인 및 그 가족에게 양질의 재화와 용역을 제공하여 생활의 질을 향상시킬 목적으로 운영되고 있다. 또한, 전역한 군인가족까지 사용할 수 있게 하여 군 매점의 사용은 군 식료품점과 함께 정부와 군으로부터 주어진 복지적 혜택이 되고 있다.

판매 물품들은 일반사회의 물가보다 20% 정도 저렴하게 판매하며 판매물품의 종류는 의회에서 적극적인 활동으로 보완 확대하고 있으며 모든 품목은 면세혜택이 부여되고 있다. 또한, 군인 및 군인가족의 욕구에 따른 품질과 가격의 수준을 유지하기 위해 군 차원에서 관리하고 있다.

〈표 10-2〉 기타 가족복지 지원

구분	복지 지원
Military Homefront	· 가족의 삶의 질 지원 국방부 공식사이트 · 아동 및 청소년, 교육, 고용, 장애가족, 재정지원, 보모, 자원봉사 등 가족복지 지원
Military Onesource	· 현역 및 예비역가족지원 · 각 분야별 전문 상담사 운영, 애로사항 상담
National Defense Authorization Act Section 581, 582	· 581: 국방부 군인가족 준비태세 위원회 설립, 매년 활동보고서 작성 및 제출(조언, 관찰, 평가 제공) · 583: 군인가족 증진을 위한 효과적 수단 결정을 위한 연구실시 명문화(관련주체의 유용한 참고자료 근거 마련)

4 한국의 군인가족복지

군에서는 건강한 가족공동체를 만들어 군의 사기를 올리고 군의 전투력을 향상시키기 위하여 가족공동체 생활지원과, 자녀양육 및 교육지원, 청소년 및 특수가족 프로그램에 다음과 같은 복지적인 관심을 집중하고 있다.

1) 군인가족 복지 추진방향

(1) 가족공동체 생활지원

군은 다른 여타의 직업 및 직종에 비하여 건강한 가족공동체의 중요성을 인식하여 가족공동체의 생활환경 개선에 관심을 가지고 추진하고 있다. 이를 위해 가족공동체 팀-빌딩을 위한 종합적 대책을 수립하고, 군인가족지원센터를 사단 급까지 확대하고 있다. 또한, 건강가정지원센터의 지원망을 군인가족이 집단거주하고 있는 전 지역으로 확대하며, 자원봉사의 저변을 확대하기 위하여 노력하고 있다. 이를 통해 2025년까지 장기적으로 건강한 가족공동체 완성 및 군인가족의 지역에 대한 부적응을 해소하기 위한 대책을 마련하고 있다.

(2) 자녀양육 및 교육

저출산 · 고령화 추세에 자녀 양육 및 보육 문제는 군인가족에게도 남의 문제가 아니다. 특히, 여군의 수가 증가하는 가운데 여군들은 직업의 유지와 중단의 문제로 고민하게 된다. 따라서 군에서는 영유아 보육의 적극적인 지원을 위하여 직장어린이집을 사여단급부대까지 설치하고, 군자녀 기숙사를 소요대비 완비하며, 자녀 대학 학자금 지원을 추진하고 있다. 이를 통하여 군인가족의 자긍심이 보장되는 영유아 보육 및 교육여건을 보장하는 중 · 장기 대책을 마련하고 추진하고 있다.

(3) 청소년 및 특별가족지원 프로그램

부모의 잦은 보직 이동으로 인하여 학업의 어려움, 친구관계의 단절 등으로 인한 어려움, 부모와의 대화 등 관계의 문제는 자녀교육과 함께 군인가족의 어려움을 가중시키는 요인이 되고 있다. 따라서 아동·청소년기에 다양한 프로그램 지원이 요구되고 있다. 그러나 군에서는 지역사회의 일부 단체 및 자원봉사자에게 아동·청소년 지원 프로그램을 의존하고 있는 실태이며 하급 제대로 갈수록 지원이 미비한 실정이다. 또한, 장애가 있는 가족에 대한 특수가족지원 프로그램은 미비한 상황이다. 이에 따라 군에서는 중·장기적으로 연령별, 유형별 청소년 복지 프로그램 지원과 다양한 재활프로그램을 계획하고 있다.

2) 군인가족복지 분야별 지원

(1) 주거복지 지원

군인가족의 주거복지를 지원하기 위하여 관사지원 및 주택수당 인상, 내 집 마련을 위한 군인공제회 구좌확대, 내 집 마련 선호지역에 대한 군인공제회 회원분양 및 LH공사 특별공급 확대를 추진하고 국방부 '내 집 마련 업무지침'에서 규제하고 있는 불합리한 조항을 현실에 맞도록 정비하여 주거에 대한 안정적인 지원을 실시하고 있다.

군에서 추진하고 있는 주거복지는 민간 아파트 매입과 전세자금 지원 확대, 국방개혁 2020과 연계하여 인력구조의 변화, 지역별 특성, 기혼별거 간부 증가율 등이 반영되도록 정책적 방향을 마련하고 있다. 군 숙소 건립 최소화 및 전세, 매입 위주의 군 숙소 확보정책 추진, BTL 건립 및 경상사업에 의한 균형된 군 숙소 개선 추진, 군 숙소 권역별 단지화 조성을 확대하고 있다. 내 집 마련을 위한 정책으로 군인공제회 택지공급 확대, 주택마련을 위한 주거선택 옵션 선택제와 주택자금 대출지원 및 주택 청약에 따른 거주지 요건을 완화하는 정책을 추진하고 있다.

(2) 복지시설

장병은 물론 군인가족에게 기본생활 편의 제공을 위해 부대 복지회관 및 충성클럽 등을 운영하고 사회발전 추세에 맞는 휴양여건 제공을 위해 콘도, 중앙휴양시설 등을 운영하고 있다. 장병복지 시설확충을 위하여 콘도는 가족단위로 경비를 최소화하면서 관광지, 해수욕장, 레저시설을 활용할 수 있는 지역의 민간콘도 지속 매입(연 15실 이상)한다.

〈표 10-3〉 **콘도 매입 계획**

지역	장소
경기, 충청, 영남지역	홍천, 대천, 해운대
남해안지역	충무
호남지역	해남
서해안지역	안면도, 강화도

(3) 군인자녀 교육 및 양육지원

가. 특례입학 제도 및 학비지원

군인자녀의 교육복지 지원을 위하여 중고생 전입학 특례추진, 대학 특례입학 수혜제도 확대와 대학생 장학금 및 지급을 실시하고 있으며 대상 학교를 지속적으로 확대해 나가고 있다.

나. 군 자녀 기숙학사 지원

군에서는 군인자녀들의 기숙학사를 지역별로 건축하여 운영하고 있으나 군인자녀 사용 복지시설은 독립채산제로 운영하도록 함에 따라 국고의 지원이 제한됨으로써 군인 복지기금의 일부를 투자하여 운영하고 있다. 그럼에도 불구하고 군에서는 지역별 기숙학사를 추가 건립하고 연료비를 지원하며 편의시설을 확충하는 등의 지원계획을 하고 있다.

다. 자녀양육지원

자녀양육지원은 BTL 관사 신축 시에 직장 보육시설로 설치하여 양질의 보육서비스를 제공하고 전방 지역에서 근무하는 직업군인자녀들도 지원받도록 아이돌봄 서비스를 확대해 나가고 있다.

라. 군인가족지원센터

군인사법 제46조에 의해 군인가족지원센터를 운영한다. 군인가족의 전입 간 불편을 해소하고 편의 도모와 주거단지 내 필요한 생활정보 제공을 목적으로 하며 숙소 신청 접수, 자녀 전입학 절차 안내, 지역상가 및 관공서 이용 안내, 지역소개, 생활정보 제공, 등 주거 단지에 관련된 업무를 지원한다.

마. 건강가정지원센터

2008년 12개 부대로 시작된 건강가정지원센터 군인가족지원 서비스는 2010년에 67개 부대로 확대 시행되었다. 결혼준비교육, 아버지 및 부모 교육, 퇴직 후 노년기, 가족 간 의사소통 방법 등에 대한 교육과 자살예방, 부부관계 상담, 부모자녀 관계 상담, 여러 심리치료 등이 시행되었고, 가족캠프, 봉사활동 등이 시행되었다. 하지만 한시적 예산 지원으로 사업의 지속성이 불투명하며 군조직과 가족에 대한 이해 부족과 안정적인 프로그램 지속이 어렵다는 점이 지적되었다.

〈표 10-4〉 군 내부 및 외부 연계를 통한 사회복지 서비스

대상	군 내부 복지 서비스	외부 연계
군인 가족	· 주택 지원 · 휴양시설, 공제, 오락 · 자녀양육 및 교육지원 · 의료 서비스 · 상담 · 장애가족지원 · 보훈 정보 서비스	· 제대군인 재교육, 취업 연계 · 지역사회 자원 연계와 사례관리 · 위기개입 및 전문 상담 연계

5 군인가족복지를 위한 발전 방향

1) 군인의 직업에 대한 자긍심 고취를 위한 지원

군조직은 '국가 존립'을 목적으로 만들어진 조직이다. 이런 특수한 목적으로 인해 목적의 절대성, 계급적 권위, 집단의 결속성 등의 사회 및 문화적 조직 특성을 갖고 있다. 이것은 곧 직무 환경 또한 계급과 직위에 의한 획일적 생활을 강조하고 재사회화를 통한 전체성을 강조하는 등 인간관계상 독특한 특성으로 이어지게 된다. 군인가족에 대한 여러 스트레스 문제를 지원해 줄 수 있는 방안 중 가장 중요한 부분은 그들의 적응력 강화와 이에 대한 지지이며 근본적으로는 군이라는 직업에 대한 자긍심을 군인뿐 아니라 가족에게도 고취시켜 주는 것이다. 군인가족이 군인이라는 직업에 대해 가치와 의미 있게 여기도록 하기 위해서는 사회의 변화와 대상에 맞춤식 복지혜택이 있도록 정책이 마련되어야 한다.

2) 군인복지기본법에서의 군인가족복지 지원 및 서비스 보완 필요

급속히 변화하는 사회적 환경 속에서 다양한 요인들이 군인가족의 복지에 영향을 미칠 수 있고 군인의 신분, 연령, 직무 특성에 따른 군인 및 군인가족의 생활 실

태 및 복지 욕구도 다양할 수 있다. 따라서 군인복지기본법 및 시행령 개정을 통해 군인가족의 복지 지원 및 서비스에 대한 내용이 현실적으로 보완되어야 한다.

3) 건강 및 의료, 심리사회적 지원

군인은 훈련 중이나 임무수행 중 여러 부상과 사고, 외상 후 스트레스 장애가 생길 위험이 크며 불의의 순직을 맞이할 수 있다. 군 복무 중 사고피해 및 질병에 대해서는 물질적 보상 및 의료 지원을 하고 있지만 심리사회적 지원과 정보 제공이 함께 이루어져야 한다. 무엇보다 극심한 상실감과 복합적인 위기에 대해 빠른 개입과 정보제공, 정서적 지지를 비롯한 다양한 보호체계를 활용하여 사회재적응이 쉽도록 공식적인 서비스 체계를 갖추어야 한다. 군인가족 또한 군인과 같이 국가에 희생하고 있음을 인지하고 그에 합당한 국가적 보상과 예우를 해 주고 군 공동체 문화와 사회적으로 모두 포용할 수 있도록 자격을 주어야 한다.

4) 군인 및 가족 관련 전문성 확보와 통합적인 군복지 지원 시스템 마련

우리나라에는 군인가족을 지원하는 전담 부서나 기구가 없고 주로 국방부의 인사복지실 아래 보건복지관 복지정책과에서 다른 여러 정책과 함께 다루어지고 있어 정책의 우선순위에서 밀리고 체계적인 지원이 이루어지기 어렵다. 따라서 정확한 욕구조사와 분석, 평가 등을 통해 군인과 가족의 복지와 군인가족 자녀 등에 대한 물질적, 정서적 심리사회적 지원을 전담할 수 있는 전문가 집단과 전담 지원 조직, 지원 시스템이 구축되어야 한다. 이러한 전문적인 전담 기구가 있어야 체계적인 서비스 정책과 전달체계가 이루어지고 지역기관과 연계와 전문적 통합 서비스가 이루어질 수 있다. 특히 군인 부모를 둔 자녀와 군인가족들의 교육과 정보 제공, 위기개입, 취업, 보육, 사이버 원격 교육과 지원, 공동체 문화, 인터넷 강의 등 일반 사회와 동등한 교육, 문화 참여 기회의 평등을 인지할 수 있도록 노력해야 한다.

11
CHAPTER

군 의료와 의료사회복지

1 군 의료에 대한 이해

군 복무 중인 장병들은 근무, 훈련 및 작전 과정에서 신체적, 심리적인 어려움을 겪게 되면 1차적으로 군병원에서 진료와 치료를 받게 되며, 추가적으로 민간 병원 위탁 진료제도와 현역병 건강보험제도를 통해 진료를 받을 수 있다.

그러나 2005년 전역 전 군병원에서 단순 위궤양 진단을 받았으나 전역 후 위암 말기 판정을 받고 4개월 만에 숨진 노충국씨 사건이 있었다. 또한, 훈련소에서 뇌수막염 훈련병의 사망사건 등이 발생하였다. 이에 국방부에서는 의료 환경의 변화에 대비하고자 「군의무발전 연구백서」를 발간하고 군의 의료시스템 전반에 걸쳐 대책을 마련하고 있다.

1) 의료 환경의 변화

(1) 군 외적 환경변화

① 과학기술 발달에 따른 첨단 의료장비 설치
② 국민생활 수준 향상에 따라 시민 평생건강관리 관심고조
③ 노령화 인구 증가에 따른 의료혜택 확대 요구
④ 핵가족화에 따른 장병들의 고 수준의 의료서비스 요구

(2) 군 내적인 환경변화

① 장차전의 양상변화에 따른 대량의 환자발생 가능

② 군사적 위협의 변화에 따른 의무지원 융통성 요구

③ 군조직구조의 변화에 따라 의무부대 및 장비 첨단화 요구

④ 평화유지활동의 확대에 따른 해외의료지원 능력 확보 필요

⑤ 전력증강 위주의 국방예산으로 의무예산 획득에 제한

2) 군 병원의 특징

군병원은 일반 민간 의료기관과 크게 두 가지 측면에서 다음과 같은 차이를 보이고 있다.

첫째, 수익을 목적으로 하지 않는 공적 의료기관이다. 군 병원은 보훈병원, 경찰병원 등과 함께 수익이 목적이 아닌 대표적인 의료기관이라고 할 수 있다. 진료, 치료, 약제 및 요양까지를 전액 국가의 예산으로 운영하는 의료기관은 군병원이 유일하다.

둘째, 전투력 보존을 위한 공적의료를 시행한다. 군 병원은 저렴한 인건비, 부수인력을 활용하여 전투력을 보존하기 위한 공적인 의료를 시행하고 있으며 진료기능의 극대화를 위해 유지되고 있다.

〈표 11-1〉 **민과 군의 의료기관 비교**

구 분	민간 의료기관	군 의료기관
목표	· 환자의 욕구에 맞는 질병의 완치	· 조기치료 후 부대 복귀
목적	· 이윤추구, 전문화 · 진료기능의 편의성 극대화 · 인력절감 노력, 생산성 제고	· 전투력 보존을 위한 공적의료 시행 · 진료기능의 극대화 · 저렴한 인건비, 부수인력 활용
비용	· 유료	· 무료
대상	· 일반 국민	· 현역장병
의료진	· 병의원 및 종합병원 전문의료진	· 단기복무 군의관 및 간호장교 등 인력

3) 군병원 이용자

(1) 종합

국방부에서 발간한 군 보건통계와 국군의무사령부 군병원 외래환자 및 입원환자 현황에 따르면 2015년 외래진료 건수는 2014년 대비 30,012건(1.9%) 증가했으며, 2010년 대비 281,193건(21.8%) 증가했다. 군병원 외래환자 수는 군 진료기본권향상과 신세대장병들의 건강 증진에 대한 적극적인 욕구, 군병원 진료환경 개선 및 셔틀버스 운영 등 진료 접근성 향상을 원인으로 볼 수 있다.

반면에 2015년 입원진료 건수는 민간의료기관 이용 등으로 2014년 대비 2,050건(4.3%) 감소했다. 이러한 현황은 국방부 예하 19개 병원 외에 사단, 연대, 대대급 의무실 또는 의무부대에서의 외래·입실 현황도 고려해야 군의 전체적인 외래·입원 현황을 파악할 수 있다.

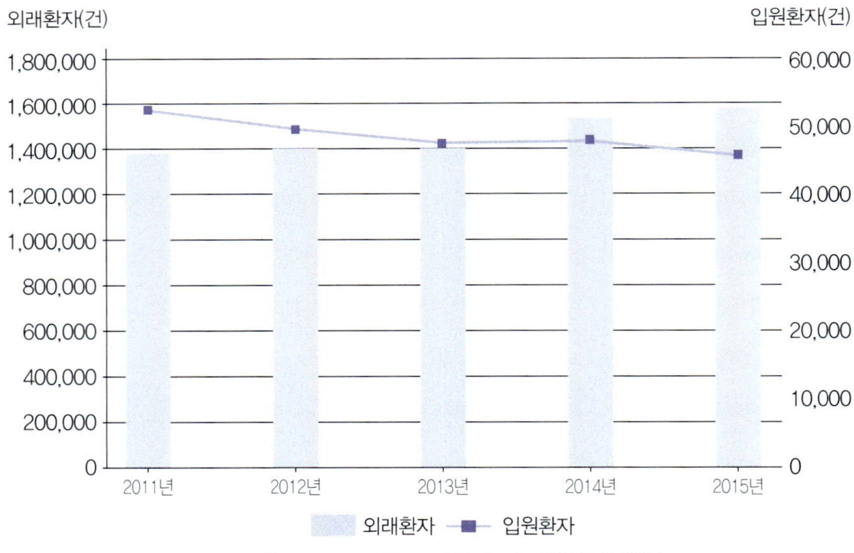

[그림 11-1] **군병원 외래환자 및 입원환자 현황**

출처: 국군의무사령부 보고통계(2016).

(2) 심신장애 진료 및 전역자 수

군 생활과정에서 신체적인 질병 이외에 심신의 장애가 발생하게 되는 경우가 있다. 2010년 심신장애 전역자[1] 수는 2,059명으로 2006년 대비 1,774명이 감소하였다. 이는 '징병 신체검사 등 검사규칙' 개정으로 심신장애 전역급수 기준이 강화되어 지속적으로 심신장애 전역자의 수는 감소한 것으로 판단된다.

〈표 11-2〉 **심신장애 전역자**

연도	2006	2007	2008	2009	2010
인원(명)	4,733	4,16	4,133	3,881	2,959

4) 군 의료기관

군 의료전달 체계는 지원 대상 병력의 배치 상태와 상황에 따라 다르게 설정되어 있으며, 상황의 변화에 신속히 대처할 수 있는 조직으로 되어 있다. 군 지원병원 및 후방병원과 수도병원은 3차 진료기관 역할 수행을 위해 첨단 의료장비를 확보하여 운영하고 있으며, 군단지원병원은 2차 진료기관 역할을 수행하고 있고, 사단의무대와 연대의무중대 및 대대의무실은 1차 진료기관 역할을 수행하고 있다, 이러한 체계는 진료 능력 범위를 설정하여 의료 이용의 편의를 도모하고 의료자원 활용의 효율성을 제고할 목적으로 도입되어 체계적인 군 의료서비스를 제공하고 있다(정한근, 2005).

우리 군에서 설립·운영하고 있는 군병원을 소속별로 살펴보면 국군의무사령부 소속병원, 국군서울지구병원, 해군 소속 포항병원 및 진해병원(해양의학연구원), 공군소속 항공의료원으로 구분할 수 있다. 진료수준에 따른 기능과 군 의료전달체계를 살펴보면 다음과 같다.

1) 장병의 심신장애 전역은 군 병원의 의무조사를 거쳐 심신장애 전역이 상신된 자에 대하여 각군 본부에서 전역판정이 결정된다.

〈표 11-3〉 군 의료 기능과 의료전달 체계

의무사	육군	해군	공군
전방병원(8)	의무중대 (여단 · 연대급)	의무(근무)대(6) (함대급)	의무대(3) (비행전대급)
후방병원(8)	의무근무대(46) (사단급)	포항병원	의무전대(14) (전투비행단급)
교육 · 연구기관(3)	이동외과병원(3)	해양의료원	항공우주의료원

진료수준	기능
국군수도병원 (분당)	· 외래 및 입원환자 진료 및 전문적인 치료(2,000병상) · 치료 종결 및 요양기능 · 군 특수질병 환자에 대한 전문 진료
야전군 지원 (청평, 원주)	· 야전군 지역 내 부대에 대한 의무지원 · 외래 및 입원환자 진료(300~750병상) · 신체검사, 치무검사, 군인가족진료, 예방의무 활동
군단 지원 (벽제, 양주, 일동 춘천, 철정, 강릉)	· 책임지역 병력 진료지원 · 군단 지원부대 의무지원(300~500병상) · 외래진료, 최초 입원진료 및 요양기능
후방병원 (대전 논산, 계룡, 광 주, 대구, 부산, 마산)	· 전군 환자에 대한 전문적, 확정적 진료(350~600병산) · 후송대기 기능(후송을 위한 치료 및 조치) · 신체검사, 치무검사, 군인가족진료, 예방의무 활동
지구병원 (육사, 3사)	· 특정지역, 특정부대에 대한 집중적인 의무지원 · 외래 및 입원환자 진료(30~50병상)

출처: 국방부(2010), 군 의무발전 연구백서.

2 군 의료사회복지 개념

1) 군 의료사회복지 개념과 의의

(1) 군 의료사회복지 개념

의료사회사업이란 사회사업의 전문화된 한 분야로서, 환자가 가능한 한 보건 서비스를 가장 효율적으로 활용할 수 있도록 하기 위하여 병원, 진료소 혹은 기타의 의료기관에서 실시되는 개별사회사업 또는 집단사회사업의 실천을 포함한다(Friedlander, 1968). 군 의료사회복지는 일반 의료사회복지사의 활동원칙과 역할 및 특성을 가지고 군조직성원의 질병 치료자의 하나로서 특히 질병의 사회적, 심리적, 정신적, 경제적 요인을 조사, 판단, 해석하여 환자의 질병치료에 기여하는 전문직이다. 즉, 환자의 심리적, 사회적, 가정적 및 경제적 문제를 해결하도록 도와주고 환자가 퇴원 후에도 정상적으로 부대에 적응할 수 있도록 돕는 전문적 활동을 말한다.

(2) 군 의료사회복지의 의의

군조직은 일반사회와 구분되기는 하나 그 구성원은 사회와 직·간접적으로 밀접한 관계에 있다. 그 이유는 군조직체의 구성원인 군인이 사회로부터 들어와서 군 복무를 필하면 언젠가는 다시 사회로 되돌아가기 때문이다. 그로 인하여 사회가 지닌 여러 가지 요인이 군에 미치는 영향을 결코 부인할 수 없다. 각기 자기 나름대로 사회생활을 영위하던 이질적인 인자가 특수조직인 군에 입대함으로써 일단 사회와 외형적인 단절은 가능하나 그 내부에 잠재해 있는 여러 가지 요인들은 하나의 개연성을 지니면서 군대생활로 연장되고 영향을 미치기 마련이다(하호욱, 1976).

군인 환자는 역할변화와 사회 환경적 변화 그리고 질병의 치료과정에 대한 두려움으로 인하여 정서적 문제, 즉 스트레스 등의 정신 신경증적 문제를 가질 수 있으며 부적응의 경우와 마찬가지로 질병 치료에 영향을 미쳐 회복이 지연될 수 있다.

군 의료사회복지사는 이러한 부적응 문제와 정서적 문제에 관한 고도의 사회적·심리적 지식과 이의 해결에 필요한 전문치료 기술뿐만 아니라 문제 해결에 직·간접적으로 도움이 되는 동원 가능한 지역사회 자원의 활용에 관한 지식을 보유하고 있다.

이와 같은 전문사회복지에 대한 지식과 기술을 바탕으로 의학만으로는 해결될 수 없는 환자의 정신적 문제를 해결하기 위해 환자 자신의 능력을 극대화시키는데 조력함으로써 신체적·정서적 문제의 포괄적인 환자의 안녕과 복지에 기여한다. 이와 같이 군 내의 의료사회복지사 활동은 환자의 건강회복과 복지를 위해 매우 중요한 영역이며 조기정착 및 발전되어야 할 필요성과 당위성이 있다.

3 미국의 군 의료사회사업

미 육군의 최초의 군 의료사회사업은 1918년 9월 미국 적십자사가 프라다버그 소재 미 육군종합병원에 훈련된 정신의료사회사업가 1명과 군 의료사회사업 업무를 담당할 보조 병사 5명을 투입하면서 시작되었다. 이들의 임무는 정서적 문제를 호소하는 군인 환자의 진단, 치료 및 사후 보호계획과 관계되는 기초자료를 확보하고, 환자의 문제를 완화하여 군으로 복귀하여 군 생활에 잘 적응하도록 하는 것이었다.

제1차 및 제2차 세계대전 기간에 의료사회사업가들이 적십자사로부터 추가로 지원되어 17개 군병원으로 확대 배치되었다. 1943년 11월부터는 미 육군에서 사회사업 사병 특기를 신설하여 군 내부에 공식적인 군정신보건 의료사회사업이 도입되었다. 육군 전체 1,000여 명이 종합병원, 군요양소, 종합병원, 특수병원, 전투사단, 교도소, 정신위생 시설에 보직되어 활동하게 되었다.

이후 1945년 7월부로 의무감실 정신신경자문과 내에 정신의료사회사업기구가 설치되었고, 전시 상황에서 약 700여 명의 사병 군사회사업의 기여를 기반으로 하여 군 의료사회 사업이 발전하게 되었다. 그해 9월부터는 사병에 이어 장교 주특기(MOS)에 정신사회사업장교가 추가되었으며 1946년 2월에 최초로 사회사업장교의 활동이 시작되기에 이르렀다. 군 내부적으로 군 의료사회사업 정책과 활동에 따라서 적십자의 군 의료사회사업에 대한 활동은 1952년 7월 1일부로 전문적인 군사회사업가나 군의료진 혹은 지역의 민간서비스로 대체하는 계획(1951년 미육군 의무감 발간물인 육군병언에서의 의료 및 심리사례사회복지)에 의해 철수하게 되었다.

1952년에는 약 230명의 현역 사회사업장교와 군무원과 260명의 사회사업 보조요원이 육군병원, 정신자문활동, 교도소, 군의학교, 의무감실, 전투사단에까지 배치되었다. 월남전 때에는 전투사단을 지원하는 이동외과병원의 정신과 팀에 배속되었고, 1960년대에는 육군종합병원의 편성에 사회사업과를 설치하는 조직 면에서의 혁신을 가져왔다. 1966년부터는 군 의료서비스와 분리하여 의료사회사업이 진행되고 군병원에 군 의료사회 사업부가 신설되어 심리치료 사회복지가 신경심리치료 서비스에 포함되게 되었다. 이에 따라 군병원, 전투사단, 군인가족이 거주하고 있는 지역 등에서 전문 의료사회복지사들이 임무를 수행하게 되었다.

4 한국의 군 의료사회복지

한국의 군 의료사회복지는 대한적십자가 군병원에 개입하여 박애의 봉사정신에 따른 인도적인 사업을 추진하면서 시작되었다. 대한적십자사는 1953년 제3육군병원에 적십자 휴게실을 설치하고 야전병원, 후송병원, 통합병원 및 병원열차대 등 각급 의무시설까지 적십자 봉사실을 확대 설치하였다. 적십자 봉사실은 각종 오락, 급식, 생일축하잔치, 도서대출, 개인 신상상담 등을 통한 사회복지업무를 대행해 왔으며 군종장교의 상담 및 의정장교의 직업보도 업무 등을 통하여 극히 단편적인 측면에서 사회복지사의 부분적인 역할을 다루어왔다(하오욱, 1976).

1968년부터 육군은 의무부대에서의 진단, 치료 및 처리를 용이하게 하기 위한 정신과적 또는 일반 의학적 사회사업기능을 수행시킬 목적으로 의정장교에 직능부호 764(현재 1481 심리 · 사회사업)를 부여했다.

1974년 12월부터 연 2회 사회사업분야에 근무할 수 있는 장교를 선발, 주한 미병원사회사업과에서 26주간 실무교육(OJT)을 실시하였고, 1977년에는 6명의 군 사회사업 장교를 양성 배출하였다. 1차적으로 수도 및 대구통합병원에 각각 배치하여 사회사업업무를 수행하였으나, 그 당시 병원 편제에 사회사업과가 없어 많은 어려움을 겪게 되었다(하호욱, 1976). 1977년도 이후부터 한시적으로 사회복지학과 졸업 장교를 선발하여 군사의료사회사업 임무를 수행하도록 했으며, 1978년에는 군병원에 사회사업과 설치와 사회사업 장교의 직위를 책정하였다. 1981년부터 의무학교 초등군사반, 고등군사반 간호관리반에 정규 교과과정으로 채택되었고, 1982년도부터 장교양성과정과 보수교육과정에 확대 실시되었다(이대식, 1982). 1982년 '군진 사회사업' 교범이 발간되어 전국에 배포 · 활용하였으나, 그 이후에는 군진학술대회 때 몇 편의 논문 발표 외에는 별다른 활동이 없었으며, 현재 각 병원 사회사업과 편제도 없어진 상태이다.

그러나 2011년에 국군수도병원에 군 정신건강증진센터를 개소한 후 정신보건사회복지사를 채용하여 운영하고 있으며, 정신과 외래 및 병동 환자에 대한 집단상담, 사례관리 및 각종 상담치료적 요법을 수행하고 있다. 현재 대부분의 군 병원에서는 일부 의정장교, 간호장교 및 성직자 등이 의료사회복지사의 임무를 대신해 비공식적으로 활동하고 있다. 따라서 군에서도 군 의료사회복지사의 필요성은 인정하지만 인력 및 예산 등의 여건에 따라 임기응변식으로 시행하고 있다고 볼 수 있다.

1) 군 의료사회복지 실천의 법적 근거

군 의료사회복지 실천의 법적 근거는 '종합병원에는 사회복지사업법의 규정에 의한 사회복지종사자 자격증을 가진 자 중에서 환자의 갱생, 재활과 사회복귀를 위한 상담 및 지도업무를 담당하는 요원을 1인 이상 둔다'고 한 1973년 9월 20일 「개정의료법시행령」(대통령령 제6863호) 제24조 2항 5호에 있다. 현재 '종합병원에는 사회복지사업법의 규정에 의한 사회복지사 자격을 가진 자 중에서 환자의 갱생 · 재활과 사회복귀를 위한 상담 및 지도업무를 담당하는 요원을 1인 이상 둔다'라고 한 의료법 시행규칙 제28조 ②의 6(의료인 등의 정원)에 따라 의료사회복지사들이 활동하고 있다.

따라서 군 병원도 의료법 시행규칙 제28조 ②의 6(의료인 등의 정원)에 따라서 군 의료사회복지사들이 근무할 수 있는 정당한 근거가 마련되어 있는 것이다.

2) 군 의료사회복지의 실천분야

국군수도병원에 군 정신건강증진센터를 개소하여 정신보건사회복지사를 채용하여 운영하고 있지만 아직까지 한국은 군 의료사회복지사 제도화는 이루어지지 못하고 있다. 따라서 군 의료사회복지사 제도화에 대비하여 사전에 관련 직책과 직무를 준비하고 시범적 또는 겸임하여 직무를 수행하는 것도 바람직할 것이다.

(1) 군 의료사회복지사

군 의료사회복지는 군 의료시설 내에서 각종 질병의 원인이 되고, 진료 및 치료를 저해하는 조직적, 정서적, 개인적 문제들을 해결하도록 돕는 활동이다. 또한, 퇴원 후 소속부대나 가정 또는 지역사회에 돌아가서도 적절하고도 정상적인 기능을 수행하도록 돕는 의료사회복지사의 활동영역을 말한다.

첫째, 군인 환자의 치료에 관련되는 문제를 확인시켜 주고 치료 과정에서 활용가능한 인적, 물적, 의료적 자원을 활용하도록 돕는다.

둘째, 군 의료팀에 대하여는 환자의 치료에 있어서 부대, 개인 및 가족에 대한 정보를 제공하여 치료활동에 참고하도록 하고 의료진이 환자의 인권을 바탕으로 의료 서비스를 제공하도록 돕는다.

셋째, 퇴원계획 및 자대 복귀 후 적응에 대하여 지도해 준다.

(2) 정신보건 군사회복지사

정신적 질환을 가진 장병들의 정신장애의 치료와 예방을 목적으로 군 의료진과 군인 환자를 정신보건복지적으로 접근하는 전문가를 군 정신보건사회복지라고 할 수 있다. 정신보건사회복지사는 군병원 치료팀의 일원으로 직접 또는 간접적으로 치료하는 동시에 환자, 부대원 및 가족과 상담을 통하여 환자의 치료에 원만히 협력하도록 지도한다. 환자의 정신적 질환과 관련이 있는 병영의 문화와 부대원 및 가족관계에서 필요시 관여 또는 치료하며, 환경을 개선시키는 역할을 한다.

(3) 재활 군사회복지사

군인은 전투 및 훈련 과정에서 영구적인 심신의 불구가 발생하는 경우가 있게 된다. 영구적인 심신의 불구는 본인에게 심리적인 절망과 가족, 부대 및 사회적으로도 부정적인 결과를 초래하게 된다. 이로 인하여 환자의 의료적 재활은 물론 생애과정과 가정 및 사회의 문제가 될 수 있다. 따라서 군 재활 사회복지사는 이러한 요인이 환자의 재활에 미치는 영향을 정확히 파악하여 조치한다. 즉, 정상적인 재활을 가로막는 심적 갈등, 가정, 부대 문제 등에 대하여 환자가 올바르게 받아들이고 생애 목표를 바로 세울 수 있도록 적극 돕는다.

〈표 11-4〉 군 의료사회복지사의 임무

<table>
<tr><th rowspan="2">구분</th><th colspan="2">임무</th></tr>
<tr><th>직책별</th><th>공통</th></tr>
<tr><td>의료
군사회복지사</td><td>· 치료에 관련되는 문제를 확인
· 치료과정의 인적·물적·의료적 자원 활용을 도움
· 환자의 인권을 바탕으로 의료 서비스를 제공하도록 도움.</td><td rowspan="4">· 심리사회적 문제 해결
· Team Approach(의료진과 협의 진단)
· 지역사회 자원과 연결
· 부대 및 사회복귀 문제해결</td></tr>
<tr><td>정신보건
군사회복지사</td><td>· 군 의료진과 군인 환자를 정신보건복지적 측면 접근
· 병영의 문화와 부대원 및 가족관계에서 필요시 관여 또는 치료하며, 환경을 개선</td></tr>
<tr><td>재활복지사</td><td>· 환자의 재활에 미치는 영향을 정확히 파악하여 조치
· 환자가 올바로 받아들이고 생애 목표를 바로 세울 수 있도록 유도</td></tr>
<tr><td>의정장교; 1481
(심리/사회사업)</td><td>· 환자에 대한 심리지도, 의료행정 안내
· 사례관리, 실습지도</td></tr>
</table>

5 군 의료와 의료사회복지 발전방안

그동안 군 의료사고 및 의료체계의 후진화로 인하여 2006년부터 군 의무발전 연구백서를 발간하고 의무인력의 전문화, 의료시설의 선진화, 의료정보체계의 현대화, 의무행정의 투명화, 후송체계의 단순화, 공공의료기관의 특성화를 추진해 왔다. 그러나 의료사고를 예방하기 위한 의료 인력의 전문화 등의 필요성과 군인 환자의 인권을 중심으로 한 의료복지적 서비스가 필요하다고 할 수 있다. 따라서 군 의료분야와 군 의료사회복지분야로 구분하여 발전방안을 살펴보면 다음과 같다.

1) 군 의료분야

첫째, 전문화된 의료인력 확보와 양성으로 양질의 의료서비스 제공이 필요하다.

의료진은 해당 전공별로 전문적 인력이 요구된다. 그러나 군 의료진은 장기적으로 근무하는 군의관 확보율이 30% 미만으로서 양질의 의료서비스 제공이 어렵다. 따라서 전문 공공의료 서비스가 가능한 군의료 인력 정책이 마련되어야 할 것이다.

둘째, 군 병원 간 역할 재정립을 통한 효율적인 의무서비스 제공

제대별 군 병원의 진료수준을 지정하고 군의관의 수준별 보직을 체계화하여 제대별 진료의 수준을 정립해 나가야 한다.

셋째, 군병원의 공공의료기관의 역할을 강화해야 한다.

군이 특성을 살린 특정분야(항공, 해양학, 생화학, 화상, 전쟁공포 등) 관련 전신과 등을 특성화해 나가야 한다. 또한, 사회에서 희귀 및 난치성 분야와 노인성 질환 치료의 기반을 구축해 나가야 할 필요가 있다.

넷째, 질병발생 차단을 이한 예방대책 마련

군 특성에 맞는 예방의학 분야의 발전을 통하여 전투력 보존을 위해 노력해야 한다.

다섯째, 병 복무기간 중 건강검진 실시로 각종 질환의 조기발견이 필요하다. 전역 후 말기 암 등으로 사망하는 문제가 발생하지 않도록 전역 5~6개월 전에 건강검진을 실시하는 방안을 마련할 필요가 있다.

2) 군 의료사회복지 분야

첫째, 군의 정책부서에서 군 의무발전 계획에 군 의료사회복지에 대한 필요성을 반영하고 제도화 될 수 있도록 노력해야 한다.

둘째, 군 의료사회복지제도화 준비과정으로서 사회복지 전공 장교를 의료사회복지사로 활용할 필요가 있다.

셋째, 평화유지 임무를 수행하는 파병부대와 격오지 근무 부대에 부대의 성격을 고려한 의료사회복지적 서비스 제공이 요구된다. 해외 파병 장병들은 기후 및 환경의 낯설고 불편함과 부대 고립에 대한 어려움, 대인 및 대민관계의 갈등을 해결해 나갈 수 있는 전문 군 의료사회복지사가 필요하다.

넷째, 군 병원에서는 후송병원 및 지구병원을 선정하여 의료사회복지사와 정신보건사회복지사를 배치하여 시범사업을 통해 제도화에 대비해야 한다. 이러한 시범사업을 거쳐서 제대별 실정에 맞는 군사회복지사의 임무를 식별함으로써 시행착오를 최소화하면서 제도를 정착시켜야 한다. 시범사업의 대상과 방법은 사단급 부대와 군 병원으로 구분하여 실시한 후 전군에 확대하여 시행하는 것이 바람직할 것이다.

12
CHAPTER

다문화 사회와 군사회복지

최근 한국사회는 저출산·고령화 속도가 빠르게 진행되는 가운데 출산율 저하에 따른 인구감소로 병역자원 또한 감소 추세를 보이고 있다. 이러한 상황에서 최근 우리나라는 외국계 주민이 100만 명을 넘어서면서 상대적으로 출산율이 높은 다문화가정 출생 자녀들의 입대가 증가하게 될 전망이다. 농촌을 중심으로 한 동남아시아의 국제결혼 여성이민자, 외국인 노동자, 북한 탈주 새터민 등의 급속한 증가로 인한 다문화 사회로의 빠른 진입은 학연, 지연, 혈연 의식이 강하며 단일민족 국가라는 동류의식이 강한 우리 사회가 다양한 문화, 인종, 종교, 제도 언어 등 여러 가지 측면에서 그 다양성을 수용하기에는 사회적으로 성숙되지 못한 가운데 군에도 다양한 피부색, 언어, 풍습, 문화, 종교를 가진 장병들이 입대할 것으로 예상되어 국가적으로 체계적인 준비가 마련되어야 할 것으로 판단된다. 다양한 사회와는 달리 군은 군을 유지하기 위한 조직의 특수한 문화와 군법이 존재하는 재사회화의 조직이라는 측면에서 다문화에 대한 준비가 마련되지 않는다면 조직의 특성상 그 다양성으로 인하여 전투력 저하는 물론이고 존립의 위기를 맞이할 수도 있을 것이다. 소수 인종을 우리의 주류 문화에 흡수하고, 동화시키려 하기 보다는 다양성을 수용하고, 존중하는 가치관을 함양하며, 이해와 배려를 통한 단결과 화합의 병영문화는 군의 단결과 화합을 통한 전투력 향상과 국가 발전, 사회통합은 물론 더욱 강한 군으로, 다문화 사회를 선도하는 국민 교육의 장으로 거듭날 수 있을 것이다.

1 다문화 사회에 대한 이해

1) 다문화와 한국 사회

최근 한국 사회는 동남아시아의 국제결혼 여성이민자, 외국인 노동자, 북한 탈주 새터민 등의 수가 급속히 증가하면서 다양한 문화, 인종, 종교, 제도, 언어 등 여러 가지 측면에서 그 다양성이 증가하고 있는 추세이다. 또한, 국제화, 정보화, 세계화, 개방화의 물결에 따라 우리사회는 본격적인 다문화 사회로 진입했으며 그러한 다양성을 점진적으로 받아들여야 하는 시기에 살고 있다고 할 수 있다. 큰 충격 없이 다양한 문화와 접할 수 있다는 것은 우리의 삶이 풍요롭고 긍정적으로 발전할 수 있겠지만 현실적으로 다문화를 건강하게 수용하지 못한다면 또 다른 갈등과 예기치 못한 문제에 봉착하게 될 수 있다. 더욱이 다양한 사회와는 달리 군은 군을 유지하기 위한 조직의 특수한 문화와 군법이 존재하는 재사회화의 조직이라는 측면에서 다문화에 대한 준비가 마련되지 않는다면 조직의 특성상 그 다양성으로 인하여 전투력 저하는 물론이고 존립의 위기를 맞이할 수도 있을 것이다. 인종과 피부색, 종교와 문화, 언어와 습관이 서로 다른 장병들이 존재하는 가운데 우리 고유의 주류문화만을 고집하는 장병들이 그들의 다양성을 수용하지 못하고, 선진적인 병영을 육성하지 못한다면 군 기강 해이는 물론이고, 각종 대민 물의 사건과 사고가 끊이지 않고 발생함은 물론 궁극적으로 전투력 저하와 국가의 안위에 큰 문제가 발생할 수 있을 것으로 판단된다. 반면에 이러한 다양성을 수용하고 그들과의 연대를 증진할 수 있다면 군은 더욱 강한 군으로 거듭나며 다문화 사회를 선도하는 국민교육의 장이 될 수 있을 것이다.

(1) 다문화 사회로의 변화

그 어느 나라보다도 저출산, 고령화 속도가 빠른 가운데 다문화 사회로의 진입이 빠른 속도로 진행되고 있다. 통계청의 통계에 따르면 1995년에 27만 명이었던 외국인 체류자 수는 2008년 100만 명을 넘어섰고, 2030년경에는 외국인이 전체 인구의 10%를 넘을 것으로 예상되고 있다.

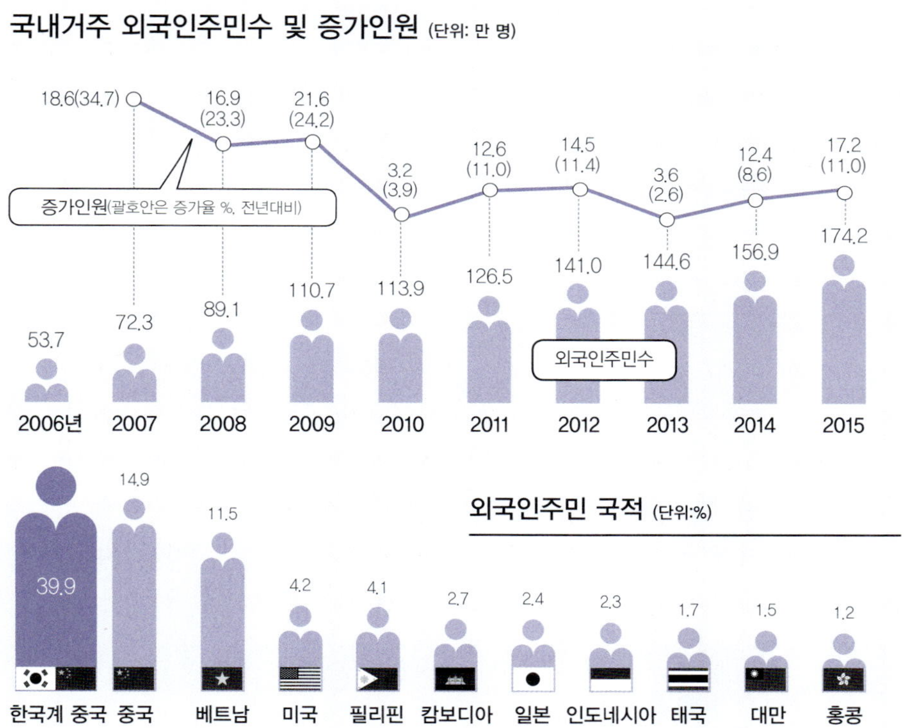

[그림 12-1] **국내거주 외국인 주민 현황**

출처: 행정자치부(2016), "국내거주 외국인 주민현황"

2004년 기준 국제 결혼건수는 약 3만 5천 건으로 3만 5천 쌍이 국제결혼을 했다. 2004년에 결혼한 농촌총각의 1/4이 외국인과 결혼을 하는 등 농촌총각의 국제결혼율도 매우 높은 상태다. 국제결혼의 증가는 곧 혼혈인의 증가를 의미하는 것이다. 우리나라는 20세기 까지만 해도 단일민족이라고 여기고 살아왔으나 이제는 다양한 인종, 종교, 문화를 자진 다문화 시대화되어가고 있는 것이 현실이다. 따라서 다양성을 지닌 다문화 이웃과의 평화롭고 행복하게 공존할 수 있는 정책과 제도를 기반으로 의식의 전환이 필요하다고 할 수 있다.

(2) 다국적 출신 인구 구성의 변화

〈표 12-1〉 다둔화가정의 유형

유형	의미
국제결혼가정	한국인과 외국인이 결혼을 통해 형성한 가족
외국인 근로가정	외국인이 한국에서 근로를 목적으로 개인 또는 가족 단위로 생활하고 있는 가정
새터민 가정	북한 주민이 개인 또는 가족 단위로 북한을 탈주하여 국내에서 생활하고 있는 가정

출처: 국방부(2010d).

행정자치부에 따르면 2013년 12월 기준으로 다문화 가족은 전국에 29만5800여 가구로 증가하였으며, 다문화 가족 구성원은 자녀 20만4200여 명을 포함해 80만 명을 넘어섰고, 매년 그 수가 빠르게 증가하고 있다.

이는 2006년 말 기준으로 30만 명 이상이 증가된 것으로 우리나라의 저출산 고령화와 함께 인구사회학적으로 관심을 가져야 할 만큼 빠른 증가세를 보이고 있다. 외국인 주민의 국적별 구성을 살펴보면 조선족을 포함한 중국 국적자가 가장 많으며 중국을 포함한 동남아시아 지역의 외국인들이 약 80%를 차지하고 있으며 최근 들어 더욱 다양한 나라들에서 외국인들이 이주해 오고 있다.

(3) 다문화 증가 원인과 가정의 유형

1990년 이 후에 한국은 민주화와 자유화 및 개방화 정책에 따라 외국인의 국내 이주가 크게 증가하게 되는 여건이 마련되었다. 특히 우리사회에 다양한 민족, 언어, 인종, 종교, 문화적 배경 등을 가진 사람들이 이주하게 된 주요 배경으로는 결혼적령기를 넘긴 농촌 총각들의 심각한 결혼문제 해결을 위한 국제결혼의 증가, 경제적 원리와 우리나라 사람들의 3D업종 노동기피 현상에 기인한 노동인구의 국제적 이동에 따른 외국인 근로자의 유입, 중국을 통한 북한 이탈 새터민의 유입 등을 들 수가 있다. 이렇게 이주한 사람들이 모여 가족을 꾸리고 공동체를 형성하게 되면서 우리사회는 다문화가정이라는 가족공동체가 형성되기 시작하였다. 이들 공동체는 가족 전체가 한국국적을 가지지 않고 다른 국가 또는 다른 문화집단 출신인 경우와 서로 다른 민족, 인종, 종교, 언어적 배경을 지닌 사람들이 모여 가정을 이루는 유형도 있다. 따라서 다문화가정은 그 형성 배경에 따라 일반적으로 국제결혼가정, 외국인근로자가정, 새터민 가정으로 분류하고 있다.

2) 한국군의 다문화 실태

우리나라는 2000년대 중반이 후 급속히 다문화 사회로 변화하게 되었다. 이에 따라 사회의 하부 조직인 군도 다문화시대의 변화에 따른 큰 흐름을 비껴갈 수 없는 상황에 놓이게 되었다. 다문화가정의 자녀들이 지속적으로 증가[1]하는 추세 속에서 곧 이들이 성장하여 군에 입대하게 되고 다문화가정 출신의 장병들이 증가하게 될 것으로 예상되고 있다.

〈표 12-2〉 **다문화가정 출신 남자 현황**

연령	계	16~18세	13~15세	7~12세	6세 이하
인원 (연평균)	54,890명	3,410명 (1,137)	4,187명 (1,396)	14,736명 (2,456)	32,557명 (4,651)
징병검사	-	2009~2011년	2013~2015년	2016~2021년	2022~2027년

출처: 행정안전부(2009).

1) 다문화가정의 출산율은 2008년 기준 일반가정의 1, 2명의 2배인 2, 3명으로 나타남. 다문화가정의 자녀는 2006년 2만 5천 명에서 2015년 20만 8천여 명으로 8배 이상 증가했다.

따라서 단일 공동체 집단으로 유지되었던 군도 다양한 문화적 배경을 가진 구성원들로 이루어진 조직으로 변화하게 될 것이다.

결혼 이주자의 국적이 다양화되고 혼혈인에 대하여 현역복무를 의무화하는 추세에서 우리 장병들은 다양한 문화와 인종, 민족 배경을 지닌 동료들과 함께 병영생활을 하는 일이 많아질 것으로 예상된다. 따라서 군이 이러한 변화에 잘 대처하고 더욱 발전된 조직으로 나아가기 위해서는 지금부터 적절한 정책과 대책 마련이 필요하며, 다양한 문화를 수용하여 그 문화의 충격으로부터 군조직이 흔들리는 일이 발생하지 않도록 군조직원들과 군대 문화가 수용할 수 있는 능력과 교육 프로그램이 마련되어야 할 것이다.

(1) 다문화와 관련된 병역법

우리나라의 병역법의 내용을 살펴보면 2010년까지는 인종이나 피부색 등을 이유로 병역의 의무 및 지원에 차별을 두지 않도록 규정하고 있다. 그러나 백인이나 흑인 등과 같이 외관상 현저하게 그 차이가 구분되는 경우에는 병역의 의무를 면제받을 수 있도록 하고 있다. 또한, 병역의무 및 지원에 있어 인종·피부색 등을 이유로 한 차별을 금지하고 차별의 금지 규정에도 불구하고 인종·피부색 등으로 인하여 병역을 수행하는데 심각한 영향을 받을 것으로 인정되는 사람으로서 대통령령으로 정하는 사람에 대하여는 예외적으로 현행과 같이 제2국민역에 포함하도록 되어 있다. 이는 현행 법률상 '외관상 식별이 명백한 혼혈인'의 경우 징병검사 없이 제2국민역에 편입할 수 있도록 하고 있어 실질적으로 대한민국 국민으로서 누려야 할 병역의 기회와 의무가 제한되고 있으며 병역을 필하지 않은 혼혈인들의 경우 병역미필에 따른 취업제한과 경제 활동의 제약으로까지 이어져 사회적으로 2차적인 차별과 피해를 입고 있다.

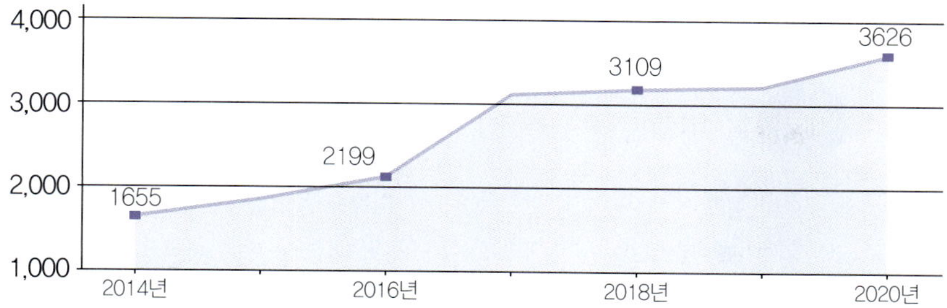

[그림 12-2] **다문화가정 출신 장병 대상자**

출처: 행정자치부(2014).

그러나 2011년부터는 "식별이 명백한 사람에 대해 제2국민역 편입제도가 폐지됨에 따라 인종·피부색에 관계없이 병역의무를 부과할 수 있도록 병역법 시행령이 개정되어 국가를 지키는 데는 '국민'이라는 공통의식이 '민족'이라는 협소한 개념보다 더 효과적인 시대에 들어섰다. 다문화 시대를 맞아 충성 대상이 '민족'에서 '국민'으로 바뀌었으며, 이에 따라 2011년 입영선서문부터는 '민족'이란 단어를 '국민'으로 바꿔서 장병들이 선서하고 있다.

(2) 병영과 다문화의 현황

2007년 변경된 병역에 관한 법률에 따라 외관상 명백하게 외모가 구분되는 병력 자원에 대해서도 병역의무를 부과하고자 하는 사회적인 분위기와 정책적 변화가 이루어졌고, 변경된 병역에 관한 법률에 따라 2011년 1월부터는 현역 입영이 가능하게 되었다. 병무청 공식 통계에 의하면 2010년 현재 우리 군에 아시아계 병역의무 대상자는 매년 약 200여 명으로 연간 총 입영 대상자 42만 명에 비하면 미미한 수준이었으나 2009년 말 기준으로 다문화 장병의 입대는 1,000여 명을 넘어섰고, 대부분 아시아계로 나타나고 있다. 또한, 국방부가 공개한 '연도별 다문화 장병 입대 추이'에 따르면 2010년 52명, 2011년 156명, 2012년 228명, 2013년 306명, 2014년 12월 404명으로 총 복무인원은 1,140여 명에 이른다. 지금의 증가 추세로 보면 10년 뒤 군에 입대할 다문화가정 장병 수는 1만 명에 이를 것으로 전망된다.

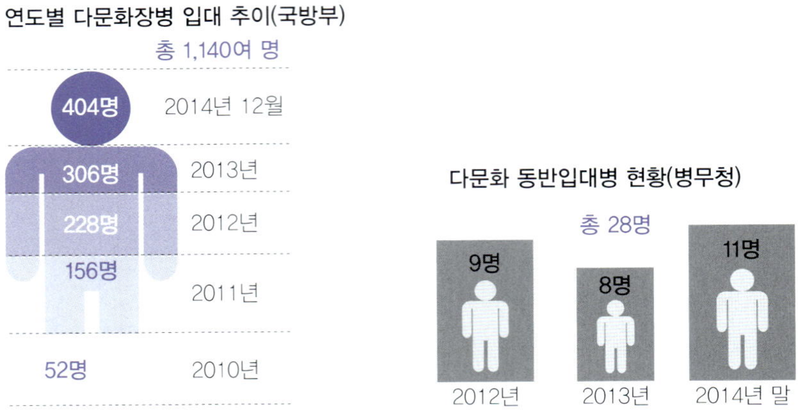

[그림 12-3] **다문화장병 입대 추이**

출처: 국방부(2014).

그러나 우리 사회에서 다문화를 바라보는 낯선 시선은 아직 사라지지 않았다. 폐쇄적 민족주의에 바탕을 둔 편견과 선입견, 의사소통의 어려움, 문화적 차이로 인한 갈등 등 다문화가 '다양성'이 아닌 '구별'이나 '분리'의 대상이 되고 있기 때문이다.

이에 따라 국방부와 병무청은 다문화 가족 출신 자녀가 군 입대에 대한 두려움을 줄이고 빠르게 적응할 수 있도록 '다문화 동반 입대병'제도[2]를 지난 2011년 신설, 2012년부터 시행하고 있다. '다문화 동반 입대병'은 다문화 가족 자녀 2~3명이 함께 입영해 훈련을 받고, 같은 생활권 단위의 부대로 배치돼 전역 시까지 복무할 수 있는 제도다. 다문화 가족 자녀가 서로에게 든든한 동반자가 돼 함께 군 생활을 하도록 함으로써 군 복무에 조기 적응하고 복무의욕을 높여 군의 전투력 향상에 기여하게 한 것이다. 다문화 동반입대 현황은 2012년 9명, 2013년 8명, 2014년 말 11명으로 현재까지 육군에만 있다.

다문화가정에서 자라 한국에 뿌리를 내리고 사회화된 한 사람으로서 4대 의무

2) 일반 동반입대병은 병무청에서 전산 무작위 추첨 방식으로 합격자를 결정하며, 범죄사실경력을 조회해 수형 사실이 없을 경우 최종합격자로 선발한다. 반면 다문화 동반입대병은 전산 무작위 추첨 방식을 적용하지 않고, 수형 사실이 없는 한 동반입대 지원자끼리 군 복무를 함께할 수 있도록 전원 합격시켜 대한민국 국민으로서 병역을 이행할 수 있도록 하고 있다.

를 수행한다는 것은 명실상부 국민으로서의 권리와 지위를 갖추게 되는 것이며, 그중 중요한 하나가 병역의 의무라 할 수 있다.

〈표 12-4〉 **다문화 동반입대 지원대상**

- 지원서 접수년도 기준 18세 이상 28세 이하(2015년도 기준 1987. 1. 1.~1997. 12. 31. 출생자)
- 중학교 졸업이상의 학력소지자 또는 교육부장관이 인정하는 동등학력소지자
- 신체등위 1~3급 현역입영대상자로
- 아시아계 다문화자녀 간 지원
- 외관상 식별이 명백한 다문화자녀와 일반가정자녀 간 지원
- 외관상 식별이 명백한 다문화가정 자녀들 간의 지원을 자격요건으로 함

최근 우리 군에도 다문화 장병의 수가 증가하고 있어 파병 등의 임무를 수행하는 글로벌 군으로서 이들을 적극적으로 활용하여 전력지수를 극대화하는 선진 정예 군대를 육성할 수 있을 것으로 판단된다.

(3) 다문화가정 장병 입영을 통한 군의 현상 인식

다문화 시대로의 진입은 우리에게 다문화장병의 입대와 글로벌 병력으로 구성된 군대의 위상에 대하여 생각할 수 있는 계기가 마련된다고 볼 수 있다. 다양한 문화, 종교, 인종적 배경을 가진 장병이 입대함으로써 단결과 화합을 통한 전력지수 향상에 어떠한 영향을 미칠 것인가에 대한 문제에 봉착하게 된다.

우리 군의 기강이나 단결에 저해된다고 보는 입장과 새로운 국제화 사회에서 글로벌화될 수 있고 사회통합을 위한 교육의 장으로 선진화할 수 있는 기회가 된다고 보는 다음과 같은 입장을 생각해 볼 수 있다.

첫째, 국제적으로 군사동맹이 강화되고 연합작전이 전개되는 추세에서 다국어를 소화할 수 있는 병력을 확보함으로써 세계평화 유지에 한국군의 위상을 높일 수 있는 계기를 마련하고 국가신인도, 국가브랜드 이미지를 향상시키는 데 기여할 것이다.

둘째, 다문화적인 시민의식을 성장시킬 수 있을 것이다. 군은 강한 단결의식을

중요한 목적으로 하며 생활하고 있다. 따라서 대한민국에서 성장하고 사회화하는 같은 동년배로서 그들이 살아가는 생애주기 동안 함께하게 되는 건강한 시민으로 성장할 수 있는 계기가 마련되고 사회발전과 통합에 큰 기여를 하게 될 것이다.

2 다문화 군복지를 위한 발전방향

1) 다문화 군 시대에 대비한 민의 준비

(1) 동등하고 평등한 구성원으로의 대우

국가의 모든 시민과 집단 그리고 조직은 다문화 사회의 평등하고 동등한 구성원으로서 지위를 누리도록 태어났다. 언어, 종교, 국적, 성별, 연령, 직업에 관계없이 다문화 사회에서 시민으로서 영유할 수 있는 권리를 가지며, 동시에 건강한 사회의 유지 및 통합과 발전에 기여할 의무를 지니고 있다. 따라서 시민으로서 그 지위에 맞는 자질을 갖추도록 해야 한다. 한편, 일반 학생의 다문화 이해도를 높이기 위해서는 재량활동 시간에 다문화 이해 교육을 실시한다. 특히, 다문화가정 학생이 재학 중인 학교에서는 다문화가정 학부모가 출신국의 문화·풍습을 소개하고 우리와 같은 다른 문화의 시민이라는 의식을 심어 주어야 한다.

한편, 한국어 및 부모 출신국 언어를 구사하는 다문화가정 학생이 부모 출신국의 문화를 이해하고 이중 언어를 구사하는 글로벌 인재로 성장할 수 있도록 구성원으로서의 자부심과 자존감을 키워나가도록 지원한다. 다문화시대에 그들을 동등하게 대우하기 위해서 사회 구성원들이 갖추어야 할 자질은 다음과 같이 생각해 볼 수 있다.

첫째, 다문화 시대의 시민은 정치, 교육, 법 등의 사회제도와 규범 속에 내재되어 있는 편견이나 차별을 인식하고 시정해 나가도록 해야 한다.

둘째, 다문화 시대의 구성원은 우리사회의 주류문화만이 우수하다는 우월주의에서 탈피하고 두 가지 이상의 서로 다른 문화가 오랜 기간 동안 지속적인 접촉이 일어나면 일방 또는 쌍방의 문화에 변화가 일어나는 문화수용, 문화동화, 문화변형에 대한 자연스러운 현상을 인식하고 발전적 방향으로 유도해 나가야 할 것이다.

셋째, 다문화 시대의 구성원들은 다양한 문화집단 사이에서 그들과의 차이뿐만 아니라 공유하고 있는 유사성에 대해서도 이해하고 발전시켜 나가야 한다.

(2) 다문화 교육을 통한 시각의 전환

우리 사회 속에는 혈연적·문화적 공동기반과 단일민족이라는 강한 자의식을 가지고, 배타적 민족주의 성향이 남아있다. 특히 외모와 피부색이 달라도 엄연한 한국인인 국제결혼가정의 자녀들이 사회적 편견과 차별의 대상이 되고 있어 이제는 다름 혹은 차이(difference)에 대한 다문화 교육에서 나와 똑같은 존재라고 하는 보편적 가치나 보편적 인권(universalvalue)에 대한 같음을 일깨우는 교육이 시행되어져야 함이 절실히 요구된다. 다원화 되는 국제환경 속에서 단일민족 신화와 혈통, 문화적 동질성을 강조하는 것은 이제 강점이 아니라 장애물이 될 수 있다. 따라서 유아기부터의 공교육 현장에서 다음과 같은 다문화에 대한 교육이 실시되어야 할 것이다.

첫째, 다문화가정 자녀는 학령 단계별로 언어 및 학습능력 향상을 위한 맞춤형 교육을 받도록 하고 특히 다문화가정 유아를 위한 언어, 인지, 사회, 정서 발달 프로그램을 개발하여 전국의 유치원에 보급할 필요가 있다.

둘째, 취학 후에는 초등학교 저학년 학생은 언어·인지능력 진단 결과 한국어 능력이 부족한 경우 수준별 보충프로그램(방과 후 학교)을 실시하고, 기초학력이 부족한 초·중등 다문화가정 학생은 예비교사로부터 방과 후 교과지도·숙제지도를 받도록 정책에 반영해야 한다.

셋째, 다문화가정 학부모가 자녀의 학습지도능력을 함양할 수 있는 부모 교육이 필요하다. 이를 위해 학기 초 학교생활 설명회 및 상담을 할 때 다문화가정 학부모에게는 한국의 학교와 교육제도를 소개하며, 학교생활정보 등을 안내하는 학교생활 안내책자를 각국의 언어로 제작하여 제공하고, 부모에게 한글과 한국문화 이해 교육프로그램을 제공하며, 한국어가 미숙한 다문화가정 학부모는 자원봉사 통역서비스도 제공하는 정책 마련이 필요하다.

넷째, 다문화가정 학생 지도교사와 다문화가정 학생이 재학하는 학교의 교장·교감 및 장학관(사)은 다문화연수를 받도록 하며, 예비교사의 다문화교육 이해를 제고하고 다문화에 대한 실습을 병행하도록 하는 정책적인 배려가 필요하다.

다섯째, 도덕·사회 등 교과서에 타문화 이해·존중, 관용 등 다문화 요소를 반영하고, 다문화 관련 교육 자료를 지속적으로 개발·보급해 나가야 할 것이다. 또한, 일반인의 다문화 이해를 촉진하기 위하여, 다문화 이해 영상물을 제작, 전국의 학교에 보급하고, 다문화교육 관련 수기, UCC 공모 등 다문화교육 체험공모전을 실시하여 사회 전체의 다문화 인식을 확산하는 정책 마련이 필요하다.

(3) 다문화 가족의 사회참여

오늘날 우리 사회에는 다양한 가족이 등장하고, 이를 인정하는 사회적 분위기가 조성되고 있다. 한국사회 안에서 소수 집단에 속해 있던 다문화 가족들을 이제는 능동적이고 적극적으로 사회에 참여하게 함으로써, 자신을 주체적 존재로 인식할 수 있도록 돕고 정체성을 확립하여 사회구성원으로서 건강하게 자리매김할 수 있도록 해야 할 것이다. 다문화 가족이 건강한 사회참여를 통해 한민족 정체성을 확립하는 것은 서로 다른 문화를 가진 아버지와 어머니의 가치관과 생활태도 속에서 자신에 대한 정체감의 혼란을 경험하는 다문화가정의 입대 전 장정들이 대한민국 국민으로서의 주체성을 갖게 하는 데 중요한 밑거름이 될 것이다.

(4) 다문화 가족지원정책

현재의 다문화 가족지원정책은 주로 여성결혼 이민자의 언어, 문화, 생활방식 적응이 중심이었다. 그러나 이제는 수요자 중심의 개별화된 프로그램과 정책 대상자를 다양화한 지원과 정책이 요구된다. 교육인적자원부(2006) 자료에 따르면 다문화가정 자녀의 중학교 중퇴율이 일반청소년보다 15배로 매우 높은 것으로 드러났다. 다문화가정의 자녀가 우리사회의 객관화되고, 통합된 교육현장에서 교육을 받기가 어려울 경우 그들의 특성과 욕구에 적합한 교육을 받을 수 있는 권리를 인정하고 그에 따라 정부가 필요한 자원을 제공하는 것을 의무화하는 방안이 모색되어야 할 것이다. 그리하여 비교적 생활여건이 어려운 가정에서 자라고 있는 다문화가정의 자녀들이 한국사회에서 문화적 충돌로 인한 부적응으로 가난을 답습하거나 또 다른 사회의 피해자가 되지 않고, 우리사회에 생산적인 구성원으로 참여하여 대한민국 군에 건강한 일원으로 국방의 의무를 다할 수 있도록 지원해야 할 것이다.

2) 다문화 군 시대에 대비한 군의 준비

저출산·고령화 사회의 한국사회는 국제결혼 여성 이민자, 외국인 노동자, 북한 탈주 새터민 등의 수가 급속히 증가하면서 다양한 문화, 인종, 종교, 제도, 언어, 등의 문화가 공존하는 다문화 사회로 접어들었다. 외국계 주민이 100만 명을 넘어 서고 지속적으로 증가함에 따라 상대적으로 출산율이 높아져 다문화가정 출생 자녀들의 입대가 증가될 것으로 전망된다. 그러나 우리 사회가 다문화 시대를 대비한 충분한 준비가 갖추어져 있지 않은 가운데 급속한 변화를 경험하게 됨으로써 다문화가정의 장병들이 군에 입대하게 될 때 사회의 하부조직인 군도 다문화 시대의 변화에 비껴갈 수 없음을 인식하고, 이 연구는 진행되었다. 우리 사회가 다문화의 다양성을 인정하고, 수용하며, 다문화적인 인식과 행동을 통해 다문화 장병들이 국가와 사회에 대한 소속감을 가지고, 국방의 의무를 다할 수 있도록 해야 할 것이다.

(1) 다문화 장병을 수용할 수 있는 법과 제도 정비

우리 군에서 다문화에 대한 법률은 2007년 12월에 통과된 법률과 2009년 8월에 유승민 의원에 의해 개정된 법률 등이 있다. 이에 따라 병역의무 및 지원에 있어 인종·피부색 등을 이유로 한 차별을 금지하였으며, 차별의 금지 규정에도 불구하고 인종·피부색 등으로 인하여 병역을 수행하는데 심각한 영향을 받을 것으로 인정되는 사람으로서 대통령령으로 정하는 사람에 대하여는 예외적으로 현행과 같이 제2국민역에 포함하도록 되어 있다. 그러나 외국 군의 다문화 정책에 대한 법률 등을 잘 살펴보고 사회적으로 2차적인 차별과 피해를 입지 않도록 세심하게 관련 법을 제정해 나가야 할 것이다.

(2) 군사회복지 전문가 양성 및 배치

다문화군대 시대를 대비하고 군에서는 군사회복지사 제도를 조기에 정착시키려면 병영의 환경과 군조직의 문화를 향상시키고 복지수혜 대상자들의 욕구해결과 삶의 질 향상을 위해 업무를 수행하는 전문가의 양성이 필요하다. 군사회복지 전문가의 자격은 2005년부터 논의되고 있는 내용을 중심으로 선진외국과 사회적 인식을 고려하여 군사회복지사로 명칭을 정하는 것이 바람직할 것으로 판단된다.

(3) 장병들의 다문화장병에 대한 이해 교육

다문화장병의 비율이 증가하고 있는 추세에서 주류 인구집단(majority)이 아닌 인종적, 민족적, 문화적 배경이 다르다는 이유로 일상생활에서의 어려움과 편견의 대상이 되고 있다. 따라서 그들의 다양한 문화, 종교, 인종적 배경을 이해하고 배려하며 수용할 수 있는 교육이 선행되어야 할 것이다.

첫째, 간부 양성과 보수교육 과정에 다문화 관련 교과목을 추가하여 다문화에 대한 전문적인 교관과 전문교수에 의한 특강을 실시하고, 다문화 교육이 잘 이루어지고 있는 학교와 지자체의 실천현장 실습 및 동영상 자료를 통한 시청각 간접교육 교재와 자료개발이 필요할 것이다.

둘째, 다문화군 시대에 맞추어 훈련소에서 군사 훈련뿐만 아니라 인권교육을 강화해야 하며, 지휘관 및 간부들의 인식 개선이 필요하다.

셋째, 다문화가정의 비율이 높은 세계의 다문화에 대한 소개와 교육을 실시하고, 프랑스, 미국 등의 선진 군대의 다문화 정책을 벤치마킹 병행해 나갈 필요가 있다. 또한, 전국 158개소의 다문화가족지원센터와 지역별 군부대가 다문화 장병들의 문제를 고민하고 해결할 수 있도록 협조해 나가는 방안을 강구할 필요가 있다.

넷째, 장병 스스로가 다문화 장병이라는 의식을 가지고 다양한 문화의 관점에서 자신의 문화를 바라봄으로써 자신에 대한 깊은 이해와 자부심을 상호 갖도록 하며, 문화 간에 존재하는 차이를 인정하고 타 문화를 존중하고 받아들이는 자세를 지니도록 해야 한다. 또한, 다문화의 역량과 다양성을 잘 활용하여 나와 다른 타인과 함께 더불어 살아가는 열린 병영문화를 만들어 나가야 할 것이다.

다섯째, 미국·영국 등 선진국 사관학교에서는 문화인류학을 교양 필수과목으로 가르치는 것을 우리도 참고하여 도입할 필요가 있다.

여섯째, 다문화 병사가 늘면서 종교가 다양해지고 현재의 음식이나 종교 활동 허용 기준으로는 이들을 수용하기 힘들게 될 것으로 예상되기 때문에 음식과 종교를 다양화한 시범 부대를 운영하는 것도 고려해 볼 필요가 있다.

(4) 다문화 군대의 병력운영방식 개선

지휘관을 중심으로 운영되는 부대는 그 승패의 요소 가운데 지휘관의 역할이 매우 중요하다고 할 수 있을 것이다. 특히 군의 말단 조직으로 갈수록 더 중요하며 병영생활과 교육훈련 등 24시간 전 활동을 관리 통제함으로써 다문화 군대의 정착에도 매우 중요한 역할을 담당하게 되며 이러한 지휘관의 역할은 다음과 같다.

첫째, 다문화 장병에 대한 심리적 안정에 기여하게 된다. 초기 상담과 신병관리 프로그램의 적절한 활용을 통하여 그들이 안정적인 군 생활을 시작하고 적응해 나가도록 할 수 있을 것이다.

둘째, 다문화 장병에 대한 지나친 배려는 오히려 부대 단결과 발전에 저해하는 요인으로 작용할 수 있을 것이다. 따라서 상호 위화감을 조성하지 않고 단결하는 방안의 대책 마련이 필요하다.

셋째, 다문화 장병의 특성과 다름에 적합한 보직과 직책을 부여하고 병영생활

간에 어려운 문제가 발생하지 않도록 하되 다른 일반적인 병사와 동등하게 대하도록 하는 것이 필요하다.

(5) 병영 내 편견해소를 위한 대책

서로 다른 문화가 모이면 때로는 충돌하고 때로는 수용하면서 변화해 나가는 것이다. 편견에 대해서도 외부적으로만 없애려는 노력은 오히려 내부적으로 문제를 일으킬 수 있을 것이다. 따라서 지휘관으로부터 솔선수범하고 전 장병들이 서로 긍정적인 상호작용을 하기 위해서는 다음과 같은 노력이 요구된다.

첫째, 동등한 지위를 부여해야 한다. 군에서는 인종, 색깔, 언어 및 문화가 다르다고 차별적으로 대해서는 안 되며 다문화 장병의 계급과 직책 및 책임을 감당하도록 해야 한다.

둘째, 장병 상호간에 협동정신과 단결의식을 위하여 교육훈련, 체육활동 등 전투적 활동 이외에 업무도 강화해 나가야 할 것이다.

셋째, 의무병 제도하에서는 부대의 단결력이 건강한 병영문화에서부터 나온다고 할 수 있을 것이다. 따라서 병영에서의 정서적 유대감을 강화해 나가도록 노력해야 한다.

넷째, 다문화 장병의 자존감 향상을 위하여 맡은 임무를 완수할 수 있도록 배려하고 지도하며, 임무를 능력에 따라 공평하게 부여하고, 다문화 장병의 능력과 특기를 개발하도록 해 나가야 한다.

다섯째, 다문화 장병을 대할 때에는 출신국가의 문화를 이해하는 것이 선행되어야 하며 그들이 주류문화로부터 벗어나 있다고 해서 그 문화를 비하하거나 주류문화에 흡수되도록 강요해서는 안되며 그들의 행동이나 가치기준을 충분히 이해하고 배려해야 한다.

(6) 탈북 청소년 입대를 위한 방안 마련[3)]

장기적으로 대한민국 국민이 된 북한 이탈 청소년이 입대하는 상황에도 대비해야 한다. 즉, 북한을 이탈한 청소년의 군 입대를 허용해야 할 것이다. 대한민국 병역법을 보면 아직까지는 한국에 정착한 탈북 주민 가정에서 태어난 자녀는 군 입대를 할 수 있지만, 탈북 청소년은 병역의무가 면제된다. 그러나 이제 입영 연령이 되는 북한 출신 청소년 모두에게 군 복무를 허용해야 하는 시점이 멀지 않았다고 판단하고 있다.

(7) 다문화 가족의 친군 의식 제고

지역별로 다문화 가족들이 군에 대한 친근감을 갖도록 홍보하고, 관내 저소득 다문화가정에 대한 봉사활동 및 이웃돕기 행사 등을 통하여 미래의 병력 자원이 군에 대한 긍정적인 마인드를 갖도록 유도해 나가야 할 것이다. 또한, 다문화 장병의 어학 등의 능력과 특기를 최대한 발휘하여 자존감을 높일 수 있는 분야를 개발함으로써 군 복무를 적극적으로 할 수 있는 기반을 마련해 나가야 할 것이다. 또한, 군 복무 후 사회 진출을 위한 자격증과 사회에서 활용할 수 있도록 자율적인 학습과 정보제공 등을 통하여 자격증을 군 복무기간 중에 취득할 수 있도록 유도해 나가야 할 것이다. 또한, 다문화가정의 부모가 군에 대한 호감을 갖도록 하는 정책을 병행해 나갈 필요가 있다.

3) 군은 외국인 귀화자, 북한 이탈주민 가정 출신, 국외 영주권자 입영장병, 결혼 이민자 등을 '다문화 장병'으로 규정하고 있다.

13

CHAPTER

제대군인복지

군인들은 각자 자신의 근무기간을 마치고 제대를 하게 된다. 제대군인은 장교, 준사관, 부사관 또는 병으로서 「병역법」이나 「군인사법」에 의한 의무복무기간을 마치고 전역한 자로서 ① 「병역법」 또는 「군인사법」에 따라 군 복무를 마치고 전역(퇴역 · 면역 또는 상근예비역 소집해제를 포함)한 사람 ② 「제대군인지원에 관한 법률」 제1장 제2조 1로서 중기 및 장기복무 후 전역한 간부 및 병을 모두 포함한다. ③ 국가기관 · 지방자치단체 · 공공단체 및 사회복지시설의 공익목적에 필요한 경비 · 감시 · 보호 · 봉사 · 행정업무 등의 지원 업무(병역법 제26조 제1항 제1호)에 복무하고 소집 해제된 공익근무요원을 포함한 사람을 말한다(제대군인 지원에 관한 법률 제16조 제1항). 제대군인은 퇴역, 전역, 예편한 사람을 모두 포함하게 된다.

구체적으로 퇴역은 현역, 예비역, 보충역인 장교, 준사관, 부사관이 계급상 연령 정년에 도달하여 병역의무를 완전히 마치는 것을 뜻하며, 전역은 현재까지 복무하던 역종에서 다른 종으로 바뀜을 의미한다. 즉, 장교, 준사관, 부사관, 병이 현역에서 예비역으로 역종이 바뀌는 것이다. 또한, 예편은 군인이 현역에서 예비역으로 편입됨을 의미하며, 「군인사법」 제42조에서는 "현역에서 전역되는 사람으로서 퇴역되지 아니하는 사람은 예비역에 편입한다."라고 명시하고 있다.

군에서는 중·장기적으로 복무한 군인들이 매년 약 7,000여 명 이상이 전역하여 일반 사회인으로 새로운 출발을 하고 있다. 그러나 군 직업이 갖는 원천적인 특성은 이들이 사회에서 제2의 삶을 영위하는 데 심각한 걸림돌이 되고 있다. 대다수의 군인들은 생애 최대 지출기(자녀교육, 혼사 등)에 전역을 하게 된다. 또한, 군 직업은 사회의 일반 직종과 직업과는 연계성이 극히 낮아 정상적인 재취업이 제한될 수밖에 없다. 최근 5년간 10년 이상 장기복무자의 취업률은 30%수준이며, 약 25%는 군 관련 직위에 취업한 것으로 나타나고 있다. 아울러 군 복무 중에는 잦은 전속에 따른 이사, 격오지 근무, 24시간 근무대기 등으로 인해 가정생활과 자녀교육 그리고 경제적인 기반마련 등이 매우 취약한 것이 현실이다.향후 국방환경의 변화(국방개혁 등)로 인하여 국방인력 감축, 비전투 분야의 아웃소싱이 진행됨에 따라 전역자가 지속적으로 증가할 것으로 예상된다. 따라서 제대군인 특성상 민간기업 조직문화에 대한 적응력이 부족하여 이를 개선하고 진로설계를 돕기 위한 사회복귀 교육지원 등의 정책이 확대되어야 할 것으로 판단된다.

1 제대군인의 실태

1) 제대군인 현황

제대군인의 전역은 계급정년·근속정년 등의 정기전역과 본인의 원에 의한 수시전역으로 구분되며, 전역의 수는 2006년부터 지속적으로 증가하고 있다. 수시전역은 사회의 경제적 상황에 따라 크게 좌우되는 현상을 보이고 있다.

〈표 13-1〉을 보면 2015년 재대 군인은 역대 최대인 7,362명으로, 전년대비 1,046명 증가를 보이고 있다. 장기복무 제대군인은 2011년부터 줄어들었다가 2014년 증가한 후 2015년에는 4,216명으로 최근 10년 이내 최대 수치를 보이고 있다. 중기복무 제대 군인역시 2015년 3,146명으로 최대인원이 전역하였다. 최근 5년간

평균적으로 장기복무 제대군인은 3,675명, 중기복무 제대군인은 2,652명이 전역하고 있다.

〈표 13-1〉 **연도별 제대군인 현황**

구분	2006	2007	2008	2009	2010	2011	2012	2013	2014	2015
계	5,034	5,331	5,411	5,955	6,247	6,137	6,191	5,630	6,316	7,362
장기복무 제대군인	2,820	3,411	3,608	4,227	4,233	3,680	3,540	3,213	3,725	4,216
중기복무 제대군인	2,214	1,920	1,803	1,728	2,014	2,457	2,651	2,417	2,591	3,146

출처: 국가보훈처(2015). 각군 통보자료.

2) 일자리 취업 및 창업 현황

군인의 직업적인 특성에 따라 제대군인의 취업 및 창업은 개인 및 가정의 문제 뿐 만 아니라 사회적인 문제가 될 수 있다. 따라서 제대군인의 취업 및 창업문제는 중요한 국가적으로 관심의 대상이 될 수 있다.

(1) 취업 현황

첫째, 지난 4년간 제대군인의 취업현황은 민간일자리, 군 내 및 군 관련 일자리, 사회적일자리, 비상계획관 순으로 나타났으며 창업 및 해외 진출도 2015년 711명으로 최대 수치를 보이고 있다. 신분별로는 준·부사관보다 장교 계급의 취업률이 높은 것으로 나타나고 있다. 이러한 장교와 부사관의 취업률 차이는 장교와 부사관의 군 경력, 최종학력, 진출분야 등에 원인이 있지만 구체적인 원인에 대한 심층적인 분석을 실시할 필요가 있다.

〈표13-2〉 제대군인 일자리 취업현황

(2016. 9. 30. 기준)

구분 \ 실적	2013년(누계	2014년(누계)	2015년(누계)	연도별 목표		
				2016년 목표(누계)	실적	2017년
합계	3,683 (24,574)	5,544 (30,118)	7,935 (38,053)	8,885 (46,938)	7,475 (45,528)	3,062 (50,000)
군 내 및 군 관련	705 (7,544)	166 (7,710)	2,964 (10,674)	3,210 (13,884)	2,248 (12,922)	416 (14,300)
비상계획관	31 (583)	24 (607)	18 (625)	35 (660)	15 (640)	240 (900)
민간 일자리	2,273 (13,573)	4,809 (18,382)	3,429 (21,811)	4,980 (26,791)	4,792 (26,603)	2,009 (28,800)
사회적 일자리	457 (1,857)	287 (2,144)	813 (2,957)	330 (3,287)	184 (3,141)	213 (3,500)
창업 및 해외	217 (1,017)	258 (1,275)	711 (1,986)	330 (2,316)	236 (2,222)	184 (2,500)

출처: 국방부(2016).

둘째, 제대군인의 취업 직종을 크게 민간기업 취업과 공무원으로 구분하여 살펴본 결과 민간기업 취업률이 77.5%를 차지해서 공무원(기관, 학교, 군기관 종합)의 22.5% 보다 3.5배 높은 것으로 나타났다.

셋째, 취업 소요기간은 전역 후 1년 내에 취업하는 비율이 25.3%로 낮게 나타났고, 장기복무자의 1년 내 취업률이 중기복무자보다 더 높게 나타났다.

(2) 창업 현황

제대군인의 창업율은 11.1%로 취업에 비해 매우 낮고, 연도별로도 전역 년도가 오래되고 연령이 높은 계급의 창업자 비율이 높게 나타나고 있다. 또한, 전체 창업자의 업종을 비교해 보면 부동산업이 744명(28%)으로 가장 많고, 다음으로 육상운송 및 파이프라인 운송업(294명, 11%), 소매업(자동차 제외, 258명, 10%), 기타 사업관련 서비스업(222명, 8%), 도매 및 상품 중개업(220명, 8%), 숙박 및 음식점업(209명, 8%) 순으로 창업자 수가 많은 것으로 나타났다(국가보훈처, 2016).

2 제대군인 복지 지원

1) 군인연금

군인연금은 군인이 상당한 기간을 성실히 복무하고 퇴직하거나 심신의 장애로 인하여 퇴직하거나 사망한 경우 또는 공무(公務)상의 질병·부상으로 요양하는 경우에 지급한다. 군인연금은 본인이나 그 유족에게 적절한 급여를 지급함으로써 본인 및 그 유족의 생활 안정과 복리 향상에 이바지함을 목적으로 하는 제도이다. 군인연금은 사회보험 및 생계유지 보장성 이외에도 국가의 보상적 성격이 강한 공적 연금제도이다. 군인연금제도는 1960년부터 「공무원연금법」에 포함되어 운영되었으나, 1963년 1월 28일부터 법률 제1260호로 「군인연금법」이 제정됨으로써 공무원연금에서 분리하여 독자적으로 운영되고 있다.

(1) 운영 주체

운영주체는 국방부장관으로서 국방부 인사복지실 보건복지관실 군인연금과에서 실무업무를 담당하고 있다.

(2) 수혜대상

원칙적으로 기여금을 납부하는 군인(부사관, 준사관, 장교)에 대해서 적용되나 군인연금법상의 급여 중 사망보상금과 장애보상금은 기여금을 납부하지 않은 병사에게도 지급된다.

〈표 13-3〉 **국가별 연금기여금 부담현황**

구분	전액 국가부담	개인 일부, 국가 나머지 부담 (개인 부담비율: %)	개인, 국가 공동부담 (개인/국가 부담비율 : %)
국가명	미국 영국 호주 스웨덴 독일 브라질 중국 러시아	룩셈부르크(2.0) 필리핀(4.0) 인도네시아(4.75) 칠레(6.5) 프랑스(7.85) 콜롬비아(8.0)	캐나다(6.4/17.0) 대만(7.0/13.0) 일본(7.4/7.4) 뉴질랜드(7.6/16.0) 한국(8.5/8.5) 이태리(8.8/24.2) 아르헨티나(11.0/11~13) 멕시코(12.0/11.0)
국가 수	8	6	8

출처: 국방부(2006). 국방통계연보.

(3) 급여의 종류

군인연금의 종류로는 퇴역연금일시금, 퇴역연금공제일시금, 퇴직일시금, 상이연금, 유족연금, 유족연금부가금, 유족연금특별부가금, 유족연금일시금, 유족일시금, 재해보상금, 사망조위금, 재해부조금, 퇴직수당, 공무상요양비 등이 있다.

〈표 13-4〉 **군인연금 급여종류 및 내용**

급여종류		수령조건	금액
퇴직급여	퇴역연금	• 군인이 20년 이상 복무하고 퇴역한 때	최종 3년 평균보수월액×50%(20년)~76%(33년)
	퇴역연금 일시금	• 군인이 20년 이상 복무하고 퇴역하면서 연금이 아닌 일시금을 받고자 할 때	보수월액×복무연수×{1.5+(복무연수 - 5)/100}
	퇴역연금 공제일시금	• 군인이 20년 이상 복무하고 퇴역하면서 20년을 초과하는 재직 기간 중 일부에 대해서 일시금으로 받고자 할 때(나머지 기간에 대해서는 연금으로 수령)	보수월액×공제복무연수×(1.5+공제복무연수/100) *공제복무연수: 일시금으로 받고자 하는 기간

급여종류		수령조건	금액
퇴직급여	퇴직일시금	• 군인이 20년 미만 복무하고 퇴역한 때	5년이상 20년 미만 복무자: 복무월액×복무연수×{1.5+(복무연수-5)/100}
			5년 미만 복무자: 보수월액×복무연수×1.2
유족급여	유족연금	• 군인이 20년 이상 복무 중 사망한 때 • 퇴역/상이연금 수급전자가 사망한 때	퇴역/상이연금액의 70%
	유족연금 부가금	• 군인이 20년 이상 복무 중 사망한 때	퇴역연금일시금의 25%
	유족연금 특별부가금	• 퇴역/상이연금 수급자가 지급개시월로부터 3년 이내 사망한 경우	퇴역연금일시금×25%×(36-연금 받은 달수)/36
	유족연금 일시금	• 군인이 20년 이상 복무 중 사망한 때	퇴역연금일시금과 동일
	유족일시금	• 군인이 20년 미만 복무 중 사망한 때	퇴직일시금과 동일
재해보상급여	유족연금 (순직)	• 군인이 복무 중 공무상 원인으로 사망한 때	보수월액×65%(복무연수 20년 이상), 55%(20년 이하)
	상이연금	• 군인이 복무 중 공무상 질병, 부상으로 전역한 때	보수월액의 50%(7급)~80(1급)
	공무상요양비	• 군인이 복무 중 공무상 질병, 부상으로 요양한 때	요양에 소요된 비용
	사망조위금	• 군인본인 및 직계존속, 배우자 및 배우자의 직계존속이 사망한 때	군인본인 사망: 보수월액 3배 그 외: 보수월액 1배
	재해부조금	• 군인이 화재 등 재해로 재산손실을 입은 때	보수월액의 6~2배
	사망보상금	• 군인이(사병 포함)이 복무 중 사망 시	공무상 사망: 보수월액 36배 일반 사망: 보수월액 12배 전사: 소령 10호봉 보수월액의 72배

<table>
<tr><th colspan="2">급여종류</th><th>수령조건</th><th>금액</th></tr>
<tr><td>재해보상급여</td><td>장애보상금</td><td>• 군인이(사병 포함)이 질병, 부상으로 전역할 때</td><td>신체장애등급 1급(보수월액 12배), 2급 (8배), 3급 (6배)
*재해보상금의 경우 본인의 보수월액이 중사 1호봉 보수월액보다 적을 경우에는 중사 1호봉 보수월액을 적용</td></tr>
<tr><td colspan="2">퇴직수당</td><td>• 군인이 1년 이상 복무하고 퇴역할 때</td><td>보수월액×복무연수×복무연수별지급비율
*복무연수별 지급비율
1년 이상~5년 미만: 10%
5년 이상~10년 미만: 35%
10년 이상~15년 미만: 45%
15년 이상~20년 미만: 50%
20년 이상: 60%</td></tr>
</table>

(4) 수급 시기

군인연금의 수급 시기는 국가별로 기여금의 부담 및 정년에 따라 〈표 13-5〉와 같이 다르게 나타나고 있다.

〈표 13-5〉 국가별 연금 수급시기

<table>
<tr><th colspan="2" rowspan="2">국가 구분</th><th rowspan="2">연금수급
최소복무기간</th><th rowspan="2">지급
개시연령</th><th colspan="5">계급별 정년(세)</th></tr>
<tr><th>부사관
준사관</th><th>소령</th><th>중령</th><th>대령</th><th>준장
~대장</th></tr>
<tr><td rowspan="6">기여금 미부담</td><td>스웨덴</td><td>제한없음</td><td>60세</td><td>60</td><td>60</td><td>60</td><td>60</td><td>60</td></tr>
<tr><td>영국</td><td>2년</td><td>55세</td><td>55</td><td>55</td><td>55</td><td>55</td><td>57~64</td></tr>
<tr><td>독일</td><td>5년</td><td>계급별 정년</td><td>53</td><td>56</td><td>59</td><td>61</td><td>62</td></tr>
<tr><td>미국</td><td>20년</td><td>전역즉시</td><td>40~55</td><td>(22)</td><td>(28)</td><td>(30)</td><td>60~64</td></tr>
<tr><td>호주</td><td>20년</td><td>55세</td><td>55</td><td>55</td><td>55</td><td>55</td><td>55</td></tr>
<tr><td>브라질</td><td>30년</td><td>전역즉시</td><td colspan="5">49~55</td></tr>
</table>

국가 구분		연금수급 최소복무기간	지급 개시연령	계급별 정년(세)				
				부사관 준사관	소령	중령	대령	준장 ~대장
기여금 부담	프랑스	장교: 15년 장교: 25년 부사관: 15년	50세 전역즉시 전역즉시	45~64	50, 57	54	54, 58	61~65
	인도네시아	장교: 15년 부사관: 20년	전역즉시	53	58	58	58	58
	한 국	20(19.5)년	전역즉시	45~55	45	53	56	58~63
	캐나다	20년	전역즉시	60	60	60	60	60
	대만	20년 15년	전역즉시 65세	50~58	(20)	(24)	(28)	60~70
	멕시코	20년	전역즉시	50	56	58	60	61~65
	칠레	20년	전역즉시	(35)	(35)	(35)	(35)	(35)
	이태리	20년	60세	60	65	65	65	65
	아르헨티나	25년	전역즉시	53~60	53	60	-	없음
	일본	25년	60세	53~54	55	55	56	60

출처: 국방부(2006).

2) 제대군인 사회적응 교육지원

(1) 사회복귀 교육 종류

제대군인을 위한 사회복귀 교육은 크게 전직기본교육과 직업교육훈련으로 구분하여 국방부 및 보훈처 중에서 교육을 실시하고 있다.

가. 전직기본교육

장기간 사회와 격리되어 생활한 제대군인에게 사회복귀에 필요한 정보와 지식을 제공하여 원활한 사회 정착을 지원하기 위한 교육이다.

나. 직업교육훈련

제대군인의 적성과 특기를 고려하고 사회와 기업이 요구하는 직업역량을 강화하여 취·창업에 성공할 수 있도록 지원하는 교육으로서, 취·창업교육, 대학위탁교육, 직업교육훈련 바우처, 사이버교육으로 이루어지고 있다.

> 제대군인지원센터는 제대군인의 전직지원을 위하여 진로상담, 생애설계, 적성검사, 취·창업 상담, 취업정보제공, 기업협력을 통한 취업지원, 워크숍, 사이버교육 등 다양한 전직지원 서비스를 하고 있으며, 제대군인지원센터에서의 상담은 진로 및 경력설계, 취업 및 창업상담, 행정상담 등 전직지원과 관련한 상담으로 이루어지고 있다.

(2) 사회복귀 교육지원 추세

제대군인 취·창업지원 실적은 2003년까지는 지방보훈관서를 통해서만 제대군인 취·창업 지원을 했으나 2004년 서울 제대군인지원센터를 시작으로 2007년 부산, 대전 제대군인지원센터, 2008년 대구, 광주 제대군인지원센터, 2011년 경기북부 제대군인지원센터, 2014년 경기남부 제대군인지원센터가 설립되었다. 제대군인지원센터에서는 민간전문가를 활용한 전직지원 프로그램 실시와 2013년 '제대군인 일자리 5만개 확보'의 국정과제를 추진하고 있다.

가. 제대군인 사회복귀교육 인원은 2013년 이후 증가 추세이다.

① 2013년부터 제대군인 사이버교육 실적을 포함함에 따라 2013년도부터 교육인원이 크게 증가하고 있다.

② 전직기본교육은 교육희망자 중심으로 운영하다 2005년부터 전역예정자 필수과정으로 변경 운영되었으며, 교육인원은 2013년 다소 감소하다 2014년부터 다시 증가 추세이다.

나. 상담실적은 2004년 2월 서울제대군인지원센터 설립 이후 증가 추세이다.

① 2004년 설립한 서울제대군인지원센터의 업무 노하우 축적과 지방 군인지원센터 설립을 통한 지방거주 제대군인들에 대한 근접지원 서비스망 구축

으로 내실 있는 상담을 진행하고 있다.

② 제대군인지원센터 회원수가 2004년도 1,013명에서 2015년 55,195명으로 증가함에 따라 취·창업 등과 관련한 상담실적도 증가하는 추세이다.

〈표 13-6〉 제대군인 전직지원 실적

(단위: 명)

구분	2006	2007	2008	2009	2010	2011	2012	2013	2014	2015
취·창업지원	1,111	2,126	2,995	3,175	3,301	3,541	4,193	4,535	6,089	6,843
사회복귀교육	2,848	4,941	5,884	5,986	4,936	4,871	5,070	7,421	7,617	7,265
전직기본교육	1,320	1,707	2,010	1,907	2,290	2,376	2,373	2,204	2,456	-
직업교육훈련	1,528	3,234	3,874	4,079	2,646	2,495	2,697	5,217	5,161	7,265
상담실적	29,459	42,427	64,852	66,128	74,494	74,961	91,101	90,266	99,150	115,643

출처: 국가보훈처(2015), 내부행정자료.

3 부처별 제대군인 지원

1) 국방부

(1) 전직지원 교육

군에서 의무복무기간 이상 복무한 전역(예정) 간부들의 전역 후 안정적인 사회정착을 지원하기 위하여 취업 및 창업과 연계된 전문지식 함양을 목적으로 실시하는 제도이다.

가. 기본방향

① 전직지원교육을 통해 사회 경쟁력을 구비한 인력 양성

② 군 관련분야 및 정부차원의 취업직위 제공

③ 종합적이고 체계적인 취업관리 시스템 구축 및 지원

나. 단계별 지원 및 교육 방향

전역준비 지원 전역 전(2~3년)	전직지원 전역 1년 전	취업 지원 전역 후(1~3년)
진로설계(온라인) 국방전직교육원 사이버아카데미 나라사랑포털 M-Kiss 등 진로교육	기본 교육 컨설팅 연계 교육 주문식 교육	취업정보제공, 추천 (국방전직교육원, 보훈처 제대군인처) 보훈처, 고용노동부 교육 기관 활용

① 전직준비 단계

- 진로설계(온라인)
- 진로교육: 1박 2일(중·장기복무자 합숙, 단기복무자 해당부대 순회)

② 전직지원 단계

구분	내용
기본교육	· 재취업에 필요한 기초적인 내용을 지식과 능력을 준비시키는 교육과정 - 장기복무자는 전직기간 중 1회 4박 5일간 - 중기복무자는 전역 1년 전에 4박 5일간 - 교육장소: 국방전직교육원
컨설팅	· 기본교육에서 설계한 전직계획서을 바탕으로 전역예정자의 직접적인 상담을 통해 성공적으로 재취업 및 창업할 때까지 지원 - 장기복무자: 4박 5일(수도권과 지방권 구분 운용) - 중기복무자: 온라인 및 유선으로 실시
연계교육	· 기본교육과 컨설팅을 받은 사람이 연계교육을 통하여 자신의 전문능력 향상과 해당분야에 취업하는 것을 목적으로 한 교육과정 - 개인교육과정: 전문성, 경쟁력 향상에 도움이 되는 과정 수강지원 - 단체교육과정: 취 · 창업 연계, 군 관련 수요가 많은 과정 개설지원 - 국방부 연계(단체) 교육과정(군 성폭력교육 전문강사 등 7개 과정) - 국가보훈처 연계교육과정: 소자본 창업 등 6개 과정
주문식교육	· 일반기업이나 단체와의 계약을 통해 그 분야에 필요로 하는 맞춤교육으로 상호협력하에 취업까지 진행하는 교육

2) 육군 제대군인처

(1) 기능

구분	기능
취업지원센터	· 채용정보 발굴 제공 · 제대군인 취업세일즈 · 제대군인 취업선발, 추천 · 제대군인 취업·창업 박람회 주관 · 홈페이지 관리(인터넷, 인트라-넷) · 구직카드체계 구축 및 관리
전직지원정책과	· 제대군인지원 목표설정 및 복지정책방향 및 개념 발전 · 제대군인 복지 중장기 종합발전계획 수립 · 제대군인 취업지원정책 연구 개발 · 제대군인지원 관련 법령·제도 연구 · 제대군인 삶의 실태분석 및 정책소요 발굴 · 취업직위개발 및 취업정책 연구발전 · 국방부, 보훈처 등 정부기관과의 협조체제 유지 · 제대군인지원 정책에 대한 홍보활동 · 산(産), 학(學), 관(官), 군(軍) 교육 및 취업지원 네트워크 구축 · 전역(예정)군인 직업능력개발 정책 발전
제대군인 직위 개발·협력과	· 전직지원교육을 통한 직업능력개발 강화 · 전직지원교육계획 수립 및 시행, 제도연구 발전 · 취업 유망직종 교육과정 개발·교육 시행 · 전직지원교육실태 확인·감독 · 국방부, 보훈처, 노동부 등 정부기관과의 협조체제 유지 · 예비역단체와 교류협력 및 유대 강화 · 참전군인 명예선양업무수행 · 제대군인 관련 대외협력 업무 · 예비역단체 및 기관과의 업무협조체제 발전 · 제대군인 복지 지원 계획발전 · 제대군인 관련 민원업무 협조 및 처리

(2) 육군취업지원센터 업무수행체계

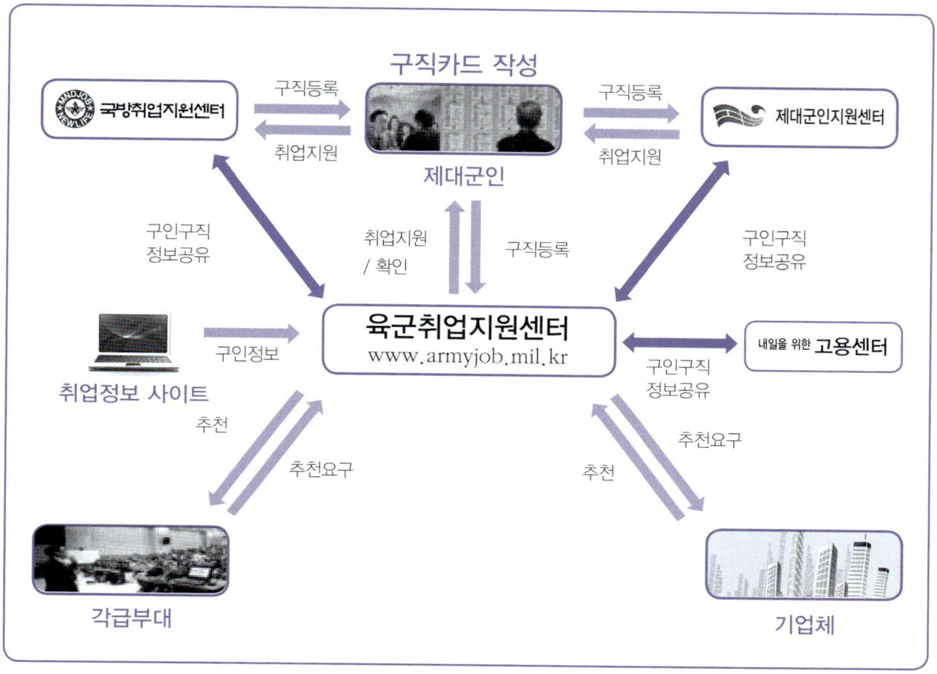

출처: 육군취업지원센터 홈페이지(http://www.armyjob.mil.kr).

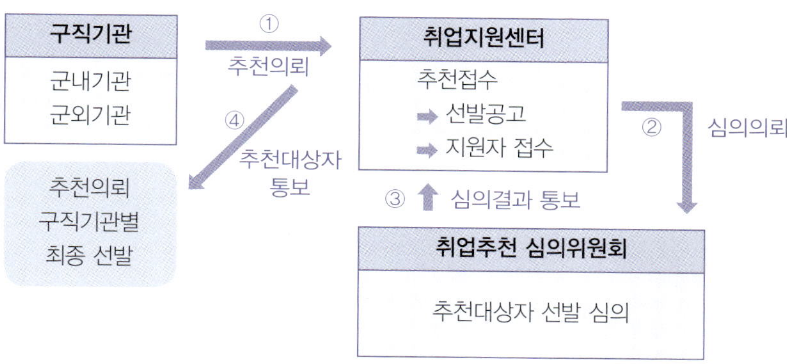

출처: 육군취업지원센터 홈페이지(http://www.armyjob.mil.kr).

3) 보훈처

(1) 취·창업지원

가. 취업지원

① 지원 대상자

- 전역 후 3년이 경과되지 아니한 10년 이상 군 복무 장기복무 제대군인
- 전역 후 3년이 경과하였으나 국가보훈처장이 정하는 생활기준에 미달하는 장기복무 제대군인

※ 장기복무 제대군인 본인이 관계법령에서 정하는 질병 또는 장애 발생 시 자녀 1인 대리 취업

② 지원 내용

- 공기업, 기업체 등에 보훈특별고용(또는 일반직공무원 및 기능군무원 특별채용)

③ 지원횟수

- 1회(단 업체 등의 폐업, 통합, 합병 기타 본인의 책임이 없는 사유로 퇴직한 경우에는 재취업 가능)

④ 지원 신청 방법

- 주소지 관할 보훈관서에 장기복무 제대군인 등록 후 취업희망지역 보훈관서에 '취업희망신청서'제출

나. 채용 시 우대

① 지원 대상자

- 병역법 및 군인사법에 따라 군 복무를 마치고 전역한 사람(의무복무자 포함)

② 지원 내용

- 각종 채용시험 응시시 응시상한연령 등 군 복무 기간에 따라 1~3세 연장
  - 2년 이상 복무: 3세 연장

- 1년 이상 2년 미만 복무: 2세 연장
- 1년 미만 복무: 1세 연장
- 채용시험 결과 동점자에 대하여 제대군인 우선 합격 결정
- 호봉 및 임금 결정시 군 복무 경력 포함(취업지원 실시기관 재량사항)

다. 취·창업상담 및 구직지원

① 지원 대상자

- 장교·준사관 또는 부사관으로 5년 이상 복무하고 전역한 제대군인 및 전역예정자

② 지원 내용

- 취·창업 상담: 담당컨설턴트의 취업 및 창업 관련 1:1 전문적인 상담·심리적 안정 및 변화관리, 진로상담 및 직업심리검사, 경력설계, 목표설정, 취창업 워크숍
- 교육훈련 지원: 개인의 역량과 적성에 맞는 전문화된 교육프로그램 지원
  - 소자본창업교육, 대학 및 전문교육 기관 위탁교육, 사이버교육, 직업교육훈련 바우처, 취업역량교육비, 기타 직업교육훈련 정보제공
- 구직활동 지원: 전역 후의 취·창업 및 구직 활동 지원
  - 취·창업 정보제공, 기업협력을 통한 일자리발굴·채용추천, 구인·구직만남의 날 행사, 동행면접, 맞춤채용정보 발굴 · 지원

③ 지원 신청

- 제대군인지원센터 직접방문, 전화 또는 온라인 회원가입(www.vnet.go.kr)

(2) 교육훈련지원

가. 직업능력개발 교육훈련

① 소자본창업교육

- 교육 대상: 5년 이상 중·장기복무 전역예정자 및 제대군인(부부동반 가능)

- 교육 과정: 창업전략 및 설계, 업종분석, 현장탐방 등
- 교육 시기: 3, 4, 6, 8, 10, 11월(1주, 합숙)
- 교육비: 보훈처 전액지원

② 대학 및 전문교육 기관 위탁교육

- 교육 대상: 5년 이상 중 · 장기복무 전역예정자 및 제대군인으로서, 제대군인지원센터(vnet) 회원가입 및 관할 보훈(지)청에 제대군인 지원대상으로 등록된 사람
- 교육 과정: 1인 1과정 지원
  - 대학위탁교육: 4개 과정 128명 내의
  - 전문위탁교육: 44개 과정 870명 내외

③ 직업교육훈련 바우처

- 지원 대상: 제대군인지원센터(vnet) 회원가입 및 관할 보훈(지)청에 제대군인 지원대상으로 등록된 사람으로, 교육시작일이 전역 후 3년이 지나지 않고 미취업·창업상태에 있는 제대군인
- 지원 내용: 제대군인 스스로 본인의 전직목표에 맞춰 선택한 직업교육훈련 수강료 지원
- 지원 한도: 1인당 120만 원 범위 내 지급(수강료의 10%는 교육생 본인 부담)

※ 단, 취업역량교육비와 통합하여 장기복무자는 250만 원, 중기복무자는 200만 원까지 지원 가능

- 교육문의: 주소지 관할 제대군인지원센터

④ 취업역량교육비

- 지원 대상: 중·장기복무자로 1년 이내 전역예정인 사람으로서 제대군인지원센터(vnet)에 회원으로 동록 된 사람
- 지원 내용: 전역예정자 스스로 본인의 전직목표에 맞춰 선택한 직업교육훈련 수강료 지원

- 지원 한도: 1인당 150만 원 범위 내 지급(수강료의 10%는 교육생 본인 부담)
- 교육문의: 주소지 관할 제대군인지원센터

⑤ **사이버교육**

- 교육 대상: 5년 이상 중·장기복무 전역예정자(전역 3년 전부터 이용 가능) 및 제대군인으로서, 제대군인지원센터(vnet)에 회원으로 등록된 사람
- 교육 내용: 자격증·공채시험, 외국어, 직무과정 등 652여 과목(연간 18,400 강좌)
- 교육 신청: 제대군인지원센터 사이버연수원(http://vnet.credu.com)(월 3과목/1인당 연 10과목)
- 교육비: 보훈처 지원(교재비 일부 교육생 부담/5,000원 정액)

(3) 생활안정 지원

가. 전직지원금

① **지원 대상**

- 5년 이상 19년 6개월 미만 복무하고 전역한 실업상태의 군인연금 비대상 중장기복무 제대군인으로서 전역 후 6개월 이내에 전직지원금을 신청하고, 적극적인 구직 활동을 하는 사람

② **지원 금액 및 시기**

- 매월 장기복무 50만 원씩, 중기복무 25만 원씩 최장 6개월간 지급
- 매월 25일 본인 소유 명의 계좌로 지급

*수급기간 중 취·창업한 사람에 대하여는 취·창업한 다음 달부터 남은 달까지 받을 총지급액의 1/2을 일시금으로 지급

③ **신청 및 지급기관**

- 전국 보훈(지)청 또는 제대군인지원센터

나. 교육지원

구분	본인 교육지원	자녀 교육지원
지원 대상	· 10년 이상 장기복무 제대군인 중 전역 후 3년 이내인 사람	· 10년 이상 군 복무한 장기복무제대군인으로 생활수준 정도가 국가보훈처장이 정하는 기준에 미달하는 사람 2016년 4인기준 월 소득 4,391천원 이하
지원 제외	· 교육지원을 받을 수 있는 학교를 졸업하였거나 이와 동등 이상의 학력을 가지고 있는 경우	· 좌동
지원 내용	· 본인이 대학에 입학하거나 재학 중인 경우 입학금 및 수업료, 50% 보조	· 고등학교 취학자녀 입학금 및 수업료 전액 보조
지원신청 및 방법	· 거주지 관할 보훈(지)청에 지원 신청서 제출관할 보훈관서장이 지원 요건 확인 후 수업료 납부기한 이전에 학교장에게 지급	
지원 근거	· 「제대군인지원에 관한 법률」 제19조 및 동법시행령 제21조, 제22조	

출처: 국가보훈처 홈페이지(www.mpva.go.kr).

다. 의료지원

구분	장기복무 제대군인 등	경상이 제대군인
지원대상	· 10년 이상 장기복무 제대군인 · 군 복무 중 발병자 · 대한민국 국군 창설에 참여하고 전역한 사람	· 전상이나 공상을 입고 전역한 상이등급 기준 미달 경상이 제대군인
지원내용	· 전국 5개 보훈병원 진료비 감면(본인부담진료비의 50%감면)	· 보훈심사위원회에서 심의 · 의결된 원상병명에 해당하는 상이처 국비진료(전액) · 보훈병원 및 위탁진료 지정병원
지원신청 및 방법	· 거주지 관할 보훈(지)청에 지원신청서 제출	
지원근거	· 「제대군인지원에 관한 법률」 제20조 및 동법시행령 제23조	

출처: 국가보훈처 홈페이지(www.mpva.go.kr).

다. 보철구 지급

① 지원근거

- 「제대군인지원에 관한 법률」 제20조의 2 및 동법시행령 제23조의 2

② 지원대상

- 전상이나 공상을 입고 전역한 상이등급기준 미달 경상이 제대군인으로 상이처 수술로 인하여 보철구를 필요로 하는 사람

③ 지원신청 및 방법

- 거주지 관할 보훈(지)청에 지원신청서 제출

라. 대부지원

① 지원근거

- 「제대군인지원에 관한 법률」 제21조 및 동법시행령 제25조 내지 제30조

② 지원대상

- 10년 이상 장기복무제대군인

③ 신청장소

- 나라사랑대출: 전국 국민은행 지점(수시)

*2016년 하반기 중 위탁금융기관 추가 예정

- 신용관리대상자: 관할 보훈(지)청(수시)
- 아파트특별공급: 관할 보훈(지)청(매년 1월 중순, 일간지 공고)

〈표〉 **대부종류 및 조건**

대부종류	대부한도액	연이율	상환 기간	담보 조건
주택구입(신축)	3,000~6,000만 원	3%	20년	구입(신축)주택
주택임차	1,500~4,000만 원	3%	7년	부동산, 군인연금, 연대보증인
아파트(분양)	3,000~6,000만 원	3%	20년	분양아파트

아파트(임대)	2,000만 원	3%	7년	부동산, 군인연금, 연대보증
농토구입	2,500만 원	4%	3년거치 10년	부동산, 군인연금, 연대보증
사업	2,000만 원	4%	7년	부동산, 군인연금, 연대보증
학자금	600~1,000만 원	4%	5년	부동산, 군인연금, 연대보증
생활안정	300만 원	3%	3년	부동산, 군인연금, 연대보증

*위탁대부의 경우, 학부동산 담보가 제한될 수 있음.

마. 국립묘지 안장지원

① **지원근거**

- 「국립묘지의 설치 및 운영에 관한 법률」(2006년 1월 시행)

② **묘지별 안장대상**

- 국립현충원: 20년 이상 복무한 장기복무 제대군인(배우자 합장 가능)
- 국립호국원: 10년 이상 복무한 장기복무 제대군인(배우자 합장 가능)

바. 공공시설 감면이용

① **지원 대상**

- 10년 이상 장기복무 제대군인

※ 감면 이용 시 지방보훈관서에서 발급하는 '장기복무 제대군인증' 제시

② **공공시설별 감면 비율**

- 전쟁기념관: 무료
- 국가가 관리하는 고궁·능원: 50% 감면(단, 특별 관람료는 감면대상 아님)
- 국립민속박물관: 50% 감면

사. 중·장기복무 제대군인 공설화장시설 사용료 전액 면제

① **감면근거**

- 「장사 등에 관한 법률」 제23조의 2

② **감면대상**

- 「제대군인지원에 관한 법률」에 의거 지원 결정된 중·장기복무 제대군인(5년 이상 복무자)이 사망하여 공설화장시설을 사용하는 경우 사용료 전액 면제

3) 군 관련 취업직위 정보

구분	내용
비상대비업무 담당자 선발	· 주관: 국민안전처 비상대비자원과 · 시기: 5월, 11월 · 협조: 국방부 동원기획관실, 육·해·공군 인사사령부(참모부) · 과목: 서류전형, 필기시험(법령, 논술), 면접
일반대학 안보학 교수	· 주관: 육군본부 심의 2배수 추천 → 해당대학 선발 · 대상: 20년 이상 근무한 중령 이상 장요로서 석사학위 이상 소유자 · 시기: 대학별 결원 시
예비전력관리 업무담당자	· 주관: 국방부 동원기획관실, 육군 동원참모부, 해군 정보작전지원참모부, 수임 군 부대 · 시기: 연 2회(반기별) · 방법: 경력경쟁 채용시험 선발(필기시험, 현역복무실적)
학·군 제휴 군사학과, 부사관학 교수	· 주관: 군 및 해당 대학 · 시기: 해당 대학 추천 소요 시 · 자격 - 군사학과: 중령 이상 장교, 박사(전임), 석사(초빙) 이상 학위소유자 - 부사관학과: 예비역 부사관 이상자, 학사학위 이상 소지자 · 선발대학 - 군사학과: 대전대 등 13개 대학교 - 부사관학과: 카톨릭상지대 등 52개 대학교
학·군제휴 대학 특수학과 교수	· 주관: 군 및 해당 대학 · 시기: 해당 대학 추천 소요 시 · 자격: 10년 이상 장기복무자로 학사학위 이상 소유자 · 선발대학: 경기공업대학 등 6개 대학

<table>
<tr><th>구분</th><th>내용</th></tr>
<tr><td>학 · 군제휴
군 특성화고
산학겸임교사</td><td>· 주관: 군 및 해당 대학
· 시기: 해당 고교 추천 소요 시
· 자격: 15년 이상 근무 후 전역한 장교 및 부사관
· 선발고교: 서울성동고 등 11개 고교</td></tr>
<tr><td>학군단 예비역
교관 및 행정관</td><td>· 주관: 군 및 해당 대학
· 시기: 해당 대학 추천 소요 시
· 자격
- 교관: 소령 학사학위 이상자
- 행정관: 준 · 부사관 및 대위, 고졸학력 이상자
- 선발대학: 평택대 등 36개 대학</td></tr>
<tr><td>부사관 학군단
예비역 단장
교관 및 행정관</td><td>· 주관: 군 및 해당 대학
· 시기: 해당 대학 추천 소요 시
· 자격
<table>
<tr><th>구분</th><th>육군</th><th>해군</th><th>공군</th><th>해병대</th></tr>
<tr><td>단장</td><td colspan="4">예비역 중령 이상</td></tr>
<tr><td>교관</td><td>예비역
대위~소령</td><td>예비역
대위~중령</td><td>예비역
대위 이상</td><td>예비역
대위~대령</td></tr>
<tr><td>행정관</td><td>예비역 상사
이상</td><td>예비역 중령 이
하, 중사 이상</td><td>예비역 간부</td><td>예비역
준위~소령</td></tr>
</table></td></tr>
<tr><td>병영생활
전문 상담관</td><td>· 주관: 각 군 및 국방부
· 시기: 연 1회 세부사항
· 자격: 국방부 및 각군본부 모집공고 참고</td></tr>
<tr><td>전투지휘훈련단
예비역 장성
관찰관</td><td>· 주관: 육군본부
· 시기: 수시(공석 발생 시)
· 자격
- 전역 3년 이내인 예비역 장성, 군단급 이상제대 관련참모 역임자
- 논리적 상황판단 능력을 구비한 자</td></tr>
<tr><td>전투지휘훈련단
예비역 교관</td><td>· 주관: 전투지휘 훈련단
· 시기: 수시(공석 발생 시)
· 자격
- 예비역 교관: 영관장교로 계약일 이전 전역 또는 전역 예정자
- 기술지원관: 산업기사 이상 자격 소지자 또는 컴퓨터 프로그램 개발 관련 경력 2년 이상인 자</td></tr>
</table>

<table>
<tr><th>구분</th><th>내용</th></tr>
<tr><td>군무원</td><td>
· 주관: 각군본부
· 시기: 년 1회(6급 이하)
· 자격
<table>
<tr><td>공통</td><td>· 국가공무원법 제33조 군무원 인사법 제10조에 해당되지 아나한 자</td></tr>
<tr><td>공채</td><td>· 8급 이하(18세 이상), 7급 이상(20세 이상)</td></tr>
<tr><td>특채</td><td>
· 전역군인의 특채
· 임용 예정일 기준 3년 이내 전역(예정)자로 채용계급별 대우 기준표의 군인계급 이상에서 관련분야 2년 이상 근무 경력자
<table>
<tr><th>1급</th><th>2급</th><th>3급</th><th>4급</th><th>5급</th><th>6급</th><th>7급</th><th>8급</th><th>9급</th></tr>
<tr><td>장군</td><td>대령</td><td>중령</td><td>소령</td><td>대위</td><td>준위</td><td>원사
상사</td><td>중사</td><td>하사</td></tr>
</table>
</td></tr>
</table>
</td></tr>
<tr><td>복지시설
근무원</td><td>
· 주관: 국군복지단 및 각군 본부
· 시기: 수시
· 선발
<table>
<tr><td>국군복지단</td><td>기숙사 사감 이상(소령급 이상), 기타(상사 이상)</td></tr>
<tr><td>육군</td><td>인사사령부 근무복지단 및 해당 복지시설</td></tr>
<tr><td>해군</td><td>6등급 이상(해군본부), 7등급 이하(관리부대)</td></tr>
<tr><td>공군</td><td>공군본부 복지정책과 및 해당 복지시설</td></tr>
</table>
</td></tr>
<tr><td>군사학술용역
연구관</td><td>
· 주관: 합참, 기무사, 육·해군 교육사, 공군전투발전단
· 시기: 매년 연말
· 분야: 교리, 교범분야(교리연구, 교범편찬), 일반과제(군사정책, 군사제도)
</td></tr>
<tr><td>한국연구재단
전문경력인사
초빙</td><td>
· 주관: 한국연구재단
· 시기: 연 2회(6월, 12월)
· 활용 기관
- 4년제 대학(3년), 국공립 및 정부출연 연구기관(3년)
- 국방대 및 사관학교 등 특수대학(2년)
</td></tr>
<tr><td>해병대 전투
발전 연구위원</td><td>
· 주관: 해병대
· 선발 : 년1회 이상
</td></tr>
<tr><td>해병대 워게임
전문교관</td><td>
· 주관: 해병대 워게임 센터
· 시기: 년 1회 이상
</td></tr>
</table>

<table>
<tr><th>구분</th><th>내용</th></tr>
<tr><td>교육훈련
전문평가관</td><td>· 주관: 육군본부
· 군단급 부대근무(주 40시간)
· 훈련부대에 동참하여 관찰 및 평가</td></tr>
<tr><td>군인공제회
군 경력직</td><td>· 주관: 군인공제회
· 시기: 소요 발생 시 수시(공개 채용)
· 채용 직급
<table>
<tr><td rowspan="2">구분</td><td>사무직</td><td>본부장
(M2)</td><td>팀장
(M1)</td><td>차장
(S2)</td><td>과장
(S1)</td><td>대리
사원</td><td rowspan="2">상담직</td><td rowspan="2">지원직</td></tr>
<tr><td>기술직</td><td></td><td>팀장
(T5)</td><td>차장
(T4)</td><td>과장
(T3)</td><td>대리
사원</td></tr>
</table>
</td></tr>
</table>

4) 제대군인 취업지원 기관

(1) 국방전직교육원

가. 임무

① 전직컨설팅: 중장기복무자에 대한 전직컨설팅 및 취업지원 수행

② 기본 진로교육: 단기~장기복무자 교육계획 및 성과분석

③ 취업지원: 취업지원 및 행사, 취업직위 개발, 취업정보 제공

나. 취업지원 활동

① 구직등록 및 자료관리, 채용정보 획득 및 제공, 취업상담, 취업추천, 취업박람회 개최, 구인·구직 만남 행사, 국방 취업 가이드 발간 등

(2) 취업지원[1)]

기관	지원현황
보훈처 취업지원	**1. 취업대상 기관 및 업체** - 국가기관, 지방자치단체, 일상적으로 20인 이상 **2. 직장 알선 횟수** - 회수: 1회 - 본인에게 귀책사유가 없는 퇴직일 경우 1회에 한해 재취업 지원
보훈처 제대군인 지원센터 취 · 창업 지원	**1. 기능** - 제대군인의 진로상담, 경력설계 및 목표설정, 이력서 작성 및 면접지도 등 전직 컨설팅 지원 - 취·창업 워크숍, 지방순회 상담, 군부대 순회교육, 멘토링 운영 등 전직지원 활동 - 전문기관 위탁교육 및 사이버교육 등의 직업교육훈련과 공공민간기관, 협회, 기업체, 대학 등 전문훈련기관과 연계한 직업훈련 프로그램 수행 - 직업훈련비 및 전직지원금 등 구직활동 촉진 장려금 지급 - 기업 등의 채용계획과 job 서칭 활동으로 채용정보 제공 - 동행면접, 구인구직 만남의 날 등의 기업협력 활동을 통한 제대군인 적합한 일자리 발굴 및 채용추진 - 창업희망자에 대한 업종 및 상권분석, 창업절차, 창업자금 조달, 창업능력 향상 등 창업컨설팅 지원 - 제대군인지원센터 웹사이트(www.vnet.go.kr) 운영 **2. 장소** - 7개소(서울, 경기북부, 경기남부, 부산, 대전, 대구, 광주)
고용노동부 취업 지원	**1. V-TAP[1)](제대군인 취업지원 프로그램) 운영** - 전역예정 장병의 조속한 사회적응과 원활한 전직을 위한 V-TAP 운영 **2. 제대군인 맞춤형 직업훈련을 실시하여 전역예정 장병의 취업능력을 제고하고 인력부족 직종의 인력난 해소** - 수요파악: 국방부, 보훈처 - 운영: 고용노동부 *훈련 직종 및 훈련인원은 관계부처 수요조사 후 확정
지자체	**1. 취업정보센터:** 시·군·구청 민원실 **2. 취업상담 창구:** 읍·면·동 사무소

1) V-TAP(Veteran-Transition Assistant Program) 전직 스트레스 완화 및 원활한 전직을 위한 직업 선택 및 구직방법

4 제대군인의 전직지원 현황과 개선방안

제대군인의 취업문제는 제대군인 개인의 문제보다는 국가안보와 직결되는 매우 중요한 사안이다. 특히 「국방개혁기본법」에서는 인력구조와 관련하여 병사인력 감축 및 간부인력 증원을 통한 병력의 정예화, 민간인력 확대, 전투근무지원 분야의 아웃소싱 활성화 등에 초점을 두고 있다. 이러한 국방환경의 변화와 제대군인의 실태를 고려하여 제대군인의 취업정책도 근본적으로 재검토 될 필요가 있다. 효과적이고 효율적인 제대군인 취업정책의 방향을 살펴보면 다음과 같다.

첫째, 국가적 차원의 실질적인 지원체계가 마련되고 시행되어야 한다. 2004년부터 국무총리를 위원장으로 하는 '제대군인지원위원회'가 설치되어 운영되고 있으나 성과는 미진한 상황이다. 따라서 정부에서 보다 적극적이고실효성 있는 정책을 발굴하고 추진할 필요가 있다.

둘째, 분산되어 있는 제대군인 취업지원기능을 효율적으로 통합할 필요가 있다. 현재 국가보훈처, 국방부, 각 군, 재향군인회 등의 기관에서 취업지원 관련 기능들을 수행하고 있으나 관련 정보 및 업무의 공유와 유기적인 연계가 미흡하고 취업지원을 위한 정보제공, 상담, 교육 등에 있어 중첩되는 등 효율성이 낮은 상황이다. 따라서 정부차원의 제대군인 취업지원기능을 통합운영할 필요가 있다.

셋째, 국방개혁과 연계된 취업지원정책이 추진되어야 한다. 제대군인은 장기간 전투임무를 수행함에 따라 사회직업과의 연계성이 낮고, 재취업 연령도 40대 중반에서 50대 초반으로서 원천적으로 사회노동시장에서의 경쟁력을 갖기는 매우 어렵다. 따라서 취업교육을 통한 사회직업 취업은 한계를 가질 수밖에 없다. 제대군인은 군 관련임무수행의 전문가들이므로 군 관련 직위를 발굴하여 활용하는 것이 가장 효과적인 정책이다. 군 내 민간인력 및 전투근무지원 분야의 민간자원 활용 확대 등 국방개혁추진과 연계하여 해법을 찾는 것이 가장 바람직하다고 할 수 있다.

넷째, 제대군인에 대한 국가와 국민적 관심과 인식전환이 필요하다. 제대군인은 국가를 위해 생명을 담보로 헌신한 사람들이다. 이들의 모습은 현역의 미래 모습이다. 40~50대 생애 최대 지출기에 본인의 의지와 관계없이 전역하여 취업을 하지 못하고 살아가는 오늘날의 제대군인들의 모습은 개인적인 문제뿐 아니라 국가안보와도 직결되는 문제이다. 따라서 이들에 대한 국가적 관심과 지원 그리고 국민들의 관심이 그 어느 때보다 절실하다고 하겠다.

14

CHAPTER

보훈복지

한국전쟁 이후 북한의 끊임없는 도발과 위협으로 군인들은 실전과 같은 훈련을 하는 과정 중에 부상군인과 순직군인들이 꾸준히 발생하고 있다. 2010년 3월 26일 천안함 사건과 2010년 11월 23일의 북한의 연평도 포격사건으로 북한에 대한 안보를 더욱 강조하고 있고 현 시점에서 대한민국 군인의 임무수행은 더욱 중요하게 되었다. 국가를 위해 목숨을 바치는 군인의 사명감은 가족들이 안전하게 보호받을 수 있을 때 더욱 빛을 발할 수 있다. 즉, 군의 사기 진작과 1차 목표의 원활한 수행을 위해서는 보훈가족에 대한 공식적인 국가적 보호체계가 이루어져야 한다.

갑작스런 배우자의 전몰 및 순직은 유가족들에게 미해결된 애도와 사전에 죽음을 예방할 수 없었다는 안타까운 마음을 갖게 한다. 일반적으로 유가족들은 전몰 및 순직군인과 함께 군조직에서 생활해 왔으며 위험한 임무수행에 함께 정신적인 스트레스를 받아오는 경우가 대부분이다. 이런 경험은 전몰 및 순직군인 유가족 스스로의 자긍심에 의미를 부여하는 중요한 정신적인 신념으로 나타난다.

군인가족은 다른 사회의 일반 가족과 다른 특수성을 가지고 있다. 군조직 안에서 공동체 생활을 해 오던 군인가족은 배우자의 전몰 및 순직 시 사회로 다시 되돌아오게 되는데 심리적 충격과 자녀 양육, 사회 재적응, 경제적 자립 등의 여러 복합적인 문제들을 한꺼번에 혼자 짊어지게 된다. 많은 보훈가족들 중 유일하게 순직공군조종사 부인들은 자조집단을 통해 스스로의 힘을 키워 나가고 있는데, 이러한 자조집단의 활성화를 위한 노력도 중요하지만 자조집단 발전과정이 자연스럽게 이루어질 수 있는 군과 사회의 예우와 포용력이 가장 중요하다. 보훈가족이 원할 경우 보훈처와 사회복지의 연계와 관리 지원이 지속되어야 하며 체계적인 시스템이 필요하다.

지금까지 사회복지 영역에서는 군의 예산과 정책에서 반대적인 입장을 취해왔지만 군사회복지가 새로운 사회복지의 영역이 되면서 서로 윈-윈할 수 있는 방법을 찾기 시작하였다. 군사회복지학회 활동이나 군사회복지 관련 연구자들의 관심 역시 보훈복지 분야는 다른 영역에 비해 관심이 저조했다. 특히 보훈가족은 연구나 정책 건의에 대한 대상에서 제외되어 왔다. 한국 전쟁 이후 세월이 흐르고 국가경쟁력과 정치, 사회, 문화, 경제부분에서 많은 변화가 있었다. 함께 어려움을 겪으며 지금까지 열심히 살고 있는 전몰 및 순직군인 배우자와 자녀에게 물질적·정서적 보호 체계에 관한 공식적인 시스템이 마련되어 당당하게 국가적 서비스를 받을 수 있도록 사회복지 실천과 연계하여 발전 방향을 모색해야 할 필요성이 있다.

1 외국의 보훈제도

세계의 각국에서는 제대군인 수가 증가하고 사회구조, 정치제도, 국가경제가 변화하고 복잡해짐에 따라 제대군인과 그들의 부양가족의 필요사항을 충족시키고 지원하는 방법도 변하고 복잡해졌다. 제대군인 담당부서는 제대군인들의 수에 비례하여 커지면서 대상의 변화를 가져왔고 제대군인과 관련한 기관들의 정당한 인식과 중요성을 인정받는 데 중요한 역할을 했다. 보훈제도가 발달한 미국과 영국의 보훈복지제도를 살펴보면 다음과 같다.

1) 미국의 보훈제도

미군의 경우 군조직의 여러 특수성으로 인해 사회복지 실천 서비스가 오래전부터 군조직에 활용되어 왔으며 순직 군인가족들을 위한 국가 정책의 한 부분으로도 활용되어 왔다. 순직 가족의 경우 ID카드를 발급 받으면서 기존과 동일하게 트라이케어(tricare: 국방부에서 운영하는 건강 케어 프로그램)에서 양질의 서비스를 받을 수 있고, 군 내 의료서비스와 이전에 선택한 국립 건강 병원들 안에서 혜택을 받을 수 있다. 또한, 거주하는 군사시설 안에서의 편의 시설과 레저, 레크리에이션 관련 혜택 이용(영화, 골프장, 체육관, 볼링 등), 식료품을 싸게 살 수 있는 군 식료품점(commissary) 이용의 혜택, 사기를 위한 또 복지와 관련된 서비스를 받을 수 있다. 지역 사회 안에서 영화, 미용실, 옷 가게, 세탁소 등에서 감면 혜택을 받게 된다. 이들 역시 가족에게 군조직에 대한 소속감을 주어 큰 변화에 대한 충격을 줄이고, 최대한 군조직의 구성원으로서 혜택을 받으며 살아갈 수 있도록 배려하고 있다. 의료 혜택과 사회복지사의 활용으로 필요한 정보와 서비스를 받을 수 있는 당당한 권리를 인정하기도 한다.

미국 연방정부의 제대군인 담당부서는 제대군인들의 수에 비례하여 커지면서 보훈행정 대상 변화를 가져왔고 여러 행정기관이 조훈업무를 담당하다가 궁극적으로 제대군인부가 내각의 한 부서가 되었다.

〈표 14-1〉 미국의 보훈제도 역사

년도	내용
1626	• 플리머스 식민지(Plymouth Colony)는 전쟁에서 부상을 당한 상이군인들을 평생 지원하는 법 통과
1776	• 독립전쟁에서 부상을 당한 군인들에게 연금을 지급하기 위한 제도 및 법률제정 (각 주나 자치주에서는 전면적으로 의료지원실시) • 전쟁부(war department)의 연금국에서 업무관장, 최종결정권은 의회가 보유
1789	• 대륙임시의회(continental congress)에서 독립전쟁에 참전한 군인들에게 연금을 지원 하는 법을 통과
1818	• 복무연금법(service pension law)제정 생존한 독립전쟁 참여자 연금 지급
1819	• 제대군인 지원 업무의 권한 의회에서 전쟁부로 이관
1833	• 연금국(bureau of pension)설립
1849	• 내무부로 업무 이관
1861	• 남북전쟁의 발발과 함께 북군 병사 전체에 대한 질병상태 조사 실시 • 조사실시 기점으로 전국적인 의료보호제도 마련
1862	• 홈스테드법 제정, 북군제대군인에게 서부개척민에게 주는 토지분배 우선 적용 • 링컨대통령 국립묘지 설치법 승인
1865	• 상이제대군인을 위한 국립요양원(national home) 설립
1890	• 부양연금법(pension act) 제정 : 근로능력 없는 참전군인 연금 지급
1917	• 1차 세계대전 참전자를 위한 상이보상금, 제대군인보험 • 군 복무자 가족을 위한 수당, 상이군인 직업재활, 의료보호 실시 • 업무 관장부처 다양화: 내무부, 재무부(전쟁재해보험국), 연방직업훈련위원회, 국민의료보호청
1918	• 연방 취업행정기관(employment agencies) 제대군인들의 취업알선 업무 담당
1921	• 내무부에 제대군인국(The veterans bureau) 창설: 제대군인 지원 업무 통합
1928	• 의회 대도시지역에 제대군인 취업사무소 설립
1930	• 제대군인처(The veterans administration) 신설: 후버대통령 행정명령 5,398 • 제대군인처 공무원(31,000명) 사무처리: 54개 병원, 470만 명의 제대군인지원 업무
1933	• 제대군인소청심사위원회(board of veterans) 창설

년도	내용
1944	• 군인 재조정법(servicemen's readjustment act of 1944) 및 사병권리장전(The G1 bill of right): 프랭클린 루스벨트 대통령 서명(1944. 7. 22.) • 제대군인들에게 주택대부와 교육훈련을 받게 함.
1946	• 진료국(department of medicine & emergency) 신설 • 1989년에는 제대군인 건강서비스 및 연구처(veterans health Service and research administration) 승격 • 1991년에는 제대군인 의료처(veterans health administration)개명 및 확대
1953	• 제대군인보상국(department of veterans benefit) 신설 • 1989년 제대군인 보상처(veterans benefit administration)로 승격
1973	• 국립묘지(엘링턴 묘지를 제외)관리권한 국방부로부터 이관
1974	• 제대군인 지원혜택: 배우자와 미망인에게까지 확대
1980	• 제대군인 고용훈련서비스(Veterans Employment and Training Service(VETS)) 설립 • 상이제대군인 프로그램(disabled veterans program)이 상설
1987	• 노숙 제대군인지원법(homeless assistance act): 집 없는 제대군인 지원 폭 넓은 권한 부여
1988	• 국회 제대군인부를 내각의 독립한 보훈부(제대군인부)로 승격: 레이건대통령 서명
1989	• 보훈부: 대통령의 14번째 내각부서(3.15)
1991	• 전직지원 프로그램(Transition Assistance Program, TAP)시행: 제대를 앞둔 군인지원
1994	• 군 복무 고용 및 재고용권리법(Uniformed Service Employment and Reemployment Right Act(USERRA)) 제정
1998	• 제대군인 고용촉진법(veterans employment opportunity act)시행, 제대군인 보호강화
2002	• 제대군인 고용촉진법(The jobs for veterans act) 제정 3)

(1) 제대군인부 조직

미국은 행정부 12개 부서와 국무 등 내각 14개부 및 60개의 독립청으로 구성되어 있다. 제대군인부는 1989년 14번째 '부'가 되었다. 미국 연방정부의 총 공무원 303만 8천 명 중 제대군인부는 23만 명으로 약 8.6%에 해당(직원규모는 내각 수준에서는 국방부에 이어 두 번째이며, 독립행정청까지 포함하면 국방부, 체신청에 이어 세 번째 규모임)한다. 제대군인부는 미국 전역에 제대군인 의료처, 제대군인 보상처, 국립묘지관리처의 지방조직들이 있다.

제대군인부의 설치 목적은 링컨대통령이 1865년 3월 의회연설에서 "전쟁에서 사망한 전사들의 미망인과 자녀들을 원호"할 목적으로 시작했으며 그 사명은 다음과 같다. ① 상이 제대군인들의 능력을 재활하고, ② 제대군인들이 순조롭게 그들의 지방사회 시민으로 돌아갈 수 있게 적극 돕고, ③ 국가를 위하여 희생한 제대군인들을 명예롭게 하고, ④ 공중보건, 비상사태관리, 사회경제적 안녕과 국가역사에 이바지해야 한다.

(2) 예산 및 프로그램

제대군인부의 예산은 국방, 국제업무, 소득보장, 의료보호, 교육 및 고용 등 18개로 구분되는데 제대군인 지원은 이 18개 기능 중 하나로 분류된다. 제대군인부에 배정된 예산은 연방정부 예산의 2.9% 수준이며 14개부서 수준에서 보면 국방, 재무, 보건사회 등에 이어 8번째 규모이다. 예산 규모 순으로 주요 프로그램을 살펴보면 의료지원, 보상, 연금, 교육, 보험, 의료연구, 직업재활 및 취업, 매장운영, 주택지원 순이다.

2) 영국의 보훈제도

영국의 보훈역사는 전쟁의 역사가 길어서 1590년경으로 거슬러 올라가는 오랜 역사를 가지고 있으며 다음과 같은 관련 법을 보유하고 있다.

〈표 14-3〉 영국의 보훈제도 역사

년도	내용
1590	국가를 위한 희생자 및 군 복무 중 사상자 지원을 위하여 채썸기금(The Chatham chest)을 마련
1682	찰스 2세 때 20년 이상 복무자 및 전상자를 위한 병원과 안식원을 겸한 왕립병원 Chesla를 건립 운영
1696	매리여왕 재위시 연금을 받는 해군 및 상선선원을 위하여 그리니치병원을 건립
1803	해군위원회(navy board)에서 관장하던 채썸 기금(Chatham chest) 관리업무를 The Royal Greenwich Hospital로 이관
1917	전쟁연금계획(war pensions schemes)을 전담할 연금부 (ministry of pensions)를 창설하여 이후 사회보장부(ministry of social security)로 개칭
1921	전쟁연금(war pensions)에 관한 중앙자문위원회(The central advisory committee) 제출법안 통과로 연금부 막료 · 제대군인 · 제대군인단체 대표로 구성된 위원회 운영(매년 2회)
1948	전쟁연금자복지서비스(war pensioners' welfare service) 개시
1994	전쟁연금청(war pension agency)으로 발전, 사회보장급여청에서 1994년 4월 1일에 독립
2001	사회보장성하에 있던 기존의 취업연금청 및 전쟁연금청 업무를 국방부 소관으로 이관하여 제대군인청(The veterans agency) 으로 개편하고 협력사무 집행체제로 전환
2002	전쟁연금상담센터(The war pension helpline)를 신설하여 유선으로 도움을 제공하고 2002년 4월에는 영국에 거주하는 모두에게 무료통화 서비스 실시
2005	'군인연금 2005 계획(AFPS 05: armed forces pension scheme 2005)' 및 '군인보상금계획(AFCS: armed forces compensation scheme)' 실시

(1) 조직과 기능

가. 제대군인청(veterans agency)

제대군인청은 국방부 내의 조직체로서 제대군인과 그들의 가족에게 정보, 도움, 조언을 제공하는 기관이다. 제대군인청의 상담 서비스 담당자는 혜택, 복지 문제, 전쟁연금, 보상, 복무 기록, 훈·포장 및 군인 묘지 같은 광범위한 주제들에 대해서 도움을 주고 있다. 제대군인청은 제대군인 단체와 자원봉사 조직 및 사회복지청 같은 법률조직과 긴밀한 관계를 갖고 있다. 제대군인청의 조직 중 제대군인에 직접적인 영향을 미치는 조직을 살펴보면 다음과 같다.

나. 제대군인청(veterans agency)의 조직

① 상이자 전담팀: 등록신청 접수·심사·결정, 의학적 의견 제시, 수당결정 및 지급, 행정심판 수행

② 미망인 전담팀: 미망인에 대한 업무수행

③ 기타대상자 전담팀: 극동아시아 포로, 상선선원, 민간인 등에 대한 업무수행

④ 진료팀: 진료수당 및 진료 관련 서비스

⑤ 정책팀: 법령의 입안·해석 등

⑥ 규정팀: 각종 규정의 제·개정

⑦ 고객봉사팀: 민원 처리

⑧ 업무지원팀: 행정심판 자료 발송, 은행 관련 업무, 거동 지원 업무 등

다. 전쟁연금수급권자의 복지 서비스

전쟁연금 수급권자에 대한 복지서비스는 전쟁 연금 수급권자와 전쟁미망인에게 광범위한 조언과 지원을 제공한다. 복지서비스 제도에서 도움을 주고 있는 주요 분야는 재정적 고용 어려움에 대한 도움, 장애 욕구, 주거 및 요양 보호, 사회적 접촉 및 일상 도움 등이 있다. 복지담당관은 제대군인들이 최고의 서비스를 받을 수 있도록 노동연금부, 전쟁연금 위원회, 지방 자치단체, 제대군인 관련 자선단체 및 지방 공동체 서비스 제공자가 시행하는 모든 영역에 밀접한 관계를 맺고서 일하고 있다.

(2) 예산 및 대상

제대군인청의 운영비용은 총 32,508천 파운드 정도이며 제대군인청의 인원은 약 900명 정도이다. 전쟁장애연금 수급자는 212,000명, 미망인(홀아비) 연금수급자는 47,000명, 기타 전쟁연금 수급자는 47,000명으로 총 대상자는 260,000명이다.

3) 기타국가의 보훈제도

(1) 이스라엘

이스라엘의 경우에는 배우자를 상실한 유족들이 자살이나 다른 부정적인 문제나 병리적 현상을 일으키지 않도록 상담을 하고, 극심한 고통과 어려운 환경에서 다시 삶에 적응할 수 있도록 돕고 있다. 또한, 각기 다른 상실 단계를 인정하고 그에 맞는 개입을 하도록 하며, 고립된 감정 속에서 정체성 상실을 막기 위한 예방 노력도 하고 있다. 군에 대한 명예와 사기가 투철한 이스라엘의 경우에 의료지원지방청은 사망한 첫 주부터 지속적으로 유가족에 대한 가정을 방문하여 위로하는 사회적 지원을 하고 있다. 또한, 사회복지사는 해당 유가족의 혜택 및 지원을 받을 수 있는 정보와 수혜 자격 관련 조사는 물론 필요한 특정 서비스나 혜택에 관해 판단, 지원, 개인적 적응, 부모-자녀 관계, 교육 및 직장 내 적응에 관한 특정 문제에 대한 개입을 한다. 어려움이 있는 분야는 사회복지 실천 서비스 지원 연계망이나 여타 다른 공동체 서비스를 통해 계속적 지원을 하는 관계를 유지하며, 자원봉사 활동 또한 추가 가능하도록 한다. 지방청의 사회복지사도 위와 같은 활동을 한다. 또한, 자녀를 둔 순직 군인 배우자에게는 재정적으로나 기타 자원을 통해 충분한 자녀 교육을 받을 수 있도록 지원한다.

(2) 일본

일본의 보훈제도는 크게 원호사업과 추도·기념사업으로 나눌 수 있다. 원호사업은 전상병자 및 전몰자 유족 원호, 미귀환자 원호, 귀환자 원호, 피폭자 원호, 구식민지 출신지 원호로 나누어지는데, 대상자 수는 예산에 있어 중심이 된 것은 전상병자 및 전몰자 유족에 대한 원호였다. 특히 전몰자 유족 단체인 일본유족회의 정치적 영향력이 강화되면서 전몰자 유족에 대한 원호가 강화되었다. 전몰자 유족을 원호하기 위한 법으로는 연금 지급법인 원호법의 공무부조료가 가장 대표적인 법이다. 그리고 일시금 지급을 위한 특별 급부법으로 「전몰자 등의 처에 관한 특별 급부금 지급법」, 「전몰자 등의 유족에 대한 특별 조의금 지급법」, 「전몰자의 부모 등에 대한 특별 급부금 지급법」이 있는데 10년 상환 또는 5년 상환의 무이자 기명국채가 지급되었다.

전상병자에 대한 원호로는 은급법의 상병연금과「전상병자 특별 원호법」에 따른 원호를 들 수 있다. 그리고 특별급부금으로「전상병자 등의 처에 대한 특별 급부금 지급법」에 따라 10년 상환 또는 5년 상환의 무이자 기명국채가 지급되었다. 전몰자 유족과 전상병자에 대한 원호는 은급법을 기초로 했는데 은급법은 그 대상을 확대시키는 방향으로 법 개정이 이루어져 왔다. 또한, 전몰자 유족과 전상병자에 대한 원호는 특별급부금 관련 법안이 1960년대에 성립된 것에 나타나듯이 일본의 경제성장에 상응해서 발전해 왔다.

(3) 호주

호주의 보훈제도는 개인의 국가에 대한 희생을 보상하고 그 희생정신을 기리는 보훈의 보편적 개념과 함께 호주의 정치적, 역사적, 사회적 환경이라는 특수성을 반영하고 있다. 호주의 보훈제도는 해외 참전자에 대한 보상과 기념사업을 중심으로 형성, 발전되어 왔다. 역사적으로 호주가 적국으로부터 직접적인 공격을 받았던 일은 2차 대전 중에 있었던 일본군의 소규모 기습공격과 공중폭격뿐이다. 호주의 참전은 기본적으로 해외참전이며 따라서 보훈의 주 대상은 해외 참전용사이다.

호주 보훈부의 정식 명칭인 department of veterans' affairs는 직역하면 '참전용사부'이며, 보훈부의 주요 상위기관 중 하나인 보훈위원회도 그 정식 명칭이 The repatriation commission으로 직역하면 '(해외 참전용사)귀환위원회'임이 특기할 만하다. 호주 보훈제도의 근간은 '보훈법(veterans' entitlement act 1986)'과 '군인 재활 및 보상에 관한 법률(military rehabilitation and compensation act 2004)'이다. 호주에서의 보훈 수혜자는 당사자와 50세 이상의 미망인 그리고 미성년 자녀(통상 16세 미만; full time 학생의 경우 25세까지)에 한한다. 전사자의 경우에는 50세 미만의 미망인도 수혜자가 될 수 있다. 호주에서는 유족에 의한 보훈수혜의 승계가 일반화되어 있지 않기 때문에 보훈보상은 미망인이 사망함으로써 또 유자녀가 성년이 됨으로써 종료된다.

외국의 군사회복지 실천 서비스가 중점을 두는 것은 군인의 순직으로 인해 유가족이 군조직과 친밀한 관계가 축소되었다는 점을 감안하여 감정의 전환이 될 수 있도록 지지하는 것이다. 이러한 역할은 다른 군인 동료들을 연계시키기도 한다. 또한, 사회적 고립은 유가족의 약물, 담배, 알코올 사용 증가를 가져올 수 있기 때문에 남편 또는 아버지의 직업에 대한 만족감과, 직업적으로 정체성 고립감을 갖지 않도록 조화로운 지지체계를 마련하고자 노력하고 있다.

2 한국의 보훈복지

군의 위상과 군인의 자긍심을 위해 간과 되어서는 안 될 전몰 및 순직 군인과 유가족에 대한 보상과 예우, 사회적 관심에 관해 살펴보고 현재 우리 사회와 군과 국가는 어떠한 관심을 갖고 그들을 대하고 있는지 살펴보면 다음과 같다.

1) 국가유공자

(1) 국가유공자 분류(군과 관련된 국가유공자만 발췌)

가. 전몰군경

군인이나 경찰공무원으로서 전투 또는 이에 준하는 직무수행 중 상이를 입고 사망한 자 및 군무원으로서 1959년 12월 31일 이전에 전투 또는 이에 준하는 직무수행 중 사망한 자.

나. 전상군경

군인이나 경찰공무원으로서 전투 또는 이에 준하는 직무수행 중 상이를 입고 전역하거나 퇴직한 자로서 그 상이정도가 국가보훈처장이 실시하는 신체검사에서 상이등급 1급 내지 7급으로 판정된 자. 그리고, 군무원으로서 1959년 12월 31일 이전에 전투 또는 이에 준하는 직무수행 중 상이를 입고 퇴직한 자로서 그 상이정도가 국가보훈처장이 실시하는 신체검사에서 상이등급 1급 내지 7급으로 판정된 자.

다. 순직군경

① 군인이나 경찰.소방 공무원으로서 국가의 수호.안전보장 또는 국민의 생명.재산 보호와 직접적인 관련이 있는 직무수행이나 교육훈련 중 사망한 자(질병으로 사망한 자 포함).

② 소방공무원은 국가유공자 예우법 개정 시행일인 2011.6.30.이후 사망한 자부터 적용(2011년 6월 29일 이전은 화재구조구급 업무와 관련 사망한 자만 순직군경에 준하여 보상).

라. 공상군경

군인이나 경찰.소방 공무원으로서 국가의 수호 · 안전 보장 또는 국민의 생명 · 재산 보호와 직접적인 관련이 있는 직무수행이나 교육훈련 중 상이를 입고 전역하거나 퇴직한 자로서 그 상이정도가 국가보훈처장이 실시하는 신체검사에서 상이등급 1급 내지 7급으로 판정된 자.

마. 무공수훈자

무공훈장(태극, 을지, 충무. 화랑, 인헌, 무공훈장)을 받은 자(공무원 또는 군인 등은 전역 또는 퇴직한 자만 해당).

바. 보국수훈자

보국훈장(통일장, 국선장, 천수장, 삼일장, 광복장)을 받은 자로 아래에 해당하는 자(단, 공무원은 보국훈장을 받고 퇴직한 자).

- 군인으로서 보국훈장을 받고 전역한 자.
- 군인 외의 사람으로서 간첩체포, 무기개발 등의 사유로 보국훈장을 받은 자

(공무원은 2011. 6. 30. 이후 신규 임용된 자에게 적용).

※ 공무원은 2011. 6. 29. 이전에 신규 임용되어 보국훈장을 받고 퇴직한 자는 위 나항의 사유와 관계없이 등록 가능.

사. 6 · 25참전 재일학도 의용군인

대한민국 국민으로서 일본국에 거주하던 자로 1950년 6월 25일부터 1953년 7월 27일까지의 사이에 국군 또는 국제연합군에 지원 입대하여 6.25사변에 참전하고 제대된 자(파면 또는 형의 선고를 받고 제대한 자 제외).

아. 참전유공자

「참전유공자예우 및 단체설립에 관한 법률」 제2조 제2호에 해당하는 사람 중 다음 각 목의 어느 하나에 해당하는 자.

- 「참전유공자예우 및 단체설립에 관한 법률」 제5조에 따라 등록된 자.
- 「고엽제후유의증 등 환자지원 및 단체설립에 관한 법률」 제4조 또는 제7조에 따라 등록된 자.

※ 다만, 예우와 지원에 관하여는 「참전유공자예우 및 단체설립에 관한 법률」 및 「고엽제후유의증 등 환자지원 및 단체설립에 관한 법률」로 정한다.

자. 전투종사군무원 등에 대한 보상

군사적 목적으로 외국에 파견된 군무원 또는 공무원, 정부의 승인을 얻어 종군한 기자, 구 전시 근로동원법에 의하여 동원된 자, 청년단원 · 향토방위대원 · 소방관 · 의용소방관 · 학도병 기타 애국단체원으로서 전투 또는 이에 준한 행위 등으로 사망한 자, 상이를 입고 등록신청 이전에 그 상이로 인하여 사망하였다고 의학적으로 인정된 자, 상이를 입은 자로서 그 상이 정도가 국가보훈처장이 실시하는 신체검사에서 상이등급 1급 내지 7급으로 판정되는 자는 위 전몰군경 · 전상군경 · 순직군경 또는 공상 군경으로 보아 등록됨.

차. 개별 법령에 의거 등록되는 국가유공자

전투경찰대원, 경비교도대원, 의무소방대원, 향토예비군대원, 민방위대원, 공익근무요원 등으로서 사망하거나 상이를 입은 자로 해당법령이 규정한 조건과 국가유공자등예우 및 지원에 관한 법령이 규정한 조건에 해당하면 위 전몰군경·전상군경·순직군경 또는 공상 군경으로 보아 등록됨.

카. 6·18자유 상이자에 대한 준용

북한의 군인 또는 군무원으로서 1950년 6월 25일부터 1953년 7월 23일까지의 사이에 국군 또는 국제연합군에 포로가 된 자로 일정요건에 해당되는 자에 대하여는 위 공상 군경에 준하는 보상.

타. 국가유공자에 준하는 군경 등(지원대상자)

「국가유공자 등 예우 및 지원에 관한 법률」 제4조 제1항 제5호, 제6호, 제13호 또는 제14호의 요건에 해당하는 자로서 그 요건에서 정한 사망 또는 상이를 입으신 분 중 불가피한 사유 없이 본인의 과실이나 본인의 과실이 경합된 사유로 사망 또는 상이를 입은 자.

※ 2012년 6월 30일까지 등록 신청하여 지원대상자로 등록된 경우까지만 적용

「국가유공자 등 예우법 지원에 관한 법률」 개정(2011. 9. 15.)에 의거 제73조의 2(국가유공자에 준하는 군경, 국가유공자와 그 유족·가족에게는 보상과 예우(① 보상금 지급, ② 교육보호, ③ 취업보호, ④ 의료 지원, ⑤대부지원, ⑥ 그 외 지원)가 이루어지며 보상과 예우는 대상별, 공헌과 희생의 정도, 개별여건 등에 따라 다르게 적용된다.

2) 국가보훈처

(1) 국가보훈처 조직

국가보훈처는 국가유공자 및 그 유족에 대한 보훈, 제대군인의 보상·보호 및

보훈선양에 관한 사무를 관장하기 위하여 국무총리 소속으로 조직되었다. 이를 위하여 국가보훈처는 국가유공자와 보훈가족의 영예로운 삶이 유지 · 보장 되도록 보상금 지급, 교육, 취업, 의료, 대부 등의 보훈정책을 수립하여 지원한다. 독립, 호국, 민주화 관련 기념 추모행사를 통해 민족정기 선양과 국민의 나라사랑 정신을 계승, 발전시키고 있다. 그리고 장기복무제대군인의 사회정착지원으로 현역장병의 사기를 진작시켜 국가안보의 버팀목 역할을 수행할 수 있도록 지원하는 부서로서 역할과 기능이 확대되어 왔다.

(2) 국가보훈처 주요 업무

국가보훈처의 주요 업무는 국가유공자를 심사하고, 보상의 종류와 적용 대상 배제에 대한 사항, 독립유공자에 대한 포상 등을 관리하며 독립운동관련 문헌을 발간하고 보급한다. 국가유공자 단체를 관리하고 지원하기도 하며 보훈회관 건립에 대한 사항도 관리한다. 국가유공자의 공훈을 선양하고 각종 기념사업을 계획하고 집행하며 호국보훈의 달 관련 행사, 독립 · 호국 및 민주화관련 기념사업에 대한 해외교류사업 관리, 국립묘지와 현충시설, 독립기념관에 대한 관리도 국가보훈처의 주요 임무이다. 보훈복지사업으로 국가유공자에 대한 의료지원, 상이군경 재활지원, 보훈병원 운영 등을 관리한다. 제대군인의 지원 대상을 선정하고 지원 수준을 조정하고 제대군인의 사회복귀를 위한 재취업교육, 국군장병위문, 유엔참전국과 교류협력, 참전용사 예우 등도 관리한다.

(3) 순직 군인가족 복지

갑작스런 배우자의 순직은 남은 유가족에게 정신적, 경제적 공황상태를 겪게 하며 역할 변화와 인생목표, 동기, 경제적 불안정, 육아 교육과 성장 과정에 많은 어려움을 주게 된다. 국가와 사회에서 보훈은 국가공동체의 유지와 직접 관련이 있는 공헌으로 일반적으로 요구되는 이상의 희생적 임무수행 또는 공동체 덕목의 실천을 위하여 행한 자발적인 헌신을 포함한다.

가. 순직 군인 배우자(보훈 가족)의 특성

가족 형성기 초기 단계에 놓이는 군인가족의 경우 불투명한 장래성, 근무지 이동에 따르는 잦은 이주 및 자녀교육 문제, 장기간 임무수행 시 출퇴근 곤란, 임무의 위험성, 사회와 분리된 환경에서의 근무에서 오는 소외감 등 특수한 직무환경에 대한 부담감을 갖게 된다. 군인가족은 지역적으로 밀집된 형태의 공동체를 이루고 대부분의 친밀 관계가 군과 관련된 사람이므로 군을 떠났을 때, 도움을 줄 수 있는 민간인과의 친목관계 형성 가능성이 제한된다. 순직 군인 배우자의 특성을 정리해 보면 다음과 같다.

첫째, 일반적인 사별 시기보다 일찍 상실을 경험한다. 전몰 및 순직의 위험 가능성이 높은 임무는 보통 육·해·공군을 통합하여 젊은 시기의 병사, 초급 부사관과 장교에게 주어진다. 이런 이유로 많은 순직 군인 배우자는 젊은 시기에 사별을 경험하기 때문에 가족생성기, 자녀 양육기의 생활 주기와 맞물리게 된다. 이러한 이유로 여성으로서 한부모가정의 가장이 되어 사회 재적응과 자녀 양육을 하는 과정에서 많은 스트레스를 받게 된다.

둘째, 일반적으로 군인가족은 결혼신혼, 자녀가 학령기 이전인 초급 장교, 부사관 시절에 함께 관사생활을 한다. 순직군인 부인들 대부분은 군조직 안에서 남편과 함께 군 가족으로서의 소명과 희생을 해 왔다. 이러한 특성으로 순직 사고 후에는 배우자 상실뿐 아니라 소속된 조직과 관계의 상실이 함께 동반된다. 이는 사회적·문화적 고립 속에서 조직문화에 적응되어 생활해 왔기 때문에 사회로 다시 적응하기 위해 일반 여성 한부모보다 더 큰 어려움을 가지게 된다.

셋째, 군인의 순직은 '특수한 임무수행의 의무'의 성격을 가지기 때문에 국가와 군조직에서는 충분히 예상될 수 있다. 그러나 순직군인 배우자는 본인의 남편이 죽는다는 생각을 하지 않으려 하는 특성이 있다. 또한, 젊은 시기에 임무수행 중의 갑작스런 죽음으로 애절함과 안타까움을 가진다. 이러한 기대되지 않은 불의의 순직은 정신적 외상을 가져 올 수 있으며, 임종을 함께하지 못한 미해결된 애도를 갖게 한다.

위에서 살펴본 바와 같이 군 가족들은 군인의 소명과 희생을 함께 나누고 있다. 이러한 여러 제약들과 사회와 격리된 공간적·문화적 분리는 순직군인 배우자가 남편의 순직 사고 후 다시 사회로 돌아왔을 때, 일반 여성 한부모의 사회 적응보다 더 심각한 어려움에 부딪히게 된다. 또한, 남편과 사별함과 동시에 군인의 아내에서 보훈가족으로 재명명되며 이때 지위와 역할의 변화도 함께 동반된다. 즉 일반적인 사별 여성 한부모라는 점과 함께 보훈가족이라는 특수한 재명명(renaming)과 재정의(redefinition)가 이루어지게 된다.

나. 유족의 우선순위

1순위 배우자, 2순위 자녀, 3순위 부모, 4순위 조부모, 5순위 형제자매이다. 배우자는 사실혼 관계의 배우자를 포함하여 사실상의 배우자를 말한다. 단, 배우자 및 사실상의 배우자가 국가유공자와 혼인 또는 사실혼 후 당해 국가유공자 외의 자와 사실혼 중에 있거나 있었던 경우는 제외한다. 자녀 또한 사실혼 관계의 자녀를 포함하여 사실상의 자녀를 말한다. 양자는 국가유공자가 직계비속이 없어 입양한 자 1인에 한하여 자녀로 본다. 그러나 국가유공자 유족 보상금 지급 시 성년 자녀는 자녀로 보지 않는다. 다만 장애인 자녀는 예외로 인정한다. 부 또는 모가 경합될 때, 각 1인만을 부, 모로 인정한다. 부의 배우자와 생모, 모의 배우자와 생부가 각각인 때는 국가유공자를 주로 양육했거나 부양하였던 자를 부, 모로 인정한다.

다. 유족의 보훈복지 과정

1950년 전몰·군경 배우자와 상이용사들의 생계 지원 대책이 심각한 문제로 대두되면서 1952년 연금을 지급하게 되었으나 국가 재정이 미약하여 실질적인 도움을 주지 못하였다. 그러나 이와 같은 정책의 배경에는 전쟁 후 군경전사자 유족들의 비참한 삶과 그로 인한 사회문제에 대한 인식이 깔려 있었으며, 오랫동안 원호대상자를 구호대상자로 인식하는 경향이 지배적이었다. '원호'는 물질적 지원의 뜻이 강하여 국가유공자의 명예와 정신적 예우 차원에서 미흡하다는 문제가 대두되어 1985년부터 '원호'라는 명칭이 '보훈'으로 바뀌었다. 그 이전에는 구호의 대상자로 사회적 낙인을 당연시 했다. 배우자와의 사별은 삶에서 가장 정서적으로 스트레스를 많이 받게 되는 사건 중 하나이며 여성의 경우 가부장제의 영향으로 사회적 관계 변화와 결혼 생활 자체가 달라지면서 정체성 변화의 중요 사건이 될 수 있다.

3 보훈복지의 발전방향

1) 국가유공자와 순직군인가족에 대한 자긍심 고취

순직 유가족은 국가와 사회의 배려나 포용을 크게 느끼지 못하는 경우가 많다. 따라서 유가족들의 특수한 생활을 이해하고 국가와 군조직에서는 적극적으로 이들과 소통해야 한다. 자부심과 자긍심을 가지고 다시 일어설 수 있도록 소속감을 부여할 수 있는 프로그램과 사례관리를 활용해야 한다. 순직한 배우자는 많은 어려움 속에서 자녀를 부양해야 하는 책임과 의무가 남겨진다. '공동체 문화'에 대해 함께 공감하는 집단을 유지할 수 있도록 하고 군조직과 사회적 소속감을 높여 자긍심을 부여해 주어야 한다. 이를 위해 군 관련 기념행사 초청과 격려 · 위문 등 따뜻한 관심을 전달할 수 있는 여러 방안이 필요하며 국가 유공의 행위와 순직한 임무수행에 대한 자긍심 고취를 위해 각 군 본부와 함께 소속감 고취를 위한 현역 군인과 같은 통합 시스템 운영 및 자긍심 고취 프로그램 지원과 상담이 이루어져야 한다. 그리고 전몰·순직 유가족을 위한 기업, 단체 후원 문화 조성과 인센티브를 고려해야 한다.

2) 물질적 · 정서적 지원체계와 여러 사회복지 실천 개입

순직 사고는 순직군인가족을 비롯하여 동료 군인과 군조직에게도 큰 심리적 충격을 가져오게 된다. 이런 심리적 불안정과 충격을 감소시킬 수 있는 지원이 필요하다. 물론 스스로 슬픔을 다룰 시간을 충분히 주어야 하며 원하는 범위 안에서 공식적인 지원체계와의 연계로 지원이 되어야 한다. 현재 군과 정부에서는 의료지원으로 위기개입을 대신하고 있다. 사회복지 실천과 연계가 되기 위해서는 군조직 안의 해당 담당자나 상담관 혹은 지역사회의 민간사회복지사, 군사회복지사에게 위기개입에 필요한 지식과 실천 경험을 교육시켜 위기발생 시 투입할 수 있는 방안을 마련해야 한다.

3) 합리적인 혜택과 지원

우리나라에서는 군인의 순직 사고 이후 국가보훈처에서 순직군인 유가족을 담당하고 있으나 국가와 사회의 관심과 인식이 미흡한 상태에 있다. 군조직과 국가보훈처의 순직군인 유가족에 대한 정서적 보호와 서비스는 매우 미흡한 상태에 있다고 볼 수 있다. 예를 들어 보훈처 위탁지정 병원에서는 순직군인 배우자의 육체적 질병 이외 심리적 충격에 따른 진료 및 치료는 불가능하다. 따라서 순직군인 배우자들은 보훈병원을 이용해야만 하는데 병원과 원거리에 거주하는 경우 내원 거리와 시간 및 교통비 부담 등으로 실질적인 혜택을 받지 못하고 있는 실정이다. 따라서 전국 각지의 전국 각지의 순직군인 배우자의 의료지원은 가까운 병원에서 진료 받고 서류 제시로 감면혜택 시스템을 운영하고 감면율 80%, 병의 종류에 따라 100% 감면 지원이 이루어져야 한다. 순직군인 배우자의 정신적 공황 상황에 대한 위기개입은 소속된 군 특성을 잘 알고 있는 군사회복지사가 개입 및 적절한 서비스 제공하도록 하며, 위탁 병원 연계 시스템이 안정적으로 운영될 수 있도록 해야 한다.

4) 공식적이고 체계적인 통합적 정보시스템 필요

부상이나 전투로 인해 국가유공자가 된 군인과 순직군인가족들은 갑작스런 생활의 변화와 배우자 상실로 인해 대인기피증과 고립감, 낙오자로서의 비애 등의 감정을 가진다. 연구 자료에 따르면 종교적인 신앙으로 사회로 다시 나올 수 있었고, 마음을 정리했으며 자신의 오기로 사회에 다시 적응한 경우가 많았다. 그러한 과정 속에서 기본적인 정보조차 접하기 어려운 경우가 대부분이었다(이윤수, 2009). 이러한 이유로 공식적이고 체계적인 통합적 정보시스템이 필요하다. 특히 자녀를 버리고 재혼을 하는 경우가 있을 때 유자녀의 보호는 사각지대에 놓인다. 전공·사상자 결정 즉시 방문등록 안내 등 찾아가는 서비스 제공이 필요하다. 또한, 생활실태를 정기적으로 확인하여 연령대와 욕구에 맞게 본인이 희망하는 취업, 교육, 문화, 의료, 주택 등의 맞춤 서비스를 적극 지원해야 한다.

5) 행복추구와 삶에 대한 선택권을 위한 옹호

배우자 재혼, 국적 상실의 경우 보상권리 소멸로 인해 사회 변화에 따른 행복추구, 생존을 위한 선택의 권리를 박탈당하고 있다. 프랑스, 미국, 영국은 재혼과 동시에 수급권을 상실하지만 재혼배우자 사망 시나 이혼했을 경우에는 수급권을 부활하고 있으며, 호주는 재혼 여부와 상관없이 연금을 계속 지급한다. 그리고 거주지 무료 진료를 시행하고 있다. 현대 사회 및 가족구조와 변화에 맞는 보훈 정책과 사회적 담론이 필요하고 이러한 내용을 알고 대변할 수 있는 옹호자 역할이 필요하다.

6) 자조집단 운영 지원

일반적으로 유가족은 전몰 및 순직 군인과 함께 군조직에서 생활해 왔고 위험한 임무 수행에 함께 정신적인 스트레스를 받아오는 경우가 대부분이다. 이런 경험은 전몰 및 순직군인의 임무수행과 유가족 스스로의 자긍심에 의미를 부여하는 중요한 정신적 신념으로 나타난다. 자조 집단과 공론화의 발언을 위한 대변자의 역할과 추진자의 역할, 교육자의 역할을 말할 수 있다. 순직군인 부인은 군인의 아내로 시작하여 여러 가지 어려움을 겪어 왔다. 그들의 생활과 경험을 알아주는 사람은 그들이며, 일반 사람들보다 그들 스스로 힘을 북돋아주고, 정보를 제공하는 것이 더 큰 위안을 줄 수 있다. 즉 사회복지 실천에서 활용되는 레질리언스와 임파워먼트 관점과 모델을 활용하면 그들의 내적인 힘을 키워 스스로 만족할 수 있는 상태를 만들 수 있다. 순직공군조종사 부인의 자조 집단은 한 예가 될 수 있는데, 이러한 자조 집단을 지원해 주고, 공론화에 대한 국가와 군의 지원이 활성화 되어야 한다. 이런 공식적인 체계가 마련되면 군사회복지 실천가로서 이들을 포용하고 더 발전적인 군조직을 만들 수 있을 것이다.

7) 보훈가족 제도개선 방안

현재 보훈제도는 전문적인 하나의 영역이라기보다는 여러 학문과 연계되는 특징을 가지고 있고, 이러한 이유로 여러 관점에서 각기 다른 입장을 표명하고 있다. 사회복지학이나 정책학에서 보훈제도를 다루는 입장에서는 사회보장제도에 있어서 공공부조의 한 형태로 보거나 광의의 사회보장의 한 영역으로 분류하기도 하며, 보상적 성격이 강하여 사회복지의 논의에서 제외하기도 한다. 또한, 법률학에서는 공동체 책임의 특별 희생 혹은 국가유공 행위 중의 희생으로서 국가적 연대성의 한 표현이라고 정의하여 국가 보상책임을 인정한다. 결국 보훈제도는 국가가 필요로 하는 행위로 인하여 발생한 사회적 문제에 대하여 국가공동체의 유지·발전을 위하여 행하는 '국가책임론' 또는 '보상론' 이라는 관점에서 보아야 할 문제이다.

순직 군인에 관한 보훈제도는 이미 순직한 군인 중심으로 이루어져 왔으며, 살아 있는 유족인 순직군인 배우자와 자녀에 대한 개별적인 배려와 관심은 부재(不在)하다. 1950년 '군사원호법'이 제정되면서 원호제도가 처음 수립되었는데, 전사한 군인 배우자들은 '힘없고 보호받아야 하는 존재'로 간주되었고 남편이 이미 존재하지 않는데도 여전히 죽은 자의 아내로 지칭되면서 그 권위 아래서 행동하도록 강요당했다. 연금의 지급은 '전몰군경유족과 상이군경 연금법'에 의해 1953년부터 본격적으로 실시되었는데, 전사자의 배우자가 다른 사람과 혼인을 하거나 자녀가 결혼을 할 경우 그 권리를 박탈했다. 국가와 사회, 미시적으로는 군에서까지 순직군인 배우자는 보훈 대상자의 하나로만 인식되어 오고 있으며, 실질적인 물질 보상 정책(보상금, 의료보장, 교육보장, 직업보장, 주택지원, 장례 및 안장지원)과 정신적 보상 예우의 상징적 정책(공훈 선양 정책, 사회적 우대)의 대상자로 한정하고 있다.

현재 제시되고 있는 보훈 정책은 구체적이지 못하고 실질적인 서비스와 연계 방안의 시행에 대한 의문을 갖게 한다. 서비스 전달 과정에서 각 군과 역할에 따라 다른 특성을 가지는 유가족들의 신뢰와 만족감이 국가보훈처 노력 하나만으로 충분히 충족될 수 있는 공식적 체계가 이루어질 것인지도 불명확하다. 사회체계 안에서 순직 군인 배우자가 생각하는 보훈 정책은 국가와 사회가 바라보는 기존의 보훈 정책과는 차이가 있으며 변화되고 있다. 진정한 보훈의 상징성을 높이고 유가족들의 실질적인 서비스를 제공하기 위해서는 개인 적응과 사회 통합에 영향을 받는 개인의 존재와 군조직과 완전한 분리가 될 수 없는 본질에 대한 이해가 기본적으로 이루어져야 한다. 그리고 국가와 군조직, 사회가 함께 순직에 대한 진정한 의미를 재검토하는 것이 필요하다.

보훈정책과 서비스의 근간은 사회복지영역이다. 하지만 한국 전쟁 이후 보훈가족은 국가와 사회에서 모두 크게 관심을 두지 않고 사회 흐름에 맞춰 형식적인 보상에만 유지해 온 사각지대로 남아있다. 사회적 이슈와 최저의 관심은 살아 있는 군인과 퇴역군인, 전역 정책이었고, 보훈가족은 보훈 정책과 서비스에서도 배제 대상이었다. 6월은 '보훈의 달'이라는 상징적 예우를 해 왔으나 보훈가족의 실생활에 와 닿기보다는 국가의 의례적인 행사로 간주되어 왔다. 현재까지도 정치학, 행정학, 보훈학, 여성학, 역사학 등 여러 학문분야에 걸쳐져 있고, 확실한 소속감을 부여 받지 못하고 국방부와 군 본부, 사회 영역 등 여러 체계에 걸쳐 있는 주변인으로 다뤄지고 있다.

15
CHAPTER

군복지 상담

1 군상담의 현 실태 및 필요성

1) 현 실태

(1) 상담 주관부서의 모호함

군에서는 제대별로 인사, 정훈, 군종, 리더십센터, 야전부대별로 자체 혹은 지역상담기관과 연계하여 상담교육을 진행하거나 실무자를 양성하는 등 체계적으로 주관하는 부서가 부재한 상태이다. 따라서 각 군과 지역별로 규격화된 교육시간과 내용 등 커리큘럼이 통일되어 있지 못한 가운데 상담실무자 등을 양성하고 있다. 각 군별로 리더십센터에서 상담교육을 통합하여 진행하고는 있지만 양성과정, 보수교육 과정, 야전부대와의 교육의 연계체계가 이루어지지 못하고 있는 실정이다. 또한, 일부 상담관련 단체들이 국방부와 각 군별로 연계함으로써 일관성 부족 및 중복교육의 문제가 있다.

(2) 부대임무 중심의 상담

군에서의 상담은 내담자 중심의 호소문제 해결보다는 부대의 임무수행과 사고 예방을 위하여 내담자의 적응력 향상을 위한 면담의 수준에 머무는 경우가 많다. 면담의 경우 간부 개인이 생각하고 의도하는 방향으로 방향을 정하여 이끌어 가는 경우가 많으며 비전문적인 면담의 형태는 오히려 병영의 분위기를 나쁘게 하는 현상이 생기기도 한다.

(3) 군상담의 비표준화

상담기법, 심리검사 방법 및 심리치료 기법은 정신분석치료, 현실치료, 인지치료, 미술치료, 에니어그램 및 MBTI 성격검사, 군인성검사(KMPI) 등 다양하다. 그러나 군에서는 장병들의 호소문제와 집단의 특성을 고려한 표준화된 상담기법과 상담모델이 부실한 상태이다. 따라서 지휘관의 선호성과 군상담사의 전문성 및 성향에 따라서 상담의 기법이 달라지는 현상이 나타나고 있다.

(4) 전문 인력의 부족

사회 환경의 변화에 따라서 군에 입대하는 장병들의 가치관, 사생관 및 적응력 등이 변화하고 있지만 군의 환경과 사회 환경에 따른 장병들의 행동에 관하여 심도 있게 연구할 수 있는 전문가가 부족한 실태이다. 따라서 민간 외부상담전문 연구기관들에 의존함으로써 군의 조직문화 등 군의 특성을 잘 반영하지 못한 연구 결과가 오히려 군의 상담기법과 영역에 혼재되어 장병상담의 실제적 도움이 되지 못하고 있다. 또한, 2015년 말 기준으로 병영생활 전문 심리상담관 1명당 도움·배려병사(구 관심·보호병사) 155명을 담당하는 등 상담인력 부족은 매우 심각한 실태이다.

(5) 병영생활 부적응 식별의 문제

병영생활에 회의를 지닌 병사가 군 복무에 대한 회피와 편한 보직을 위하여 거짓으로 문제를 호소하는 경우 이를 면밀히 검증하고 조치하는 객관적인 매뉴얼이 부재함으로 인해 지휘관 및 장병들의 근무에 부담을 느끼고 있다. 고의적 부적응 장병들로 하여금 부대 임무수행을 위한 직무 몰입도 저하와 부대 구성원들의 부정적인 영향은 부대원들의 스트레스가 상호간의 불신이 확대될 수 있다. 그러나 일선 부대에서는 부대의 골칫거리로 부대원 모두의 어려움으로 나타나게 되는데 정책적인 차원에서 부대의 지휘 부담을 줄여줄 수 있는 가이드라인이 마련되어야 할 것이다.

(6) 상담의 낙인 문제

군에서는 장병들이 개인적인 호소 문제에 대해 자발적으로 찾아와 상담하기보다는 간부들에 의해서 상담에 임하게 되는 경우가 많다. 부대에서는 장병들의 개인의 문제에 대하여 관심이 있기보다는 부대 운영에 지장이 있을 때 적응의 문제로 상담전문가에게 의뢰되기 때문에 실질적인 개인의 문제는 은폐되는 경우가 많다. 또한, 공동생활을 하는 병사가 상담을 하게 되면 상담을 하게 된 시간과 장소 등이 노출되고, 부대 부적응 문제 등은 부대원들에게 노출되어 낙인의 문제가 발생할 수가 있다. 특히, 국방부의 관심병사 분류기준에 의하면, 자살 우려자, 사고유발 고위험자, 구타 및 가혹행위 우려자나 진단도구 검사결과 관심소견자 등 이외에도 훈련소 입소기간인 신경교육기간은 물론 자대배치 후 복무기간 동안 결손가정, 신체결함, 경제적 빈곤자 등을 무조건 B등급(중점관리대상) 관심사병으로 분류해 관리하고 있다.

2) 필요성

군에서는 군조직의 임무 수행을 위하여 군 내 인성교육 및 고충처리 전문가인 병영생활 전문 상담관, 군종장교, 주임원사, 헌병, 법무 및 인사 관련자들과 협조하여 장병과 군인가족의 심리·정서적 문제를 예방하여야 한다. 또한, 심리치료의 전문가로서 내담자의 문제를 명확히 규정하기 위해 장병, 가족과 군 규정과 방침 등의 정보를 수집하여 문제의 원인을 명확히 사정하고, 이에 따른 심리치료를 제공해야 한다. 군에서 상담전문가는 장병의 심리정서적 문제의 원인을 파악한 후 병영생활 전문 상담관 및 관련자들과 협조하여 개별상담, 집단 상담, 가족치료 등의 전문적 심리치료를 담당하여야 한다. 만약 군 내부의 전문가만으로는 문제 해결이 불가능할 경우 지역사회의 자원을 활용하는 것도 고려할 필요가 있다.

둘째, 장병과 군인가족의 심리·정서적 문제는 개인의 인성적 특성에 의해 발생하기도 하지만 지리적, 경제적, 사회심리적 혹은 사회환경적 영향이 중요한 역할을 한다. 따라서 복무 부적응 병사에 대해서는 지휘관에게 지휘조치를 건의하고 빈곤가정의 병사는 병영 환경에 적응하도록 경제적 원조를 하며, 잦은 이동으로 적응하지 못하는 가족과 자녀를 대상으로 지역사회에 적응하는 프로그램을 개발하고 적극 참여하는 방안도 강구되어야 한다.

셋째, 군상담사는 부대 장병, 복지 관련 전문가, 가족 및 부모와 함께 대상 장병 문제의 원인과 이를 예방하기 위한 방안을 함께 토의하고 교육시켜 문제의 예방과 해결에 도움을 준다. 예를 들어, 병영 내 부적응 병사가 발생하면 지휘계통 및 관련 간부에게는 병사의 부적응 원인과 특징, 심리적 상태, 병영 내 동료 및 선·후임 간의 관계 등을 설명해 주고, 부모에게는 성장 과정과 병영문화의 차이와 부적응 자녀 문제의 원인을 이해하게 해 주고 이를 해결하는 역할을 해야 한다.

넷째, 군상담사는 병원에서 근무하는 의료사회복지사와 정신의료사회복지사와 연계하여 정신적 질환과 육체적 질병으로 입원한 환자의 상담을 도우며, 환자가 회복 후 부대에 복귀하여 정상적 임무를 수행할 수 있도록 하는 역할을 담당해야 한다.

다섯째, 군상담사는 군대 내·외의 타 전문직과도 협력하여 병영생활지도나 전역 후 장병의 진로를 결정하도록 도와주어야 한다. 예를 들어, 장병에게 자기계발 프로그램을 소개하고, 전역을 앞둔 장병이 전역 후 진로에 대한 상담과 취업 준비 및 알선 등의 기회를 갖도록 지원해 주어야 한다.

여섯째, 군상담사는 병영문화 개선을 위해 노력해야 한다. 부대별 오랜 전통의 병영문화가 장병들의 부대 적응에 주요한 요인이 된다. 더욱이 악·폐습은 병영 저변에 잠재하면서 근절시키기 어려운 특성이 있기 때문에 군인신분이 아닌 군 상담사는 병영문화 개선을 위한 연계자로서의 역할을 통해 개선해 나가야 한다.

2 군상담의 특성과 기대효과

1) 군상담의 특징

(1) 상담자와 내담자간의 인격적인 관계 형성이 어려움

군에서 병사들은 간부들이 자신들의 세계를 이해하기 어렵다는 인식이 뿌리 깊어서 솔직한 대화 자체를 기피하는 현상과 비밀보장에 대한 불신으로 신뢰관계 형성이 어렵다.

(2) 상담자가 내담자의 문제를 해소해 줄 수 있는 범위와 정도에 한계

내담자에게 유익한 해결방법이 있더라도 적용하기 곤란한 경우로 인하여 병사들이 상담을 통하여 해결에 부정적인 태도를 가질 수 있다.

(3) 문제 해결을 할 때 제한된 경험에 집착하거나 감정에 치우칠 가능성

대부분의 내담자들은 20대 초반으로 육체적으로는 성인이지만 청소년기의 특성을 지니고 있다.

(4) 급격한 환경 변화와 역할 변화에 따라 정서적, 사회적 적응상에 문제발생

24시간 병영에서 공동생활 및 특수 임무를 수행하는 과정에서 부적응 문제가 발생할 소지가 있다.

(5) 부하들은 개인의 편리와 이익을 위해 거짓으로 문제를 호소할 가능성

선호보직, 휴가 및 외출외박에 대한 마음에 거짓호소 등을 하게 된다.

(6) 형식적인 상담 진행과 면담수준의 일반적인 상담 상존

일반간부의 경우 과도한 업무와 상담기법의 교육부재로 인한 전문 상담능력 부족 현상이 발생되는 반면에 병영생활 전문 상담관은 상담하게 될 병사의 수가 많아 형식적인 상담으로 그치게 되는 문제가 발생한다.

2) 군상담의 기능

군상담은 일반적인 상담과는 달리 장병들의 개인적인 문제뿐만 아니라 각종 부대의 문제와 연관되어 있으므로 군조직적인 문제와 연관된 특징이 있다. 따라서 군상담에서는 군조직적인 특성을 고려하여 병영문화와 조직원들의 문제를 이해한 가운데 상담이 진행되어야 한다. 따라서 군에서의 상담은 군 간부에 의한 상담자(지휘관, 주임원사, 교관, 훈육관 등)와 전문적인 상담사(병영생활 전문 상담관) 및 외부 상담전문가에 의해서 진행되며 군상담과 연관된 분야와 기능은 다음과 같다.

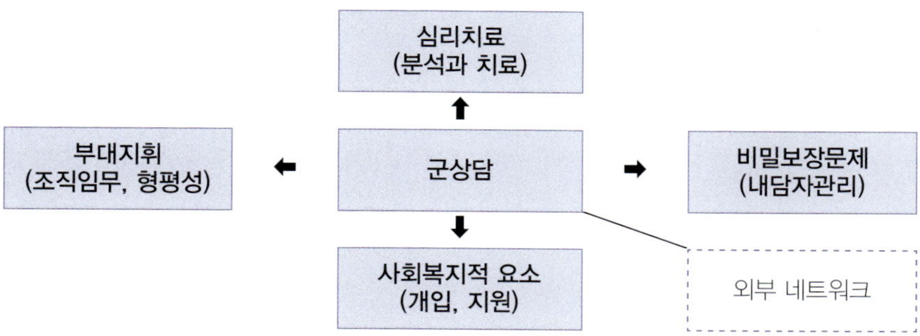

[그림 15-1] 군 상담과 연관된 분야

출처: 유홍위 외(2016).

(1) 부대 지휘 기능

병영생활에 적응하지 못하는 장병, 개인주의적 성향, 부여된 임무수행을 함에

있어서 능력이 떨어지는 자 등의 문제를 통합하는 기능한다. 또한, 장병들의 성격과 성향 및 심리적인 특성과 개성을 바탕으로 부대의 임무 수행을 위하여 하나로 통합할 수 있는 지휘역량을 강화하는 기능이 있다.

(2) 심리치료적 기능

자살충동, 부적응, 문제행동, 외상 후 스트레스 장애(PTSD), 주의력결핍 과잉행동장애(ADHD), 우울증, 공황장애, 불안장애, 근무 부적응 등에 대한 심리치료의 기능이 있다.

(3) 사회복지적 기능

병영에서 장병 및 부대관리적인 측면에서 심리상담적인 문제를 예측하고 예방하는 진단과 개입을 실시한다. 또한, 장병의 생태체계적인 요인으로 인하여 발생하는 문제 해결을 통하여 정상적인 근무를 할 수 있도록 돕는다.

(4) 고의 및 허위 부적응 장병에 대한 조정 기능

허위 부적응 태도(자살, 불안, 폭행 등)를 보이는 장병들에 대한 조정을 한다.

(5) 외부 전문기관과의 연계

군 내부적 자원으로 해결할 수 없는 전문적인 호소 문제 또는 외부 전문가를 통하여 효과적이라 판단되는 경우에 전문적인 네트워크를 구성하여 활용하게 된다.

3) 군상담의 기대효과

군상담은 각종 개인의 호소 문제와 부대 임무수행적인 측면에서 효용성, 필요성, 발전성과 직결된 문제이다. 따라서 군에서 상담은 장병들이 긍정적으로 병영생활을 할 수 있어야 하며, 군조직 관리에 효과적이어야 한다.

〈표 15-1〉 **군상담의 기대효과**

개인 차원	조직 차원
· 개인의 호소 문제 해결 · 심리적·정서적 안정을 유지 · 동료·상하급자와의 원만한 대인관계 유지 · 병영생활에 대한 적응력 향상 · 부대 임무 수행력 향상 · 개인과 조직의 비전적 역할 수행	· 부대의 임무수행에 긍정적 · 사고예방 효과 · 조직 몰입도 향상 · 부대의 사기 증진 · 부대원들에 대한 존중과 배려심 증대 · 리더십 역량 강화 · 업무의 능률 향상

출처: 유홍위 외(2016).

3 군상담과 일반상담의 비교

1) 군상담 실무자와 상담유형

(1) 군 상담 실무자

상담의 목표를 달성하기 위하여 군 간부에게 상담이론 및 방법에 대한 교육과 적절한 훈련으로 부하의 문제 해결을 위한 상담교육 선행이 필요하다.

〈표 15-2〉 **군 상담실무자 비교**

일반적인 상담 실무자 군간부(주임원사, 소대장, 중대장 등)	전문적인 상담사 병영생활 전문 상담관, 군종장교 등
· 면담 및 코칭 수준 - 상담교육 수준에 따라 수준 차 - 내담자의 심리적 문제해결 보다조언, 충고, 공감, 지휘조치에 비중을 두고 있음	· 장병의 심리치료 중점 · 심리적 문제 해결 · 복무부적응 문제 개선 · 집단 상담을 통한 부대적응력 유지 · 개인의 문제 해결에 중점

출처: 유홍위 외(2016).

(2) 군상담의 유형

가. 공식적 상담

군에서의 공식적인 상담은 군 간부가 상담자가 되어 부하 병사들에게 하는 상담으로서 지휘자(관)이 병사의 면담을 하는 형태와 상담교육을 일정기간 이수한 간부들에 의한 상담으로 나누어 볼 수가 있다. 군 상담실무자는 주임원사, 행정보급과, 반장 팀장, 여성고충 상담관 등이 군상담 교육을 이수한 후에 군 상담실무자로 활동하게 된다. 따라서 군에서의 공식적인 상담자는 '전문적인 상담교육을 받은 군 상담전문가, 군 상담실무자에 의해 내담자의 심리적, 정서적, 정신적, 신체적인 호소 문제 등을 해결하고 자아의 발견과 성장에 도움을 주며, 촉진하는 전문가'라고 할 수 있다. 특히 군에서는 2006년부터 병영생활 전문 상담관이 보직되어 연대급에서 병영생활에 대한 상담을 하는 병영생활 전문 상담관, 생명의 전화 전문 상담관, 성고충 전문 상담관 등으로 나누어 활동하고 있다.

〈표 15-3〉 군상담의 유형

구분	유형	
공식적	간부에 의한 상담	· 상담자: 장교 및 부사관 · 방법: 면담형태의 일반적 상담 · 기간: 연중 지속
	전문 상담관에 의한 상담	· 상담자: 병영생활 전문 상담관 · 방법: 전문 상담기법에 의한 장병들의 호소문제 상담 · 기간: 연중 지속
비공식적	전문 상담사에 의한 상담	· 상담자: 지역사회 전문 상담사 · 방법: 장병들의 집단상담, 호소문제 · 기간: 단기간
	자원봉사자에 의한 상담	· 상담자: 지역사회 상담사, 수련생 · 방법: 장병들의 집단상담, 부대적응 지원 · 기간: 단기간, 일회성

출처: 유홍위 외(2016).

나. 비공식적 상담

비공식적인 상담은 군이 주둔하고 있는 지역의 전문 상담기관(건강가정지원센터, 사회복지관 등) 또는 상담 관련 전문가(심리치료사, 종교관계자 등)들이 부대와 협의하에 장병들의 부대 적응 및 심리안정 등을 위해 지자체 및 자체기관의 예산으로 하는 상담활동과 자원봉사 방법 등으로 나누어 볼 수 있다.

2) 군상담과 부대 임무수행과의 관계

군에서의 상담을 위해서는 일반 상담과 달리 고려해야 할 부분이 있다.

즉, 군상담에서는 '상담'의 측면과 '부대임무수행'이라는 부분을 동시에 고려해야 한다. 일반적으로 상담은 상담자와 내담자 간의 비밀이 보장된 가운데 상담이 진행되는데 반하여 군상담은 제3자(지휘관, 간부 등)가 내담자의 호소문제에 대하여 지휘조치를 통하여 알게 되는 경우가 대부분이다. 따라서 군상담사는 이 두 가지를 잘 고려해서 상담을 진행해야 한다. 군에서의 상담은 내담자(장병)의 호소문제가 부대 지휘에 영향을 미치게 되는 경우가 대부분으로서 상담자가 내담자의 문제를 해결하기 위해서 비밀을 유지하기 힘들게 된다. 또한, 내담자의 문제를 해결하기 위해서는 지휘관을 포함한 부대의 협조와 조치가 필요하게 된다.

병영생활에 부적응하는 병사가 발생하게 되면 개인의 문제뿐만 아니라 부대의 임무수행에 부정적이게 되며 지휘부담은 물론 부대원들과의 관계에 악영향을 미치게 된다. 지휘관을 포함한 간부들은 사고 예방과 부적응 병사를 24시간 밀착해서 관찰 및 관리해야 하는 문제가 발생한다, 또한, 동료 장병들의 경우 부적응 병사가 병영생활 전반적인 분위기에 악영향을 미치게 됨으로써 구타 및 가혹행위 등 악폐습이 발생하게 된다.

병영에서 부적응 병사 및 각종 호소 문제를 지닌 병사들의 경우 지휘계통 간부들을 통하여 1차적으로 상담이 이루어지게 된다. 1차적 상담 실무자로서 간부는 다음과 같은 영영에서 군상담이 다루어지도록 해야 한다.

① 내담자의 호소문제에 대한 진단: 주요문제, 증상, 그동안의 사건 등

② 지휘계통에서 다룰 수 있는 내용 여부: 전문인력, 상황, 여건 등

③ 비밀보호와 지휘조치 간의 균형 및 조화 방법

- 장병들에게 어느 수준까지 지휘조치가 될 것인가에 대한 내용 제시

④ 병영 내부의 상담의 경우 내담자의 문제를 해결하는 데 주요한 타인 유무에 대한 확인

⑤ 내담자 상담 내용에 대한 상담 내용 일지관리

3) 일반상담과 군상담의 차이

일반적인 상담은 상담전문가에 의해서 현대인이 생활하는 데 개인의 가정생활, 심리적, 정신적인 각종 호소문제가 있는 내담자(노인, 아동, 여성, 장애인, 가족, 근로자 등)를 대상으로 전문적인 상담센터(상담실) 등에서 진행되고 있다. 반면에 군상담은 군조직의 유지와 발전을 위해 실시되는 임무수행의 1차적인 현장에서 부적응하거나 개인의 각종호소 문제를 해결하기 위해 실시되는 2차적 과업수행이라는 특징을 지니고 있다. 상담의 윤리적인 측면에서 보면 내담자의 비밀보장이 매우 주요한 요소인데 군에서의 상담은 병영이라는 제한된 공간에서 단체 생활을 한다는 측면에서 상담 장소의 비밀보장의 어려움, 상담시간의 제약성으로 인하여 비밀보장의 문제가 있다.

〈표 15-4〉 **군상담과 일반상담의 차이**

군상담		일반상담
조직 임무와 단체성 중시	**상담 주안**	개인의 호소문제 해결
수직적 관계 및 이중역할 (군 간부 + 상담자) 간부로서 부대 임무중시	**내담자와의 관계**	수평적 관계 상담자로서의 역할 충실
비밀보장 및 문제해결 범위에 제한	**비밀보장**	비밀보장 및 문제해결 한계 없음
허위 상담자 발생	**기타**	허위 상담자 거의 없음

출처: 유홍위 외(2016).

4 수준별 군 상담

장병들에 대한 상담은 상담전문가에 의해서 진행되기도 하지만 병영생활에 대한 애로 및 고충사항을 비롯하여 군 생활을 원활하게 하기 위하여 분대장 및 소대장을 비롯하여 군종장교 등 직책별로 상담을 진행하게 된다. 군에서 간부에 의한 직책별 상담은 면담수준이라고 볼 수 있다. 반면심리검사나 고급상담은 병영생활 전문 상담관을 비롯하여 상담전문가에 의뢰하여 상담과 심리치료를 받도록 하는 것이 바람직하다. 직책별 상담 모델을 살펴보면 다음과 같다.

1) 동료상담

(1) 개요

동료상담은 병사들과 유사한 연령과 계급의 병사인 분대장, 군종병, 의무병 등이 또래 또는 동료 상담자로 임무를 수행하게 된다.

(2) 상담 수준

① 동료상담자는 병영생활 과정에서 문제를 지닌 복무부적응 병사나 가정문제, 이성문제, 건강상의 문제가 있는 병사들의 초기 상담자로서 역할을 수행하게 된다.

② 동료상담자는 병사들의 하루하루 신상의 문제에 대하여 고민을 들어주고 공감해 줌으로써 마음의 안정을 갖도록 지도한다.

③ 동료상담자는 필요시에 소대장이나 중대장에게 내담자의 문제를 보고하여 조치를 받도록 한다.

(3) 상담효과

병영생활 과정에서 고민을 경청하고 공감해 줌에 따라 정서적 안정을 유도할 수 있으며, 복무 부적응 등 문제병사에 대한 조기발견 및 진단으로 병영사고 및 사건을 예방하고 개인의 문제를 해결하는 효과가 있다.

2) 초급상담

(1) 개요

초급간부에 의한 상담은 일반 병사들과 비슷한 세대로서 유사한 가치관을 가지고 생활하면서 24시간 밀착하여 동고동락하는 소대장이나 부소대장이 초급 상담자가 된다.

(2) 상담 수준

① 전입신병에 대하여 초기상담을 실시한다.

② 초급 상담자는 상담에 대한 기초이론과 병무청 인성검사와 육군다면적인성검사(KMPI)와 같은 군에서 실시하는 검사의 해석 내용을 이해할 수 있는 수준을 유지한다.

③ 병사들과 영내에서 직접적인 상담을 하면서 그들의 고민 문제를 듣고 해결해 줄 수 있는 일반적인 상담 수준을 보유한다.

④ 문제병사에 대해서는 보다 더 구체적인 문제를 파악하고 해결 방법을 강구할 수 있는 상담기법에 대하여 이해할 수 있도록 유지한다.

⑤ 문제를 지닌 병사들의 초기 상담자로서 멘토 상담자의 역할을 한다.

⑥ 성격적인 문제를 지닌 병사에 대해서는 인성검사를 통하여 나타난 문제점을 확인하고 지속적인 관찰과 지도를 할 수 있어야 한다.

⑦ 건강문제를 지닌 병사의 경우 수시로 확인하여 건강상의 문제로 근무에 지장이 없도록 조치하며, 필요시 진료를 받도록 조치한다.

⑧ 소대장이나 부소대장으로 지속적인 관찰과 상담을 통하여 부대원들의 애로사항을 들어주고 조치해 준다.

⑨ 초급상담자는 필요시에 중대장에게 내담자의 문제를 보고하여 조치를 받도록 한다.

⑩ 자살우려자, 성격문제 등으로 고민하는 병사들에 대해서는 전문적인 상담을 받도록 건의해야 한다.

(3) 상담효과

근무에 문제가 있는 병사를 파악하여 지속적으로 병사들의 신상변화를 확인하며, 문제가 있는 병사에 대해서는 공감과 수용을 통하여 호소 문제를 해결하고 부대생활에 잘 적응하도록 돕는다. 또한, 군 복무 부적응 등의 문제가 있는 병사에 대한 조기발견 및 진단으로 조기에 문제를 예방하고 해결하여 안정적인 부대를 유지한다.

3) 중급상담

(1) 개요

중급상담은 병사들의 보직 부여, 휴가나 외출외박 및 경계근무 편성, 진급이나 일과 후 병영생활의 통제 등 행정권을 가지고 있는 중대의 중대장 및 중대 행정보급관이 중급 상담자가 된다.

(2) 상담 수준

① 전입신병에 대하여 초기상담을 실시한다.

② 초급상담자는 상담에 대한 기초이론과 병무청 인성검사와 KMPI와 같은 군에서 실시하는 검사의 해석에 대한 기초적인 지식을 갖추고, 전문가의 인성검사 해석결과 내용을 이해할 수 있는 수준을 유지한다.

③ 병사들과 중대장실 등에서 직접적인 상담을 하면서 그들의 호소 문제를 듣고 보다 더 구체적으로 해결해 줄 수 있는 상담 수준을 보유한다.

④ 집중인성교육 진행절차에 대하여 이해 할 수 있도록 유지한다.

⑤ 중급상담자는 군생활의 경험과 상담에 대한 지식 및 자신에게 부여된 권한의 범위 내에서 상담 및 지휘조치를 할 수 있다.

⑥ 가정적인 문제로 고민하는 병사는 부모 및 친지와의 상담이나 포상휴가를 조치하고, 복무부적응 병사나 전입 신병에 대해서는 후견인 또는 전우조(buddy system)를 편성해 주거나 보직을 조정해 준다.

⑦ 성격적인 문제를 지닌 병사에 대해서는 인성검사를 통하여 나타난 문제점을 확인하고 병영생활 전문 상담관이나 군종장교의 도움을 받아 선도할 수 있도록 지도한다.

⑧ 건강문제를 지닌 병사의 경우 수시로 확인하여 건강상의 문제로 근무에 지장이 없도록 조치하며, 필요시 진료를 받도록 조치한다.

⑨ 중급상담자는 필요시에 대대장에게 내담자의 문제를 보고하여 필요한 조치를 받도록 한다.

⑩ 자살우려자, 성격문제 등으로 고민하는 병사들에 대해서는 전문적인 상담을 받도록 조치한다.

⑪ 전역이 임박한 병사들에 대해서는 진로에 대한 조언과 집중인성교육을 진행할 수 있는 기초적인 능력을 보유해야 한다.

(3) 상담효과

근무에 문제가 있는 병사를 파악하고 기초상담자의 상담결과를 바탕으로 개인상담을 실시하며 문제의 원인이 무엇인지를 확인해서 해결할 수 있다. 또한, 집중인성교육 프로그램을 통하여 근무 중 발견되지 않은 개인의 문제를 집단차원의 문제와 개인차원의 문제로 파악하고 적절한 조치와 해결방안을 도출할 수 있다.

4) 고급상담

(1) 개요

군에서 고급상담은 간부 및 병사들의 호소 문제를 상담할 수 있도록 다양한 상담과 심리치료 기법을 통하여 문제를 파악하고 해결해 줄 수 있는 능력을 갖춘 병영생활 전문 상담관 및 군종장교, 상담교관 등이 고급상담자가 된다.

(2) 상담 수준

① 문제가 발견된 내담자들과 직접적인 상담을 통해 문제나 고민을 해결해 줄

수 있는 전문적인 개인상담 및 집단상담을 진행한다.

② 부대별로 초급 간부들에게 상담의 기초이론과 방법을 교육할 수 있는 능력과 수준을 유지한다.

③ 병영 내 별도로 설치된 상담실 등에서 전문적인 상담을 할 수 있는 능력을 보유한다.

④ 인성검사를 해석할 수 있는 능력을 구비하고, 문제병사에 대한 구체적인 문제를 파악하며 호소 문제를 해결하도록 능력을 갖추고 전문적인 상담과 치료를 할 수 있는 수준을 유지한다.

⑤ 고급상담자는 인성검사를 통하여 발견된 내담자에 대하여 전문적인 상담을 실시하고 자살 우려자 및 병영생활에서 발견되는 문제에 대하여 상담 및 심리치료를 할 수 있도록 유지한다.

⑥ 가정적인 문제로 고민하는 병사는 부모 및 친지와의 상담을 실시하고 필요시 지휘조치를 위한 포상휴가, 보직 조정 등을 지휘계통에 건의한다.

⑦ 성격적인 문제를 지닌 병사에 대해서는 인성검사를 통하여 나타난 문제점을 확인하고 상담 및 심리치료를 진행한다.

⑧ 고급상담자는 필요시에 대대장에게 내담자의 문제를 보고하여 필요한 조치를 받도록 한다.

⑨ 자살우려자, 성격문제 등으로 고민하는 병사들에 대해서는 심층 상담을 실시하고 정신과 등의 전문적인 상담을 받도록 조치한다.

(3) 상담효과

근무에 문제가 있는 간부 및 병사에 대하여 집중적인 개인상담을 통해 문제가 무엇인지를 확인하고, 문제해결을 위한 치료와 지속적인 상담을 해 줄 수 있다. 집중인성교육을 통해서 부대 내에서 발견되지 않은 집단차원의 문제와 개인적인 문제를 파악하고 이에 대한 적절한 조치와 해결방안을 제시할 수 있다. 또한, 부대의 간부(초급, 중급 상담자)에 대한 상담교육을 통해 상담의 전문성을 향상시키는 데 기여할 수 있다.

〈표 15-5〉 수준별 상담모델

구분	동료상담	초급상담	중급상담	고급상담
상담자	분대장, 군종병, 의무병, 동기생	소대장, 부소대장	중대장, 행정보급관	병영생활 전문 상담관, 군종장교
상담 목표	· 문제사병 파악 · 공감 및 문제완화	· 전입신병 1차 상담 · 문제사병 문제 파악 및 조치 건의	· 전입신병 안정화 · 문제사병 문제 파악 및 조치 건의	· 병사의 심리정서적 호소문제 파악 · 해결 및 지휘조치 건의
상담 능력	· 동료상담 능력구비 · 기초상담 기법 이해	· 일반적인 상담방법 이해 · 개인상담기법 숙지 · 인성검사 결과에 따른 병사관리법 숙지	· 구체적인 개인상담 능력 구비 · 집단상담 능력구비 · 인성검사 이해	· 개인 및 집단상담을 통한 개인과 부대 운영 조언 · full-battery실시 및 해석능력 구비
문제 해결 수준	· 복무부적응, 자살, 성적 문제 파악 · 지휘계통으로 보고 · 건강, 이성, 가정문제 파악 및 공감	· 이성문제(공감) · 대인관계(개선) · 성격문제(이해) · 복무부적응(멘토)	· 가정문제(조치) · 복무부적응(멘토지정, 지휘관심)	· 심리 및 정서를 포함한 다양한 호소문제 파악 후 해결 및 지휘조치 건의
역할	· 병사 신상파악 및 관찰보고 · 애로사항 건의	· 신상파악 · 수시 관찰 및 상담 · 상담능력 자기계발	· 애로사항 조치 및 지도감독 · 상담을 통한 문제 지휘조치	· 전문 상담능력 구비 · 간부 상담교육

5 군복지 상담의 발전방향

첫째, 병영에서 장병들의 욕구 문제를 해결할 수 있도록 군복지 상담을 주관하는 부서 및 직책을 만들고 제대별로 지역상담기관과 연계하여 상담교육을 진행해 나갈 필요가 있다. 각 군과 제대별로 규격화된 교육시간과 교육내용 등 커리큘럼을 통일하여 상담 실무자 및 전문가를 양성하는 등 체계적으로 장병상담의 전문성을 제고해 나가야 할 것이다. 또한, 일부 상담관련 단체들이 국방부와 각 군별로 연계함으로서 일관성 부족 및 중복교육의 문제가 있다.

둘째, 장병들의 유형별 호소문제와 집단의 특성을 고려한 상담기법과 상담모델을 표준화하고, 군 상담 대상을 위한 상담기법, 심리검사방법 및 심리치료 기법 등을 적용할 필요가 있다. 이를 통해 군에서는 지휘관의 선호성과 군상담사의 전문성 및 성향에 따라서 상담의 기법이 달라지지 않도록 추진해 나가야 할 것이다.

셋째, 변화하는 사회 환경에 따라서 군에 입대하는 장병들의 가치관, 사생관 등을 고려하고 군의 특수 환경과 사회 환경의 변화에 따른 장병들의 행동에 관하여 심도 있게 연구할 수 있는 전문가를 양성해 나가야 할 것이다.

넷째, 장병들의 고의적인 병영생활 부적응 문제를 식별할 수 있는 방안이 필요하다. 병영생활에 회의를 지닌 병사가 군 복무에 대한 회피와 편한 보직을 위하여 거짓으로 문제를 호소하는 경우 이를 면밀히 검증하고 조치하는 객관적이 매뉴얼을 제작하여 지휘관이 지휘 부담을 해결할 수 있도록 해야 한다. 고의적 부적응 장병들로 하여금 부대 임무수행을 위한 직무 몰입도 향상을 위한 정책적 대안 마련이 필요하며, 부대의 지휘 부담을 줄여줄 수 있는 정책적인 차원에서 가이드라인이 마련되어야 할 것이다.

다섯째, 24시간 병영 내에서 공동생활을 하는 병사들이 비밀이 보장된 가운데 상담을 할 수 있는 상담 시간과 장소가 보장될 수 있도록 하고, 복무 부적응 문제 등으로 인하여 낙인의 문제가 발생하지 않도록 노력해 나가야 할 것이다.

부록 #1 군인복지기본법

법률 제13242호 일부개정 2015. 03. 27.

제1조 (목적) 이 법은 군인의 생활 안정과 삶의 질 향상을 도모하고 군의 사기를 높이며 나아가 군인으로 하여금 임무수행에 전념할 수 있도록 하기 위하여 군인에 대한 복지정책의 수립 및 복지사업의 수행에 필요한 사항을 규정함을 목적으로 한다.

제2조 (정의) 이 법에서 사용하는 용어의 정의는 다음과 같다.

1. "군인"이란 현역으로서 「군인사법」 제2조제1호에 따른 장교 · 준사관 · 부사관 및 병을 말한다.
2. "군인가족"이란 다음 각 목의 어느 하나에 해당하는 자를 말한다. 가. 배우자 나. 본인 및 배우자의 직계존속 다. 본인 및 배우자의 직계비속
3. "복지시설"이란 군인의 복지를 증진하기 위하여 국방부장관이 운영하는 다음 각 목의 시설을 말한다.
   가. 군인자녀 기숙사
   나. 군 매점, 영내 주유소
   다. 복지회관, 휴양소 및 콘도미니엄
   라. 그 밖에 군인의 복지 증진에 필요하다고 인정하여 국방부장관이 지정하는 시설
   마. 가목부터 라목까지에 따른 시설에 부수되는 시설
4. "체육시설"이란 군인의 체력을 유지 · 향상시키기 위하여 설치된 시설(군 골프장을 포함한다)을 말한다.

제3조 (국가의 책무) ① 국가는 국토방위의 의무를 수행하는 군인이 복무 중에는 그 임무수행에만 전념하고, 전역 후에는 안정된 생활을 할 수 있도록 여건을 조성하여야 한다.

② 국가는 군인복지에 관하여 필요한 시책을 수립 · 시행하여야 한다.

제4조 (다른 법률과의 관계) 군인의 복지에 관하여 다른 법률에 규정된 것을 제외하고는 이 법으로 정하는 바에 따른다.

제5조 (복지사업 재원) 군인의 복지사업에 사용되는 재원은 「군인복지기금법」에 따른 군인복지기금과 「기부금품의 모집 및 사용에 관한 법률」에 따라 접수된 기부금품으로 충당한다.

제6조 (군인복지기본계획의 수립 · 시행) ① 국방부장관은 5년마다 제8조에 따른 군인복지위원회의 심의를 거쳐 군인복지기본계획(이하 "기본계획"이라 한다)을 작성하고 관계 중앙행정기관의 장과 협의한 후 대통령의 승인을 받아 이를 확정한다. 수립된 기본계획을 변경하는 때에도 또한 같다.

② 기본계획에는 다음 각 호의 사항이 포함되어야 한다.

1. 군인복지정책의 기본목표 및 추진방향
2. 군인의 복지시설 및 체육시설 (이하 "복지시설등"이라 한다)의 설치 · 운영에 관한 사항
3. 군인의 복지사업에 사용되는 재원조달 및 운용에 관한 사항
4. 그 밖에 군인의 복지증진을 위하여 필요하다고 인정하는 사항

③ 관계 중앙행정기관의 장은 기본계획에 따라 소관별로 연도별 시행계획을 수립하여 국방부장관에게 통보하고 이를 시행하여야 한다.

④ 기본계획의 수립절차 및 시행계획의 수립·시행 등에 필요한 사항은 대통령령으로 정한다.

제7조 (실태조사) ① 국방부장관은 5년마다 군인의 복지 실태에 관한 조사를 실시하고 그 결과를 기본계획에 반영하여야 한다.

② 제1항에 따른 실태조사 사항 및 방법 등에 필요한 사항은 대통령령으로 정한다.

제8조 (군인복지위원회) ① 군인에 대한 복지정책의 수립 및 그 시행 등에 관한 사항을 심의하기 위하여 국방부에 군인복지위원회(이하 "위원회"라 한다)를 둔다.

② 위원회는 위원장 1인을 포함한 10인 이내의 위원으로 구성한다.

③ 위원장은 국방부차관이 되고, 위원은 군인복지정책에 관한 학식과 경험이 풍부한 사람과 고위공무원단에 속하는 관계 중앙행정기관의 일반직 공무원 및 국방부 소속 공무원 중에서 국방부장관이 위촉하거나 임명한다.

④ 위원회는 다음 각 호의 사항을 심의한다.

1. 군인복지정책의 기본방향에 관한 사항
2. 군인복지 향상을 위한 법령 및 제도개선과 예산지원에 관한 사항
3. 기본계획의 수립에 관한 사항
4. 제7조에 따른 군인복지 실태조사에 관한 사항
5. 그 밖에 군인복지와 관련하여 위원장이 제안하는 사항

⑤ 위원회의 사무를 처리하기 위하여 위원회에 간사 1인을 두되, 간사는 국방부 소속 공무원 중에서 위원장이 지명한다.

⑥ 위원의 임기 및 위원회의 구성과 운영 등에 필요한 사항은 대통령령으로 정한다.

제9조 (군 숙소 지원 등) ① 국가는 군인이 안정된 주거생활을 함으로써 근무에 전념할 수 있도록 하기 위하여 군인(지원에 의하지 아니하고 임용된 부사관 및 병을 제외한다. 이하 이 조 및 제10조에서 같다)에게 다음 각 호의 어느 하나에 해당하는 주거지원을 제공하여야 한다. 이 경우 주거지원을 제공받은 군인에게 입주보증금 등 주거지원에 따른 금전을 징수할 수 있다.

1. 관사 또는 독신자숙소(이하 이 조에서 "군 숙소"라 한다)
2. 민간주택전세금 대부(관사를 제공받지 못한 군인에 한정하여 제공한다)

② 군 숙소의 규모와 시설기준은 예산의 범위 안에서 국민의 평균주거수준을 고려하여 정한다.

③ 군 숙소의 관리, 민간주택전세금 대부 및 금전 징수 등을 위하여 필요한 사항은 국방부장관이 정한다.

제10조 (주택의 우선공급 등) ① 국가는 10년 이상 복무한 군인 중 무주택세대주에 대하여는 주택을 우선적으로 공급할 수 있다. 이 경우 입주자의 기준은 무주택기간, 복무기간, 부양가족 수 등을 고려하여 대통령령으로 정한다.

② 「택지개발촉진법」 제7조에 따른 택지개발사업의 시행자는 군인의 생활 안정과 복지증진을 도모할 목적으로 설립된 법인이 무주택 군인을 대상으로 주택을 공급하기 위하여 택지를 필요로 하는 경우에는 이를 우선하여 공급할 수 있다.

③ 국방부장관은 국방·군사시설을 다른 지역으로 이전함으로써 용도폐지된 잡종재산을 매

각하려는 경우 무주택 군인을 대상으로 주택을 공급하는 용도로 사용하려는 자에게 이를 우선하여 매각할 수 있다. 이 경우 「국유재산법」 제49조에 따라 해당 재산의 용도와 그 용도에 사용하여야 할 기간을 정하여 매각할 수 있다.

제11조 (보육 및 교육 지원) ① 국가는 군인의 근무지 이동 또는 근무형편상 같이 생활할 수 없는 사유로 그 자녀가 「초 · 중등교육법」에 따른 학교의 전학이나 편입학이 필요한 경우에는 군인의 특수성을 고려하여 전학이나 편입학을 지원한다.

② 국가 및 지방자치단체가 「영유아보육법」 제12조에 따라 군인 밀집지역에 국공립어린이집을 설치하는 경우 국방부장관은 어린이집 설치에 필요한 시설을 지방자치단체에 무상으로 사용·수익하게 할 수 있다.

③ 국방부장관은 군인의 근무형편상 군인과 같이 생활할 수 없는 군인의 자녀 중 다음 각 호의 어느 하나에 해당하는 자녀(국내에서 학습을 하고 있는 사람으로 한정한다)에게 숙식시설을 제공할 수 있다. 이 경우 국방부장관은 고등학교 졸업 이하의 학력을 취득하거나 인정받기 위하여 학습을 하고 있는 사람에게 숙식시설을 우선적으로 제공하여야 한다.

1. 「초 · 중등교육법」 제2조에 따른 학교의 학생
2. 「고등교육법」 제2조에 따른 학교의 학생
3. 「평생교육법」에 따라 학력이 인정되는 평생교육시설에서 학습을 하고 있는 사람
4. 「학점인정 등에 관한 법률」 제3조제1항에 따라 평가인정을 받은 학습 과정을 운영하는 교육훈련기관 또는 같은 법 제7조제2항제1호에 따른 학교에서 학습을 하고 있는 사람
5. 그 밖에 숙식시설을 제공할 필요가 있다고 국방부장관이 인정하는 사람

④ 제3항에 따른 숙식시설의 입주요건과 비용부담 등에 관한 사항은 대통령령으로 정한다.

제11조의 2 (교육시설에 대한 지원 등) 국가와 지방자치단체는 군인자녀의 교육여건을 개선하기 위하여 「초 · 중등교육법」 제2조에 따른 학교를 설립하는 자에게 교육운영 등에 필요한 지원을 할 수 있으며, 예산의 범위에서 교육시설의 설치 및 운영에 필요한 비용의 전부 또는 일부를 보조할 수 있다.[본조신설 2012.1.26] [[시행일 2012.4.27]]

제14조 (군인복지시설의 설치 · 운영) ① 국방부장관은 군인의 복지증진과 체력의 유지 · 향상을 위하여 필요한 경우에는 제6조의 기본계획 및 시행계획에 따라 복지시설 등을 설치 · 운영할 수 있다.

② 국방부장관은 복지시설 등의 효율적인 운용을 위하여 필요한 경우에는 이 법에 따라 복지시설 등을 이용할 수 있는 군인 또는 군인가족 외의 사람에게도 복지시설등을 이용하게 할 수 있다.

③ 국방부장관은 복지시설 등을 통합하여 관리 · 운영하고 복지시설 등의 운용에 따른 회계처리는 「군인복지기금법」 의 규정에 따르며, 군별로 복지시설 등의 관리책임자를 지정할 수 있다.

④ 국방부장관은 복지시설등의 효율적 운영을 위하여 필요한 경우에는 위원회의 심의를 거쳐 복지시설 등을 민간업체에 위탁하여 운영할 수 있다.

⑤ 복지시설 등의 관리책임자 지정 및 위탁 운영 등 복지시설 등의 관리 · 운영에 필요한 사항은 대통령령으로 정한다.

제15조 (노후설계 교육) 국방부장관은 군인의 생활 안정 및 노후준비 인식 확산과 체계적인 노후준

비를 위하여 노후설계 교육 사업을 할 수 있다. 이 경우 국방부장관은 노후설계 전문 교육 기관에 사업을 위탁하여 운영할 수 있다.

부칙 [2007. 12. 21. 제8731호]

① **(시행일)** 이 법은 2008년 3월 1일부터 시행한다. 다만, 제14조 제3항에 따른 복지시설등의 통합운영은 이 법 시행 후 6개월이 경과한 날부터 시행한다.

② **(복지시설등에 관한 경과조치)** 이 법 시행 당시 설치 · 운영되고 있는 복지시설등은 이 법에 따라 설치 · 운영되는 것으로 보며, 이 법 시행 당시 설치 중인 복지시설등은 이 법에 따라 설치 중인 것으로 본다.

③ **(복지사업에 관한 경과조치)** 이 법 시행 당시 시행 중인 군인복지사업은 이 법에 따라 시행 중인 것으로 본다.

④ **(복지시설등 위탁 운영에 관한 경과조치)** 이 법 시행 당시 복지시설 등을 민간업체에 위탁 운영 중인 경우 종전의 위탁운영계약은 이 법에 따른 것으로 보되, 계약기간을 따로 정하지 아니한 경우 그 계약은 2008년 12월 31일에 만료된다.

부칙 [2009. 1. 30. 제9401호(국유재산법)]

제1조 (시행일) 이 법은 공포 후 6개월이 경과한 날부터 시행한다. 〈단서 생략〉제2조부터 제9조까지 생략

제10조 (다른 법률의 개정) ① 부터 〈16〉까지 생략〈17〉 군인복지기본법 일부를 다음과 같이 개정한다.제10조제3항 후단 중 "「국유재산법」 제39조"를 "「국유재산법」 제49조"로 한다. 〈18〉 부터 〈86〉까지 생략제11조 생략

부칙 [2011. 6. 7. 제10789호(영유아보육법)]

제1조 (시행일) 이 법은 공포 후 6개월이 경과한 날부터 시행한다. 〈단서 생략〉제2조부터 제5조까지 생략

제6조 (다른 법률의 개정) ①부터 ⑧까지 생략⑨ 군인복지기본법 일부를 다음과 같이 개정한다.

제11조 제2항 중 "국공립보육시설"을 "국공립어린이집"으로, "보육시설"을 "어린이집"으로 한다. ⑩ 부터 〈32〉까지 생략

부칙 [2011. 12. 31. 제11141호(국민건강보험법)]

제1조 (시행일) 이 법은 2012년 9월 1일부터 시행한다. 〈단서 생략〉제2조부터 제20조까지 생략 제21조(다른 법률의 개정) ①부터 ⑩까지 생략 ⑪ 군인복지기본법 일부를 다음과 같이 개정한다. 제13조 제1항 중 "「국민건강보험법」 제47조"를 "「국민건강보험법」 제52조"로 한다. ⑫부터 〈28〉까지 생략 제22조 생략

부칙 [2012. 1. 26. **제**11225**호**]

이 법은 공포 후 3개월이 경과한 날부터 시행한다.

부칙 [2012. 3. 21. **제**11389**호(군보건의료에 관한 법률)**]

제1조 (시행일) 이 법은 공포 후 6개월이 경과한 날부터 시행한다.

제2조 (다른 법률의 개정) 군인복지기본법 일부를 다음과 같이 개정한다.

제12조 및 제13조를 각각 삭제한다.

부칙 [2014. 1. 14. **제**12230**호**]

이 법은 공포한 날부터 시행한다.

부칙 [2014. 10. 15. **제**12787**호**]

이 법은 공포 후 6개월이 경과한 날부터 시행한다.

부칙 [2015. 3. 27. **제**13242**호**]

이 법은 공포한 날부터 시행한다.

부록 #2 군인복지기금법

제1조 (목적) 이 법은 군(軍)의 복지사업을 효율적으로 수행하기 위하여 군인복지기금을 설치 · 운용함으로써 군인 등의 생활안정과 국군의 전력 향상에 이바지함을 목적으로 한다.

[전문개정 2011. 5. 24.][[시행일 2011. 11. 25.]]

제2조 (정의) 이 법에서 사용하는 용어의 뜻은 다음과 같다.

1. "복지시설"이란 「군인복지기본법」 제2조 제3호에 따른 복지시설을 말한다.
2. "체육시설"이란 「군인복지기본법」 제2조 제4호에 따른 체육시설을 말한다.

[전문개정 2015. 3. 27.]

제3조 (군인복지기금의 설치) 정부는 제1조의 목적을 달성하기 위하여 군인복지기금을 설치한다.

[전문개정 2011. 5. 24.][[시행일 2011. 11. 25.]]

제3조의 2 (군인복지기금의 계정구분) 군인복지기금은 복지계정 · 학자금대부계정 및 전세대부계정으로 구분한다.

[본조신설 2011. 5. 24.][[시행일 2011. 11. 25.]]

제4조 (복지계정의 재원과 용도) ① 복지계정의 재원은 다음 각 호와 같다.

[개정 2015. 3. 27.]

1. 복지시설 및 체육시설(이하 "복지시설 등"이라 한다)의 운영으로 생긴 수입금
2. 국가 외의 자가 복지시설등의 사용허가를 받아 납부한 사용료
3. 군인복지기금증식사업으로 생긴 수입금
4. 군인복지기금재산의 매각대금
5. 다른 회계 또는 기금으로부터의 전입금
6. 다른 회계 또는 기금으로부터의 차입금
7. 군인복지기금의 다른 계정으로부터의 예수금
8. 복지계정의 운용수익

② 복지계정은 다음 각 호의 용도로 운용한다.
[개정 2015. 3. 27.]

1. 복지시설등의 유지 및 관리
2. 복지시설등의 신설 및 증설
3. 군인 · 군무원 및 그 가족의 사기 진작에 필요한 사업으로서 대통령령으로 정하는 사업
4. 군인 및 군무원 자녀에 대한 장학사업의 지원
5. 예비역 군인의 군사연구활동의 지원
6. 차입금의 원리금 상환
7. 그 밖에 복지계정의 조정 · 관리 또는 운용을 위하여 필요한 경비

[전문개정 2011. 5. 24.][[시행일 2011. 11. 25.]]

제4조의2 (학자금대부계정의 재원과 용도) ① 학자금대부계정의 재원은 다음 각 호와 같다.

1. 다른 회계 또는 기금으로부터의 전입금
2. 다른 회계 또는 기금으로부터의 차입금
3. 군인복지기금의 다른 계정으로부터의 예수금
4. 학자금대부계정의 운용수익

② 학자금대부계정은 군인 본인 및 자녀에 대한 학자금 대부 용도로 운용한다.
[본조신설 2011. 5. 24.][[시행일 2011. 11. 25.]]

제4조의 3 (전세대부계정의 재원과 용도) ① 전세대부계정의 재원은 다음 각 호와 같다.
[개정 2015. 3. 27.]

1. 「군인복지기본법」 제9조 제1항에 따른 주거지원과 관련된 다음 각 목의 수입금
   가. 주거지원에 따른 채무를 담보하기 위하여 징수하는 입주보증금
   나. 관사 퇴거 대상자가 퇴거하지 아니할 때 징수하는 관사퇴거지연금
   다. 민간주택전세 대부상환 지연이자
2. 삭제 [2015. 3. 27.]
3. 다른 회계 또는 기금으로부터의 전입금
4. 다른 회계 또는 기금으로부터의 차입금
5. 군인복지기금의 다른 계정으로부터의 예수금

6. 전세대부계정의 운용수익

② 전세대부계정은 다음 각 호의 용도로 운용한다.

[개정 2015. 3. 27.]

1. 「군인복지기본법」 제9조 제1항 제2호에 따른 민간주택전세금의 대부
2. 입주보증금의 반환

[본조신설 2011. 5. 24.][[시행일 2011. 11. 25.]]

제5조 (차입금) ① 국방부장관은 군인복지기금의 재원을 마련하기 위하여 필요한 경우에는 군인복지기금의 부담으로 다른 회계 또는 기금으로부터 차입(일시 차입을 포함한다)할 수 있다.

② 제1항에 따른 일시차입금은 해당 회계연도 내에 상환하여야 한다.

[전문개정 2011. 5. 24.][[시행일 2011. 11. 25.]]

제6조 삭제

[2011.5.24][[시행일 2011. 11. 25.]]

제7조 (군인복지기금의 관리 및 운용) ① 군인복지기금은 국방부장관이 관리 · 운용한다.

② 군인복지기금은 「국가회계법」에 따라 회계 처리한다.

[전문개정 2011.5.24][[시행일 2011.11.25]]

제8조 (회계연도) 군인복지기금의 회계연도는 정부의 회계연도에 따른다.

[전문개정 2011.5.24][[시행일 2011. 11. 25.]]

제9조 (군인복지기금의 회계기관) ① 국방부장관은 소속 공무원 중에서 군인복지기금의 수입과 지출에 관한 사무를 수행할 기금수입징수관 · 기금재무관 · 기금지출관 및 기금출납공무원을 임명한다.

② 제1항의 기금수입징수관 · 기금재무관 · 기금지출관 및 기금출납공무원의 임명은 국방부장관의 소속 관서에 설치된 직위를 지정함으로써 갈음할 수 있다.

[전문개정 2011. 5. 24.][[시행일 2011. 11. 25.]]

제10조 (군인복지기금계정의 설치) 국방부장관은 「한국은행법」에 따른 한국은행에 군인복지기금계정을 설치한다.

[전문개정 2011.5.24][[시행일 2011. 11. 25.]]

제11조 (권한의 위임) 이 법에 따른 국방부장관의 군인복지기금 관리 · 운용에 관한 사무는 대통령령으로 정하는 바에 따라 그 일부를 각 군 참모총장 및 국방부 직할부대장에게 위임할 수 있다.

[전문개정 2011. 5. 24.][[시행일 2011. 11. 25.]]

부칙 [1995. 12. 29. 제5062호]

제1조 (시행일) 이 법은 1996년 7월 1일부터 시행한다.

제2조 (기금의 귀속) 이 법 시행당시 각 부대 및 기관의 복지시설의 운영으로 취득하거나 발생한 자산 및 부채는 기금에 귀속되며, 그 귀속가액은 장부가액으로 한다.

제3조 (다른 기금으로부터의 이관) 군인연금특별회계법에 의한 군인연금기금중 1996년 6월 30일 현재의 군인에 대한 대부사업자금과 그 채권 및 채무는 1996년 7월 1일부터 기금이 포괄승계한다.

제4조 (복지시설의 운영에 관한 경과조치) 1996년 1월 1일부터 이 법 시행전까지 각 부대 및 기관에서 복지시설의 운영과 관련하여 행한 수입 및 지출등의 행위는 이 법에 의한 기금운용행위로 본다.

제5조 (다른 법률의 개정) ① 기금관리기본법중 다음과 같이 개정한다. [별표]에 제117호를 다음과 같이 신설한다. 117. 군인복지기금법

② 군인연금특별회계법중 다음과 같이 개정한다. 제7조 제2항 제3호를 삭제한다.

부칙 [2002. 12. 30. 제6836호(국고금관리법)]

제1조 (시행일) 이 법은 2003년 1월 1일부터 시행한다.

제2조 내지 제5조 및 제7조 생략 제6조 (다른 법률의 개정) 제1항 내지 제15항 생략 제16항 군인복지기금법 중 다음과 같이 개정한다. 제9조 제1항 및 제2항 중 "기금출납명령관과 기금출납공무원"을 각각 "기금수입징수관 · 기금재무관 · 기금지출관 및 기금출납공무원"으로 하고 동조 제3항을 삭제한다. 제17항 내지 제31항 생략

부칙 [2011. 5. 24. 제10702호]

① (시행일) 이 법은 공포 후 6개월이 경과한 날부터 시행한다.

② (적용례) 이 법 시행 당시 이미 징수한 퇴거지연 관리비는 제4조의 3의 개정규정에 따라 군인복지기금 전세대부계정의 재원으로 한다.

부 칙[2015. 3. 27. 제13241호]

제1조(시행일) 이 법은 공포한 날부터 시행한다.

제2조(입주보증금의 전세대부계정 재원에 관한 적용례) 이 법 시행 당시 이미 징수한 입주보증금은 제4조의 3의 개정규정에 따른 군인복지기금 전세대부계정의 재원으로 한다.

참고문헌

〈국내문헌〉

강종필(2000). 군인복지의 사회적 인식과 정책과제. 대구대학교대학원 박사학위논문.

강현영(2011). 군병원 전문 직원들의 군의료사회복지사에 대한 인식과 역할 기대에 관한 연구. 성균관대학교 석사학위논문.

강홍구(2006). 의료사회복지 실천론. 경기: 학현사.

고기숙 · 정미경(2009). 군병사의 자아존중감과 우울이 자살의도에 미치는 영향- 우울의 매개효과 검증. 사회복지연구, 1(40), 453-483.

곽용수(1997). 주요 국가들의 전역직업군인의 지원 정책. 한국군사문제연구원.

관병선(1994). 군복지시설 개선에 관한 연구. 국민대학교대학원 석사학위논문.

교육인적자원부(2006). 다문화가정 교육 지원을 위한 자료 개발 정책연구과제.

구남웅(2008). 부하가 자각하는 직속상관의 공감능력. 친밀도와 부하의 군 생활적응과의 관계. 한국심리학회, 20(4), 1227-1241.

구승신(2005). 군 사병들의 정신건강과 군사회복지 도입의 필요성. 한국학술정보(주).

구승신(2006). 신세대 병사의 정신건강 실태와 영향 요인에 관한 연구 : 경기도 육군 ○○부대 병사들을 대상으로. 정신 보건과 사회복지, 24, 64-93.

국가보훈처(2015). 각군(육 · 해 · 공군)통보자료 종합.

국가인권위원회(2005). 군대 내 인권상황 실태조사 및 개선방안 연구.

국군의무사령부(2016a). 군병원 외래환자 및 입원환자 현황.

국군의무사령부(2016b). 환자 보고통계.

국군지휘통신사령부(2007). 2007 군기강확립/사고예방활동계획.

국방부(2006). 국방통계연보.

국방부(2006). 군복지 종합발전계획서.

국방부(2007). 프랑스 군의료 및 복지기관이 방문보고서. 국방부 보건복지실.

국방부(2009a). 군인복지기본정책서.

국방부(2009b). 창의와 실용으로 만드는 국인복지 기본계획.

국방부(2010a). 군보건 통계. 국방부 보건복지관실.

국방부(2010b). 여성고충 상담관 상담역량 강화교육. 국방부.

국방부(2010c). 복지정책관계법령집.

국방부(2010d). 다문화시대의 선진강군.

국방부(2012). 2013~2017년 군인복지기본계획.

국방부(2013). 2012 국방백서.

국방부(2014). 다문화시대의 선진강군.

국방부(2015). 군인복지기본법.

국방부(2016). 제대군인일자리 취업현황.

권진숙(2012). 사례관리의 실제. 경기: 공동체.

권창호(2016). 지역사회 군사회복지실천을 위한 민군협력관계 영향요인 연구. 가톨릭관동대학교 박사학위논문.

김규수(2006). 의료사회복지실천론. 경기: 형설출판사.

김근아 · 오정은(2006). 군사회복지 활성화를 위한 민의 역할. 군사회복지의 비전: 민과 군의 연계 방안-2006년도 한국사회복지학회 추계 공동학술대회. 학국군사회복지학회.

김동연(2009). 군 생활 스트레스가 군인의 자살 생각에 미치는 영향 : 우울, 절망감, 삶의 이유, 사회적 지지를 중심으로. 연세대학 대학원 석사학위논문.

김수열(2003). 전문직업군인의 가족지원제도 개선방안 연구. 충북대학교대학원 석사학위논문.

김승현(2003). 군인자녀 교육의 실태에 관한 연구. 경희대학교대학원 석사학위논문.

김영태(2009). 병영생활 전문 상담관 제도 평가 및 발전 방안 연구. 연세대학교 행정대학원 석사학위논문.

김용현(2005). 군사학개론. 서울: 백산출판사.

김윤근(2007). 병사들의 군 적응 유연성에 영향을 주는 보호요인과 위험요인의 관계. 서울대학교대학원 석사학위논문.

김익균(2014). 군어린이집 운영의 전문적 전달체계 방안. 군인가족지원 활성화방안 국회 정책토론회 자료집, 91-108.

김정은(2013). 병사의 군생활 적응을 위한 개인역량과 사회적 관계망 연구- 스트레스 대처모델을 중심적으로-. 대구대학교대학원 박사학위논문.

김진경(2008). 군사회복지실천 필요성 인식의 영향요인. 숭실대학교 석사학위논문.

김창곤(2009). 한국군사회복지사의 양성 및 수련방향- 수련교육과정 개발방안을 중심으로-. 한국사회복지학회 · 군사회복지학회 공동추계학술대회 자료집.

김창곤(2013). 군사회복지사의 자격과 교육훈련. 2013 한국군사회복지학회 춘계학술대회자료집.

김현주(2004). 군자녀보육시설 이용실태와 보육욕구에 관한 연구- 군인아내에 대한 조사를 중심으로. 건국대학교행정대학원 석사학위논문.

김형식 · 이지영 역(2001). 인권과 사회복지실천. 서울: 인간과복지.

김혜원(2007). 군인가족의 학령전기 자녀 양육스트레스와 가족기능. 서울대학교대학원 석사학위논문.

김희화(2000). 한국 군인가족의 결혼적응에 관한 연구- 군인가족의 스트레스와 대처방식을 중심으로. 고려대학교대학원 석사학위논문.

남응우(2014). 군인가족(배우자 직업창출을 위한 방안, 군인가족지원 활성화방안 국회 정책토론회

자료집, 45-61.
노재석(2011). 정책형성과정의 복잡성과의 제 지속성에 관한 연구. 고려대학교대학원 박사학위논문.
대구 신당종합사회복지관(2006). 지역사회복지기관 네트워크를 활용한 군장병 역량강화 지원 프로젝트. 대구군사회복지지원센터.
류만희(2002). 시, 군, 구 기초자치단체 지역복지계획의 수립의 과제와 방향. 한국지역사회복지학회 자료집.
문봉진(2005). 신세대 병사의 군 복무 부적응에 관한 연구. 한남대학교대학원 석사학위논문.
문채봉(2011). 미국군의 제2차 삶의 질 검토 보고서와 한국군에 대한 시사점. 주간국방논단. 한국국방연구원.
박경일 · 김연이(2008). 군 장병의 생활문제와 군사회복지의 도입방안에 관한 연구. 한국군사회복지학. 1(1). 1-28.
박기수(2009). 직업군인가족복지서비스 욕구에 관한 연구. 대구대학교사회복지대학원 석사학위논문.
박미은(2009). 군 가족지원정책의 활성화를 위한 사회복지시스템의 활용 방안. 한국군사회복지학, 2(2), 1-24.
박병헌(2007). 사회복지정책론-이론과 분석-(개정2판). 경기: 학현사.
박석돈 · 김만호 · 성희자 · 이애재 · 신원식 · 배성우 · 남영옥 · 명선영 · 임성옥 · 이옥희 · 김수정 · 손지아 · 권신영 · 박순미 · 박지훈(2014). 사회복지개론. 경기: 양서원.
박성석 · 오정아 · 이영주 · 최경화 · 최금해(2009). 가족복지론. 경기: 양서원.
박영란 · 이예자 · 이용교 · 이찬진 · 임성택(2001). 한국의 사회복지와 인권. 서울: 인간과 복지.
박용순(1999). 사회복지개론. 서울: 학지사.
박일(2011). 정신전력과 긍정적 정신건강이 군 생활 적응에 미치는 영향. 고려대학교 대학원 석사학위논문.
박정(2002). 군병원 입원환자가 기대하는 사회복지서비스의 중요도에 관한 연구. 대전대학교 대학원 석사학위논문.
박차상 · 정상양 · 김옥희 · 강종수 · 고관용(2013). 한국사회복지법강의(4판). 서울: 학지사.
박태영(2014). 지역사회복지론. 경기: 양서원.
박현철(2001). 군인의 삶의 질 향상에 관한 연구: 스트레스원, 사회적 지지를 중심으로. 연세대학교 대학원 석사학위논문.
백형규(2006). 군 복무 의욕 고취를 위한 신병 리더십 프로그램 개발. 국방대학교 석사학위논문.
부산 사직종합사회복지관(2007). 병영생활적응력 및 전역예정자의 사회적응력 향상을 위한 군사회복지. 사회복지공동모금회(2011). 사회복지공동모금회 지원사업 자료집.
서경열(2016). 군장병의 폭력성 감소를 위한 TSL-MIL 프로그램 개발과 효과성 검증. 연세대학교대학원 석사학위논문.

서만길 · 송헌일 · 노규식 · 이경희 · 양지인 · 신동수(2002). 군 복무 부적응 환자의 입원 빈도와 위험요인에 대한 연구. 대한군진의학학술지, 33(1), 72–81.

서선우(2006). 군 복무 부적응자 적응력 강화 프로그램 개발. 국방대학교 석사학위논문.

서울대방종합사회복지관(2006). 지역사회 의무경찰의 군 생활적응력 향상을 위한 군사회복지모델 개발 project. Click 공동행복구역.

서울복지재단(2005). 지역사회조직화 실천방법. 서울복지재단.

서혜석 · 유흥위(2008). 군사회복지이론과 실천. 경기: 양서원.

선순규(1996). 일부 군인가족의 스트레스 양상과 대응에 관한 연구. 연세대학교대학원 석사학위논문.

송용석(2006). 군 복무 중인 장병의 인권보장에 관한 연구. 경성대학교교육대학원 석사학위논문.

송준헌(2012). 사례관리 정책 동향과 사회복지실천 및 정책상의 과제. 현행 사회복지정책에 관한 관 · 학 토론회 자료집.

신응섭(1998). 군 복무 부적응자의 심리적 특성 분석. 육사논문집, 54, 1–19.

안도희 · 김지아(2007). 대학생의 적응유연성에 따른 집단별 특성: 대처전략, 사회적 지지, 유능감 및 학업 성적을 중심으로. 교육심리연구, 21(1), 46–67.

안중현(2009). 중장기 복무제대군인의 안정된 사회복귀 지원방안 연구. 국가보훈처.

안현의 · 최병순(2006). 군 복무 부적응자 인권상황 실태조사. 국가인권위원회.

안형주(2005). 외국의 보훈제도(미국) 국가보훈처. 보훈교육연구원.

양정선 · 최운선 · 이정화(2011). 경기도 군인가족 실태조사 및 지원방안 연구. (재)경기도가족여성연구원.

양창식(2009). 군 복무 부적응 프로그램 개발에 관한 연구, 인하대학교행정대학원 석사학위논문.

양해자(2005). 군 병원 의료사회사업 서비스에 관한 연구, 경성대학교사회복지대학원 석사학위논문.

양희완(1998). 군대문화 이야기, 연경문화사.

오기택(2000). 군인가족 부모자녀 관계와 자녀의 적응에 관한 연구. 호남대학교행정대학원 석사학위논문.

원창희 · 이원배(1994). 미국MWR(사기, 복지, 오락)제도의 한국군 적용 방안연구. 서울: 국방연구원.

유영옥(2008). 제대군인 지원정책에 대한 소고. 춘계학술대회 발표자료.

유흥위(2006a). 한국과 미국의 군 사회복지환경과 군사회복지사의 역할과 기능. 한국군사회복지학회 창립행사 및 포럼 자료집.

유흥위(2006b). 군사회복지발전을 위한 민과 군의 역할– 군의 역할을 중심으로. 2006년 한국군사회복지학회 창립포럼 자료집.

유흥위(2008). 한국의 군사회복지정책 개선방안에 관한 연구. 공주대학교대학원 박사학위논문.

유흥위(2009). 부부갈등 예방과 군인가족 역량강화. 경기도 지역사회참여를 위한 군인가족교육 자료집, 45–59.

유흥위(2009). 한국의 군사회복지제도화 방안에 관한 연구. 한국군사회복지학, 2(1), 31–64.

유흥위(2011). 군인가족 부부갈등 예방, 경기도 지역사회 참여를 위한군인가족교육. 사)예성.

유흥위 · 유연웅 · 최선애(2016). 군사회복지와 상담. 서울: 창지사.

육군본부(1999). 육군복지의 현재와 미래.

육군본부(2002). 의무근무지원.

육군본부(2006). 군 인적 자원개발과 산 · 군 협력방안.

육군본부(2010). 2010년 육군 안전관리 분석.

육군본부(2011). 비전캠프 2010.

육군본부 인사참모부(2007). 2007년도 기본권전문상담위원 운영계획. 육군인쇄창.

육군안전센터(2008). 육군안전센터 보고서.

윤재성(2007). 군사회복지사제도의 도입 방안에 대한 군인의 인식에 관한 연구. 원광대학교대학원 박사학위논문.

윤형근(2009). 적응장애로 진단된 군 병사들의 기질 성격 및 애착유형. 고려대학교대학원 석사학위논문.

이계수(2003). 전근대적 군사문화와 군인의 인권. 민주주의법학연구회(편). 민주법학 통권 28호, 160-180.

이광규(1980). 문화인류학의 세계. 서울대학교 출판부.

이대식(1982). 군진사회사업. 육군본부.

이대식(2002). 장병 의료만족도 향상 방안연구. 국방대학교 안보정책과정.

이대식(2006). 군 병원 내 의료사회사업의 필요성 및 활성화 방안. 한국군사회복지학회 창립행사 및 포럼 자료집.

이명남(2006). 이스라엘의 보훈제도. 국가보훈처.

이문국 외 역(2001). 사회복지대백과사전1, 2, 3. 서울: 나눔의집.

이부덕(2007). 군 사회복지제도화의 방안. 한국군사회복지학회 춘계학술대회 자료집.

이상민(2005). 한국 사회복지정책형성과정에 관한 연구. 경원대학교 박사학위논문.

이성열(2002). 군인자녀의 전학과 학교적응과의 관계에 관한 연구. 대전대학교대학원 석사학위논문.

이영신(1997). 안보전문 집단에 걸맞은 군대문화의 개발 및 정착, 정신전력연구방안 12호.

이용교(2004). 청소년인권과 인권교육. 서울: 인간과복지.

이윤수(2000). 군 내 의사소통 증진을 위한 군사회사업의 필요성. 부산대학교 석사학위논문.

이윤수(2009). 순직군인 배우자의 여성 한 부모로서 사회 재적응 경험. 한국사회복지학, 61(1), 81-107.

이윤수(2011). 자조집단을 통한 순직군인 배우자의 임파워먼트 과정. 한국가족 사회복지학, 31, 61-85.

이인석(2015). 군사회복지제도화를 위한 사회복지병과 창설방안 연구. 신라대학교 박사학위논문.

이재승(2005). 군인 인권의 개념과 법적 고찰. 군대 내 인권상황 실태조사 및 개선방안 연구. 국가인권위원회.

이정표 · 박윤희 · 우석훈 · 최병순 · 최창익(2004). 군 전역간부의 사회취업활성화. 한국직업능력개발원. 육군본부.

이주실(2006). 육군 자살예방프로그램의 효과성에 관한 연구. 서울대학교 행정대학원 석사학위논문.

이철상(1999). 육군문화. 육군본부.

이현아(2007). 직업군인 아버지의 양육태도와 양육참여도에 관한 연구. 한국교원대학교대학원 석사학위논문.

이혜원 역(2004). 인권과 사회복지실천. 서울: 학지사.

이흥윤(2012). 한국 군사회복지정책의 형성과정에 관한 연구. 광주대학교 사회복지전문대학원 박사학위논문.

이흥윤(2012). 한국 군사회복지정책의 형성과정에 관한 연구. 한국군사회복지학회 춘계학술대회자료집.

이흥윤 역(2004). 미국의 군사회복지의 실천. 서울: 성민출판사.

이희재(1997). 문명의 충돌. 경기: 김영사.

임아심(2008). 군 부적응 정도에 영향을 미치는 요인에 관한 연구– 현역 육군 병사를 중심으로. 국방대학교 석사학위논문.

임영봉(2007). 육군 신세대 병사 군 복무 동기부여 방안. 경북대학교 행정대학원 석사학위논문.

임우진(2007). 보호관심병사 지도를 위한 군 상담 활성화 방안연구. 원광대학교 대학원 석사학위논문.

임태훈(2014). 그 청년은 왜 군대가서 돌아오지 못했나. 서울: 나무와숲.

장병근(2003). 군 의료서비스 만족도 영향요인 분석 연구. 건양대학교 경영행정대학원 석사학위논문.

전광현(2006). 지역사회자원동원 및 활용방안에 관한 소고. 한국지역사회복지학, 18, 111–131.

전성진(2004). 미국과 영국의 보수제도. 주간국방논단. 한국국방연구원.

정기원·황창순·강철희·류승표(2000). 민간복지자원 총량파악체계 구축방안, 21–36, 보건복지부, 한국사회복지협의회.

정명복·유홍위(2014). 성공으로 가는 삼위일체 리더. 서울: 양서각.

정원철·박영주(2011). 병사의 군 복무 부적응 및 적응력향상 관련 국내 연구동향의 개관. 한국청소년학회, 18(1), 49–71.

정원철 · 박원주(2006). 병사의 군 부적응 요인에 관한 연구. 사회과학연구, 22(2), 경성대학교 사회과학연구소.

정한근(2005). 군 병원 입원환자의 만족도 결정요인분석. 연세대학교 석사학위논문.

정효현(2005). 군 사회복지법에 관한 사적 고찰. 교수논총, 39, 161–196.

정효현(2007). 군복지행정론. 국방대학교 출판부.

정효현(2008). 군 사회복지제도의 법적 체계화. 한국군사회복지학, 1(1), 139–163.

조영훈(2006). 캐나다의 보훈제도. 국가보훈처.

조일남·강진희(2001). 일부 군인의 아버지 역할수행에 대한 조사연구. 국군간호사간학교논문집, 20, 256–288.

조흥식(2007). 군사회복지의 현황과 개혁과제. 한국사회복지의 현실과 선택. 서울: 나눔의집.

조흥식(2009). 군인복지기본법의 법적 성격과 실천과제. 한국사회복지학, 2(1), 103–122.

조흥식 · 이흥윤 · 박미은 · 김창곤 · 박경일 · 남미애 · 김윤나 · 서혜석 · 이윤수 · 오영훈 · 이대식 · 정효현 · 한태근 · 김근아 · 오정은(2013). 군사회복지론. 서울: 동문사.

진석범(2000). 군 장병들의 스트레스 요인과 정신건강에 관한 연구. 가톨릭대학교 석사학위논문.

채준안(2003). 정신분열증 환자를 위한 사회적 상호작용 증진 관한 연구. 숭실대학교 박사학위논문.

최광표 · 최광현 · 김인국(2002). 군병원 종합발전방향. 한국국방연구원.

최선애(2010). 다문화 군대를 대비한 민과 군의 준비방향에 관한 제언. 한국군사회복지학, 3(1), 93–113.

최성희(2012). 퇴직예정 군인의 삶의 질에 영향을 미치는 요인에 관한 연구. 서남대학교대학원 박사학위논문.

최옥채(2003). 지역사회 조직화를 위한 전략가. 제3회 지역사회실천가를 위한 워크숍 자료집. 186–187. 태화기독교사회복지관. 충북사회복지협의회.

최혜란(2008). 군 생활 적응에 영향을 주는 위험요인과 보호요인 연구. 우석대학교대학원 박사학위논문.

하호욱(1976). 군 의료 사회사업분야 발전을 위한 연구. 대한군의학학술지.

하홍구(2005). 군대 내 인권상황 실태조사 및 개선방안 연구. 국가인권위원회.

한국국방연구원(2004). 장병 기본권 확립방안 연구.

한국복지행정학회(2007). 사회복지정책론. 경기: 양서원.

한국사회복지학회(2007). 인권과 사회정의 – 사회복지 사명의 제 고찰. 춘계국제학술대회자료집.

한국학교사회복지사협회 부설 교육복지연구소 편(2006). 학교교육과 복지. 경기: 양서원.

한인영(2000). 군사회복지사 도입의 필요성 고찰. 국방정책연구, 50, 73–89.

한태근(2006). 군사회복지사 제도 도입 필요성과 제도화방안에 관한 연구– 현황 및 사례분석에 기초한 논의. 연세대학교 행정대학원 석사학위논문.

함명화(2007). 군인가족 중년여성의 생활스트레스와 갱년기증상– 일반가족 중년여성과의 비교를 중심으로–. 연세대학교 대학원 석사학위논문.

함봉진(2007). 군 복무 중 자살에 대한 이해와 판례분석. 대통령소속 군의문사진상규명위원회.

행정안전부(2009). 2008년 지방자치단체 외국인 주민 현황조사.

행정자치부(2014). 다문화 출신 장병대상자 전망.

행정자치부(2016). 국내거주 외국인 주민현황.

현미숙(2014). 직업군인의 은퇴준비에 영향을 미치는 요인에 관한 연구. 신라대학교 석사학위논문.

현외성(2003). 사회복지정책강론. 경기: 양서원.

홍기태(2003). 군병원 의료사회사업에 관한 연구. 경희대학교대학원 석사학위논문.

황보주(2003). 군에서 양성평등 구현을 위한 지원방안연구: 남녀군인 성인식과 복지욕구 비교. 연세대학교행정대학원 석사학위논문.

〈외국문헌〉

Anderson & James E.(1975). *Public Policy-Making*. New York: Prager Publishers.

Applebaum, R. & Austin, C.(1990). Long−term care case management: Design and evaluation. New York: Springer Publishing Company.

Bass Social and Behavioral Science Series. San Francisco: Jossey−Bass Publishers.

Banks, J. A.(2002). *An Introduction to Multicultural Education*, 3rd ed. Allyn and Bacon.

Berkman, B.(1996). The Emerging Health Care World: Implications for Social Work Practice and Education. *Social Work*, *41*(5), 541−551.

Bowen, G. L., Mancini, J. A., Martin, J. A., Ware, W. B. & Nelson, J. P.(2003). Promoting the Adaptation of Military Families: An Empirical Test of a Community PracticeModel. *Family Relations*, *52*(1), 33−44.

Campbell, A., Converse, P. E. & Rodgers, W. L.(1976). *The quality of american life*. New York: Russell Sage.

Charles Zastrow(1999). *Social Welfare*. Wadsworth Publishing Company.

Christopher P. Michael(2006). *The Military Advantage*. Rockefeller Center.

D. D. Ward(1985). Levels of group activity: A model for improving the effectiveness of group work. *Journal of Counseling and Development*, *64*, 52−57.

Daley, J. G.(1999). *Social Work, Practice in the Military*. Haworth Press. Prenrice−Hall Inc..

Daley, J. G.(2003). *Social Work, Practice in the Military*. Haworth Press. Prenrice−Hall Inc.

Daley, James G.(2003). Military Social Work : A Multi−countey Comparison. *Internaional Social Work*, *46*(4), 437−448.

Darvil and Munday(1984). *Volunteer in the Personal Social Services*. New York: Tavistock.

De Jong, T(2006). A kit on Effective School Case Management. Edith Cowan Australian Guidance and Counseling Association.

Drumment, A. R., Coleman, M., & Cable, S(2003). Military family under stress : Implications for family life education. *Family Relations*, *52*(3), 279−287.

Frisch, M. B.(1998). Quality of life therapy and assessment in health care. *Clinical Psychology: Science and Practice*, *5*(1), 19−40.

Glick, I. D. & Kessler, D. R.(1994). *Marital and family therapy*. New York: Grune & Stratton.

Grobman, L. M.(2005). *Days in the Lives of Social Workers*. Harrisburg, Pennsylvania.

Hashmand, L. T. & Hashmand, A. L.,(2007). Support for Military Families and Communities. *Journal of Community Psychology*, *35*(2), 171−180.

Heffernan, W. J.(1979). *Introduction to social Welfare Policy*. Illinois: Peacock Publishers.

Hepworth and Larsen(1986). *Direct Social Work Practice: Theory and Skills*, 570, 548–552. Chicago: Dorsey.

Huedner, A. J., Mancini, J. A., Wilcox, R. M., Grass, S. R., & grass, G. A(2007). Parental Development and Youth in Military Families : Exploring Uncertainty and Ambiguous Loss. *Family Relations*, *56*(2), 112–122.

Johnson.(1989). *Social Work Practice*(3rd ed.), 355–356. Massachusetts: Allyn and Bacon.

Jones Chares O.(1983). *An Introduction to the Study of Public Policy*. Monterey CA: Brooks/Cole Publishing Company.

Kakar, S.(1998). Youth gangs and their families: effect of gang membership on family's subjective well–bing.. *Journal of Crime and Justice*, *21*(2), 157–172.

Knox, J & Price, D. H.(1999). Total Force and the New Amarican Military Family. Implication for Social Work Practice. *Family in Society*, *80*(2), 128–136.

Kordesh, R., & Constable, R.,(1999). Policies, programs and Mandates for Developing Social Services. In R., Constable, S., McDonald, and J. Flynn.,(1999). *school Social Work: Practice, policy, and Research Perspectives*(4th Ed., 75–123.) IL : Lyceum Books Inc.

Kramer, R.(1981). Voluntary Agencies in the Welfare state. University of california Pres. 327–336.

L. Jones(1987). Activities for the older mentally retarded/developmentally disabled, Akron, OH: Exploration Series Press. 13–17.

Lazarus. Richaed S.(1976). *Patterns of Adjustment*. New York: McGraw–Hill.

Le Grand, J. & R. Robinson(1985). *Privilegation and the Welfare State*. London: George Allen & Unwin.

McCubbib, M. and McCubbin, H.(1996). Resiliency in families: A conceptual model of family adjustment and M.McCubbin(Eds). *Families assessment: Resiliency, coping and adaptation inventories forresearch and practices*. Madison: University of Wisconsin System.

Michal P. Nichols · Richard C. Schwartz(2005). *Family Therapy*. New York: Allyn & Bacon.

Morales, A. T. and B. W. Sheafor(2001). *Social Work: A Profession of Many Faces*. 9th ed. Boston: Allun and Bacon.

Moxley, D. P.(1989). *The practice of case management*. Newbury Park: SAGE Publications.

Murer, C. G., & Brick, L. L.(1997). *The case management sourcebook: A guide to designing and implementing a centralized case management system*. London: McGraw–Hill Professional Publishing.

Pantoja & Perry.(1992). Community Development and Restoration: a perspective, F. G. Rivere and J. L. Erlich, eds., *Community Organization in a diverse Society*. Allyn and Bacon.

Peterson C. Park N., & Castro CA.(2011). Comprehensive Soldier Fitness: Assessment for the U. S. Army Comprehensive Soldier Fitness Program: the Global Assessment Tool. Am Psychol. jan; 66(1). 10–8.

R. A. David, & E. C. Michael(1991). *Therapeutic Recreation: An Introduction*. Englewood Cliffs, New Jersey: Prentice–Hall, Inc., 53–68.

S. O'Morrow. Gerald(1976). *Therapeutic Recreation: A Helping Profession*. Virginia/Reston, Publishing Company, Inc., 9–19.

Savitsky, L., Illingworth, M., & DuLaney, M.(2009). Civilian Social Work: Serving the Miliary and Veteran Populations. *Social Work*. *55*(1), 9–18.

Stouffer(1949). The American Soldier: Adjustment during army life. Military Affairs/Aerospace Historian

Trrri, L. O., Parry, C., Chesler, M., Fritz, J. & Repetto, P(2005). parent–ChildRelationships and Quality of Life: Resilience among Childhood CancerSurvivors. *Family Relations*, *54*(2), 171–182.

Warren, R.(1978). The Community in America in America, Rand McNally. 9–11.

Water A. Flriedlander(1968). Introduction to social weifare. New Jersey: prentice Hall. 389.

Weil M. O. & D. N. Gamble(1995). Community practice Model. Encyclopedia of Social Work, 19th. ed, 사회복지백과사전. 나눔의 집.

Wheaton, B.(1990). Life Transitions, Role Histories and Mental Health. American. *Sociological Review*, *55*(2), 209–223.

Wheeler, D. P. & Bragin, M.(2007). Bring It All Back Home : Social Work and the Challenge of Returning Veterans. *Heath & Social Work*, *32*(4), 297–300.

Zastrow, C. & K. K. Kirst–Ashman(2007). Understanding Human Behavior and the Social Environment. Belmont, CA: Brooks/Cole.

〈홈페이지〉

국가보훈처. http://www.mpva.go.kr/

국군복지단. http://www.welfare.mil.kr/

국방부. http://www.mnd.go.kr/

국방취업센터. http://www.mndjob.or.kr/

군인권지키미. http://hrkeeper.mnd.go.kr/

군인연금. http://www.mps.go.kr/

보건복지부. http//www.mw.go.kr/

육군취업지원센터. http://www.armyjob.mil.kr/

한국군사문제연구원. http://www.kima.re.kr/

한국군사회복지학회. http://www.kamtsw.com/

한국보훈복지의료공단. http://www.bohun.or.kr/

저자소개

유흥위

공주대학교대학원사회복지학과 문학박사

경기대학교 교육상담학과 박사수료

공주대학교 안보과학대학원 교수

한국청소년상담심리학회장

한국심리상담지도협회장

교육협동조합 Fun & 樂 이사장

사)한국군사회복지학회 부회장, 법인 상임이사

사)한국청소년보호연맹 상임이사, 경기연맹장

The American Association of Counseling & Psychotherapy 정회원

저서 및 논문

군사회복지와 상담(공저), 군사회복지 이론과 실천(공저), 생활지도와 상담(공저), 직업상담사(공저), K-TDRA 성격유형검사, KHEI 한국진로학습유형검사(초 · 중 · 고용), 청소년꿈노트(공저), 한국의 군사회복지정책 개선방안에 관한 연구 외

유연웅

한세대학교 대학원 사회복지학과 사회복지학박사

KC대학교 평생교육원 원장

사) 한국군사회복지학회 이사

사) 전국대학평생교육원협의회 이사

한국청소년상담심리학회 부회장

사) 한국폭력학대예방협회 대외협력실장

육군 제52사단 고충상담관

저서 및 논문

군사회복지와 상담(공저), 병사들의 군생활 만족에 미치는 영향요인 연구, 대학생들의 국가안보의식에 관한 조사 연구, 사회초년병 적응 필살기, 자원봉사활동이 건강과 삶의 만족도에 미치는 영향(공저), 긍정적 부모양육태도와 정서적 문제행동 간의 인과관계 연구 외

이윤수

부산대학교 대학원 사회복지학과 사회복지학박사

부산디지털대학교 사회복지상담학부 복지상담학 교수

양산시 지역사회보장협의체 실무위원장

군사회복지학회 가족분과위원장(2014–2016)

남광아동복지원 운영위원장

저서 및 논문

사회복지상담의 기초(공저), 천안함 사건 유가족의 심리사회적 경험, 다문화가정 어머니의 자녀양육과 사회재적응 경험, 자조집단을 통한 순직군인 배우자의 임파워먼트 과정, 한국의 저출산 문제에 대응하는 가족복지실천과 서비스 방향: 다자녀 어머니의 경험에 관한 질적연구 외

최선애

선문대학교 대학원 교육상담학과 박사수료

한국복지사이버대학교 외래교수

한국청소년상담심리학회 총무분과 위원장

경기도군인가족지원센터 원장

해밀마음치유센터장

교육협동조합 Fun & 樂 총무이사

The American Association of Counseling & Psychotherapy 정회원

저서 및 논문

군사회복지와 상담(공저), 심리상담이론과 실제(공저), 직업상담사(공저),

미술치료 I II(공저), 청소년꿈노트(공저), 직업큐레이터(공저), 특수아동지도(공저)

다문화 군대를 대비한 민과 군의 준비방향에 관한 제언 외

군사회복지론

초판 1쇄 인쇄 2017년 2월 20일
초판 1쇄 발행 2017년 2월 27일

지 은 이 | 유흥위 · 유연웅 · 이윤수 · 최선애
펴 낸 이 | 김기섭
편 집 인 | 이초롱
펴 낸 곳 | 창지사 www.changjisa.com
08589 서울시 금천구 가산디지털 1로 83 파트너스타워 1차 9층
전화 (02)719-2211~3
팩스 (02)701-9386
등 록 | 1977년 4월 28일 · 제1-421호

ISBN 978-89-426-2351-8 (93330)

값 20,000원

이 도서의 국립중앙도서관 출판예정도서목록(CIP)은 서지정보유통 지원시스템 홈페이지(http://seoji.nl.go.kr)와 국가자료공동목록시스템(http://www.nl.go.kr/kolisnet)에서 이용하실 수 있습니다(CIP제어번호: CIP2017005323).